CONFÉRENCES
PÉDAGOGIQUES

DE PARIS EN 1880

RAPPORTS

ET

PROCÈS-VERBAUX

PARIS

LIBRAIRIE CH. DELAGRAVE

15, RUE SOUFFLOT, 15

—

1880

REVUE

PÉDAGOGIQUE

PUBLIÉE

*avec la collaboration de membres de l'Institut, professeurs
et inspecteurs de l'enseignement public
Directeurs d'écoles normales et instituteurs libres*

DIRECTEUR

M. Hippolyte COCHERIS
Inspecteur de l'instruction publique.

———

CONDITIONS D'ABONNEMENT

Un an . . . . **9 francs.**

La Revue paraît du 15 au 20 de chaque mois, depuis le 15 janvier 1878. — Chaque numéro forme une brochure in-18 jésus de 108 pages (non compris le feuilleton universitaire).

Chaque numéro, pris séparément, se vend 1 franc.

———

Tout ce qui concerne la *rédaction* doit être adressé à M. COCHERIS, directeur de la Revue, 15, rue Soufflot, Paris.

———

CONFÉRENCES

PÉDAGOGIQUES

(1880)

CONFÉRENCES PÉDAGOGIQUES

DE PARIS

30 Mars. — 2 Avril 1880

*Convocation à Paris des délégués de l'inspection primaire
et des écoles normales à l'occasion de la réunion annuelle
des Sociétés savantes.*

CIRCULAIRE MINISTÉRIELLE.

Paris, le 20 février 1880.

MONSIEUR LE RECTEUR,

J'ai l'honneur de vous informer que je viens de décider qu'à
l'occasion de la réunion des Sociétés savantes qui aura lieu
pendant la semaine de Pâques, un inspecteur de l'instruction
primaire par département et deux inspecteurs dans les départements qui compteront plus de quatre circonscriptions d'inspection seront appelés à Paris, à la même époque, ainsi que
les directeurs et directrices d'Ecoles normales primaires, pour
faire partie d'une section spéciale de pédagogie organisée
conformément à la note jointe à cette circulaire.

Il vous appartiendra, Monsieur le Recteur, de désigner, sur
la proposition des inspecteurs d'Académie, les inspecteurs primaires délégués.

La liste nominative des fonctionnaires en question devra
m'être transmise avant le 1er mars, afin que je puisse vous
adresser, en temps utile, un nombre suffisant de feuilles de
voyage.

Ces fonctionnaires voyageront comme toutes les personnes déléguées aux réunions de la Sorbonne, et vous aurez à
vous reporter, à cet effet, aux instructions contenues dans la

circulaire du 22 janvier 1880, n° 290. Ils recevront en outre l'indemnité mentionnée dans la note ci-jointe.

Je vous prierai de vouloir bien veiller à ce qu'il ne puisse être fait, dans l'espèce, aucun abus des feuilles délivrées par vous, Monsieur le Recteur, aux personnes qui auront été indiquées comme devant être admises aux réunions dont il s'agit.

Recevez, Monsieur le Recteur, etc.

Le Ministre de l'Instruction publique et des Beaux-Arts.   JULES FERRY.

Note relative à l'organisation des conférences pédagogiques de 1880.

Sur la proposition de la commission des Bibliothèques et conférences pédagogiques (1), M. le Ministre a décidé qu'une première réunion générale d'inspecteurs primaires, de directeurs et directrices d'Ecoles

---

(1) Cette commission, instituée par arrêté en date du 15 mai 1878, est ainsi composée : le Ministre, président. M. Gréard (de l'Institut), vice-recteur de l'académie de Paris, vice-président ;

MM. Berger, inspecteur général de l'enseignement primaire, directeur du musée pédagogique.

Bertrand, professeur au Lycée Charlemagne, ancien inspecteur d'académie.

Boutan, directeur honoraire de l'enseignement primaire, inspecteur général de l'enseignement secondaire.

Brouard, inspecteur général de l'enseignement primaire.

Buisson, inspecteur général, directeur de l'enseignement primaire.

F. Cadet, délégué dans les fonctions d'inspecteur général de l'enseignement primaire.

Cocheris, inspecteur général de l'enseignement primaire.

Defodon, bibliothécaire du musée pédagogique.

Ebrard, délégué dans les fonctions d'Inspecteur général de l'enseignement primaire.

Georgin, inspecteur de l'enseignement primaire de la Seine.

Maurice Girard, professeur au Lycée Saint-Louis.

Jost, inspecteur de l'enseignement primaire de la Seine.

H, le Bourgeois, délégué dans les fonctions d'inspecteur général de l'enseignement primaire.

Lement, directeur de l'école Normale d'instituteurs de la Seine.

Marguerin, directeur de l'école J.-B. Say.

de Montmahou, inspecteur général de l'enseignement primaire.

Pichard, ancien inspecteur de l'enseignement primaire de la Seine.

Rapet, inspecteur général honoraire.

E. Cadet, chef de bureau au ministère de l'instruction publique.

normales aurait lieu à Paris, à l'occasion du congrès des sociétés savantes, du mardi 30 mars au vendredi 2 avril 1880.

Cette réunion se composera, pour l'année 1880, de :

Un inspecteur primaire par département (deux inspecteurs dans les départements comptant plus de quatre circonscriptions d'inspection);

Le directeur de l'Ecole normale d'instituteurs et la directrice de l'Ecole normale d'institutrices;

Les Inspecteurs primaires délégués seront désignés par le Recteur sur la présentation de l'Inspecteur d'académie.

L'Administration n'a pas cru devoir arrêter, pour ces réunions, un règlement définitif ; elle propose comme sujets d'études les deux questions suivantes :

1° *De l'organisation pédagogique des écoles primaires à un seul maître.*

2° *Des moyens d'assurer le meilleur recrutement des Ecoles normales. — Conditions de préparation et d'admission.*

Pour permettre une discussion plus approfondie de ces sujets, la commission a proposé de répartir les délégués en cinq sections déterminées d'après l'ordre alphabétique et comprenant chacune environ 50 membres.

Dans chaque section et pour chacun de ces deux sujets, un rapporteur désigné par l'Administration sera chargé d'exposer la question par un travail écrit qui servira de base à la discussion.

Les sections éliront leurs présidents et secrétaires.

A la suite des débats en section, les cinq rapporteurs se concerteront pour rédiger des propositions adoptées par les sections et sur lesquelles la réunion plénière se prononcera définitivement.

Indépendamment du retour gratuit attaché à la carte de voyage, une indemnité d'aller équivalant à la place en seconde classe sera accordée à chaque fonctionnaire, ainsi qu'une indemnité de séjour à raison de 10 francs par jour, du mardi au samedi inclusivement.

Les directrices d'Ecoles normales pourront être reçues à l'Ecole normale d'institutrices de la Seine.

Les délégués devront se rendre au LYCÉE SAINT-LOUIS (boulevart Saint-Michel, 44), dans la salle qui leur sera désignée d'après la section à laquelle ils appartiennent.

Toutes les réunions de section se tiendront au lycée Saint-Louis.

Les séances plénières auront lieu dans le grand amphithéâtre de la Faculté de Droit (rue Soufflot, 2).

Le mardi 30 mars, de 8 h. 1/2 à 9 h. 1/2 du matin, le scrutin sera ouvert dans les cinq sections pour la nomination des bureaux. Il sera fermé à 9 h. 1/2 précises.

Le vote aura lieu sous la direction d'un bureau provisoire ainsi composé dans chacune des sections : le doyen d'âge, président ; le plus jeune membre de la section, secrétaire ; les deux rapporteurs et un inspecteur primaire de Paris, assesseurs.

Les délégués, en arrivant, devront émarger sur la liste des membres de la section que le président leur présentera. Ils auront ensuite à déposer trois bulletins différents dans des urnes distinctes.

Le premier, portant un seul nom, pour les fonctions de président ;

Le deuxième, portant deux noms, pour les fonctions de vice-président;

Le troisième, portant deux noms, pour les fonctions de secrétaire.

Le dépouillement du scrutin commencera, en présence des délégués, à 9 h. 1/2 précises.

Aussitôt après la constitution du bureau définitif, le président déclarera la séance ouverte et donnera la parole au rapporteur de la première question (Organisation des écoles rurales), pour la lecture du rapport. A la suite de cette lecture s'ouvrira la discussion générale.

La première séance générale aura lieu après que les cinq sections auront fini leurs opérations et voté leurs conclusions : le jour et l'heure de cette réunion seront ultérieurement indiqués.

Réunion des Sociétés savantes.

Conférences pédagogiques.

Sont délégués pour prendre part aux conférences pédagogiques qui auront lieu à Paris, à l'occasion de la réunion des Sociétés savantes, les fonctionnaires ci-après désignés :

SECTION I.

MM.

Achard, insp. prim. à Riom ;
Adrien, insp. prim. à Versailles ;
Amen, insp. prim. à Condom ;
André, insp. prim. à Nantes ;
Armbruster, insp. prim. à Belfort ;
Artoux, insp. prim. à Paris ;
Aubert, insp. prim. à Lille ;
Aubert, insp. prim. à Nantes ;
Aubin, insp. prim. à Saint-Lô ;
Baillet, insp. prim. à Nogent-sur-Seine ;
Bailly-Masson, insp. prim. à Annecy ;
Barthe, insp. prim. à Castelsarrazin ;
Batier, insp. prim. à Grasse ;
Bayle, insp. prim. à Castres ;
Berteaux, insp. prim. à Bar-le-Duc ;
Berthier, insp. prim. à Louhans ;
Berthier, insp. prim. à Bourges ;

MM.

Bézier, insp. prim. à Rennes, rapp. (1re question) ;
Billiard, insp. prim. à Nevers ;
Boë, insp. prim. à Saint-Denis ;
Boë, insp. prim. à Sens ;
Boiron, insp. prim. à Sisteron ;
Bouchard, insp. prim. à Mont-de-Marsan ;
Boulet, insp. prim. à Alençon ;
Boutière, insp. prim. à Nyons ;
Boyer, insp. prim. à Marseille ;
Brunaud, insp. prim. à Lyon ;
Brunet, insp. prim. à Toulon ;
Bussadori, insp. prim, à Montdidier ;
Ablard, dir. de l'école norm. de Grenoble ;
Bailly, d. de l'éc. norm. de Dijon ;
Barbier, dir. de l'école norm. de Mirecourt ;
Baudry, dir. de l'école norm. de Lons-le-Saunier ;

MM.

Baumier, dir. de l'école norm. de Charleville;

Baylac, dir. de l'école norm. d'Auch;

Belloc, dir. de l'école norm. de Mâcon;

Berdot, dir. de l'école norm. de Nice;

Berson, dir. de l'école norm. de Savenay;

Biétrix, dir. de l'école norm. de Caen;

Bony, dir. de l'école norm. de Melun;

Bousquet, dir. de l'école norm. d'Agen, rapp. (2e quest.);

MM.

Boyer, dir. de l'école norm. de Nîmes;

Brotier, dir. de l'école norm. de Parthenay;

Cantier, dir. de l'école norm. de Foix;

Baudry (Mlle), dir. de l'école norm. de Mâcon;

Bergin (Mlle), dir. de l'école norm. de Versailles;

Bonbled (Mme), dir. de l'école norm. de Montpellier;

Bonnet (Mlle), dir. de l'école norm. de Grenoble;

Bovaguet (Mlle), dir. de l'école norm. de Rumilly.

SECTION II.

MM.

Cadoret, insp. prim. à Vervins;
Caillon, insp. prim. à Albertville;
Carel, insp. prim. à Saint-Pons;
Carrère, insp. prim. à Oloron;
Castel, insp. prim. à Albi;
Cénac, insp. prim. à Valence;
Chapalain, insp. prim. à Briançon;
Charles, insp. prim. à Lannion;
Charton, insp. prim. à Cognac;
Chaumeil, insp. prim. à Paris;
Château, insp. prim. à Meaux;
Chevalier, insp. prim. à Segré;
Chevrier, insp. prim. à Saint-Marcellin;
Chollet, insp. prim. à Châteauroux;
Clerc, insp. prim. à Paris, rapp. (1re quest.);
Creutzer, insp. prim. à Nancy;
Cuissart, insp. prim. à Lyon;
Delaballe, insp. prim. à Montmorillon;
Détriché, insp. prim. à Saumur;
Devisme, insp. prim. à Bernay;
Dorget, insp. prim. à Limoges;
Druaux, insp. prim. à Mézières;
Dubois, insp. prim. à Poitiers;

MM.

Dupaigne, insp. prim. à Paris;
Durand, insp. prim. à Vire;
Eliet, insp. prim. à Saint-Claude;
Fabre, insp. prim. à Nîmes;
Fauchet, insp. prim. à Gien;
Frieh, insp. prim. à Sainte-Menehould;
Galotte, insp. prim. à Nancy;
Carré, dir. de l'école norm. de Besançon;
Chauvin, dir. de l'école norm. de Lescar;
Chopinet, dir. de l'école norm. de Clermont.
Collignon, dir. de l'école norm. d'Alençon;
Constan, dir. de l'école norm. d'Alger;
Coulet, dir. de l'école norm. de Commercy;
Delaplanche, dir. de l'école norm. de Saint-Lô;
Delevez, dir. de l'école norm, de Toulouse;
Dorlhac de Borne, dir. de l'école norm. d'Aix;
Duclos, dir. de l'école norm. de Barcelonnette;

MM

Dussau, dir. de l'école norm. du Puy ;

Fradet, dir. de l'école norm. de Châteauroux, rapp. (2e quest.);

Galzin, dir. de l'école norm. de Montpellier ;

Gaudard, dir. de l'école norm. protest. de Courbevoie;

Gautier, dir. de l'école norm. de Rennes ;

Gence, dir. de l'école norm. de Bourges ;

MM.

Gibaux, dir. de l'école norm; de Valence ;

Chasteau (Mme), dir. de l'école norm. de Troyes ;

Ferrand (Mlle), dir. de l'école norm. d'Auxerre ;

Fradin, (Mme) dir. de l'école norm. de Lons-le-Saunier ;

Garcin (Mlle), dir. de l'école norm. de Moulins;

Guye (Mme), dir. de l'école norm. de Besançon ;

SECTION III.

MM.

Ganiayre, insp. prim. à Ajaccio;

Gary, insp. prim. à Agen ;

Gausserand, insp. prim. à Amiens ;

Gauthier, insp. prim. à Chambéry ;

Gautier, insp. prim. à Quimper ;

Genevrais, insp. prim. à Neufchâtel ;

Georgin, insp. prim. à Paris ;

Grasse, insp. prim. à Soissons ;

Grimon, insp. prim. à Paris ;

Guérin-Goudeaux, insp. prim. à Luxeuil ;

Guilmin, insp. prim. à Yvetot;

Hagnus, insp. prim. à Saint-Omer ;

Hamon, insp. prim. à Saint-Flour ;

Hanriot, insp. prim. à Auxerre ;

Hément, insp. prim. à Paris ;

Houdas, insp. prim. à Beauvais ;

Humbert, insp. prim. à Mâcon ;

Icres, insp. prim. à Lembeye;

Istria, insp. prim. à Millau ;

Joangirard, insp. prim. à Guéret ;

Jeannot, insp. prim. à Tulle, rapp. (1re question);

Labouesse, insp. prim. à Saint-Etienne ;

Labrande, insp. prim. à Montluçon ;

Lambelin, insp. prim. à Pontivy ;

Lambert, insp. prim. à Compiègne ;

Lamy, insp. prim. à Louviers ;

MM.

Lanet, insp. prim. à Aurillac ;

Laporte, insp. prim. à Melun ;

Lavinay, insp. prim. à Caen ;

Lebedel, insp. prim. à Lorient;

Ledroit, insp. prim. à Tarascon ;

Lemarquand, insp. prim. à Valognes ;

Giraud, dir. de l'école norm. d'Avignon ;

Gobin, dir. de l'école norm. de Chaumont;

Gromaire, dir. de l'école norm. d'Ajaccio ;

Gros, direct. de l'école norm. de Constantine ;

Guillemeau, dir. de l'école norm. de Loches ;

Hilaire, dir. de l'école norm. de Douai ;

Huguet, dir. da l'école norm. de Tarbes ;

Humbert, dir. de l'école norm. de Mende ;

Jadot, direct. de l'école norm. de Chálons, rapp. (2e question) ;

Jardot, direct. de l'école norm. d'Auxerre ;

Laboureau, dir. de l'école norm. de Montbrison;

Labroue, dir. de l'école norm. de Lagord;

MM.

Labrunie, direct. de l'école norm. d'Evreux ;

Laurent, dir. de l'école norm. de Blois ;

Lebrun, dir. de l'école norm. de Troyes ;

Karquel, dir. de l'école norm. de Nancy ;

MM.

Lemercier, dir. de l'école norm. d'Aix ;

Lusier, dir. de l'école norm. de Tours ;

Moret, dir. de l'école norm. d,Amiens ;

Pichon (Mme), direct. de l'école norm. d'Argentan.

SECTION IV.

MM.

Lemonnier insp. prim. à Guingamp ;

Lions, insp. prim. à Barcelonnette ;

Lobereau, insp. prim· à Lons-le-Saunier ;

Maillé, insp. prim. à Bordeaux ;

Mangeonjean, insp. prim. à Saint-Dié ;

Martin, insp. prim. à Gannat ;

Martin, insp. prim. à Bar-sur-Seine ;

Mathieu, insp. prim. à Fontenay-le-Comte ;

Maupin, insp. prim. à Dijon ;

Maupin, insp. prim. à Quimperlé ;

Mesnier, insp. prim. à Pontarlier ;

Messin, insp. prim. à Paris ;

Michaut, insp. prim. à Ambert ;

Micheletti, insp. prim. à Saint-Etienne.

Migné, insp. prim. à Jonzac ;

Mir, insp. prim. à Orange ;

Montané, insp, prim. à Toulouse rapp. (1re question) ;

Mothe, insp· prim. à Auch ;

Mougin, insp. prim. à Mende ;

Naudy, inspect. prim. à Carcassonne ;

Noël, insp. prim. à Epinal ;

Paty, insp. prim. à Nantes ;

Pauliet, insp. prim. à Bergerac ;

Péan, insp. prim. au Mans ;

Penault, insp. prim. à Fougères ;

Pineaux, insp. prim. à Paris ;

MM.

Pinel, insp. prim. à Semur ;

Pla, insp. prim. à Rodez ;

Plateau, insp. prim. à Langres ;

Lefèvre, dir. de l'éc. norm. de Gap ;

Leloup, direct. de l'école norm. d'Orléans ;

Lequint, dir. de l'école norm. de Chartres ;

Mariotti, dir. de l'école norm. de Versailles, rapp. (2e question) ;

Marlier, dir. de l'école norm. de Nancy ;

Marlot, dir. de l'école norm. de Bourg ;

Mougel, dir. de l'école norm. de Vesoul ;

Mouillot, dir. de l'école norm. de La Roche-sur-Yon ;

Nicot, dir. de l'école norm. de Villefranche ;

Payen, dir. de l'école norm. d'Albertville ;

Perrier, dir. de l'école norm. de Moulins ;

Petit, dir. de l'école norm. de Limoges ;

Piboën, direct. de l'école norm. d'Angers ;

Platrier, dir. de l'école norm. de Perpignan ;

Poirrier, dir. de l'école norm. du Mans ;

Postel, dir. de l'école norm. de Laon ;

Porte (Mlle), dir. de l'école norm. de Lyon ;

MM.
Rambour (Mme), dir. de l'école norm. de Mézières ;
Rey (Mlle), direct. de l'école norm. de Rouen ;

MM.
Sage (Mlle), direct. de l'école norm. de Milianah ;
Dosquet (Mlle), dir. du cours pratique des salles d'asile, à Paris.

SECTION V.

MM.
Jost, insp. prim. Paris ;
Jacquemart, insp. prim. à Sceaux ;
Poignet, insp. prim. à Figeac ;
Pointeau, insp. prim. à Château-Gontier ;
Pont, insp. prim. à Nantua ;
Portejoie, insp. prim. à Bressuire ;
Prost-Maréchal, insp. prim. à Vesoul ;
Proteau, insp. prim. à Libourne ;
Quénardel, insp. prim. à Nogent-le-Rotrou ;
Ragot, insp. prim. à Montbéliard ;
Regulato, insp. prim. à Blidah ;
Richard, insp. prim. à Angoulême ;
Reboul. insp. prim. à Vienne ;
Rieux, insp. prim. à Céret ;
Rivière, insp. prim. à Sarlat ;
Robin, insp. prim. à Blois ;
Roton, insp. prim. à Rocroi ;
Saint-Hillier, insp. prim. à Saint-Gaudens ;
Sales, insp. prim. à Montpellier ;
Sarrat, insp. prim. à Bagnères ;
Schuwer, insp. prim. à Corte ;
Serre, insp. prim. à Bone ;
Toussaint, insp. prim. à Lille, rapp. (1re quest.) ;
Vacheret, insp. prim. à Yssingeaux ;
Venot, insp. prim. à Sézanne ;
Vial. insp. prim. à Tournon ;
Vincent, insp. prim. à La Rochelle ;
Waquet, insp. prim. à Tours ;
Wirth, insp. prim. à Arras ;
Prêtre, dir. de l'école norm. de Montbéliard ;

MM.
Rateau, dir. de l'école norm. de Poitiers ;
Renoux, dir. de l'école norm. de Montauban ;
Rivoire, dir. de l'école norm. de Rodez.
Roux, dir. de l'école norm. de Guéret.
Royer, dir. de l'école norm. de Varzy ;
Rull, dir. de l'école norm. d'Albi ;
September, dir. de l'école norm. de Carcassonne ;
Serre, dir. de l'école norm. de Tulle ;
Sicard, dir. de l'école norm. de Périgueux ;
Tallieu, dir. de l'école norm. de Privas ;
Trébucq, dir. de l'école norm. de Dax ;
Tronchon, dir. de l'école norm. de Draguignan :
Ungerer, dir. de l'école norm. de Laval, rapp. (2e quest.) ;
Vaillant, dir. de l'école norm. d'Amiens ;
Venner, dir. de l'école norm. de La Sauve ;
Sibut (Mme), dir. de l'école norm. de Chartres ;
Tailleur (Mlle), dir. de l'école norm. de Clermont ;
Tanguy (Mme), dir. de l'école norm. d'Orléans ;
de Friedberg (Mme), dir. de l'école norm. de Paris.

Constitution de cinq Bureaux

A la date indiquée par M. le Ministre, mardi 30 mars, à
8 h. 1/2, les inspecteurs de l'enseignement primaire, les directeurs et les directrices d'Ecoles normales convoqués, se sont
réunis dans leurs salles respectives et ont procédé à l'élection
de leurs bureaux, qui ont été constitués comme suit :

MM.

1re Section. *Président :*	ADRIEN, inspecteur de l'enseignement primaire, à Versailles.
Vice-Présidents.	Boulet, inspecteur de l'enseignement primaire, à Alençon. Bony, directeur de l'Ecole normale, à Melun.
Secrétaires :	Armbruster, inspecteur de l'enseignement prim., à Belfort. Boë, inspecteur de l'enseignement primaire, à Sens.
2^c Section. *Président :*	CHOPINET, directeur de l'Ecole normale de Clermont.
Vice-Présidents :	Creutzer, inspecteur de l'enseignement primaire, à Nancy. Chaumeil, inspecteur de l'enseignement primaire, à Paris.
Secrétaires :	Dubois. inspecteur de l'enseignement primaire, à Poitiers. Cadoret, inspecteur de l'enseignement primaire, à Vervins.
3e Section. *Président :*	HÉMENT, inspecteur de l'enseignement primaire, à Paris.
Vice-Présidents :	Gary, inspecteur de l'enseignement primaire, à Agen. Lebrun, inspecteur de l'enseignement primaire, à Troyes.
Secrétaires :	Hanriot, inspecteur de l'enseignement primaire, à Auxerre. Laporte, inspecteur de l'enseignement primaire, à Melun.
4e Section. *Président :*	PINEAUX, inspecteur de l'enseignement primaire, à Paris.

1.

	Vice-Présidents :	Maillé, inspecteur de l'enseignement primaire, à Bordeaux. Marlier, directeur de l'Ecole normale, à Nancy.
	Secrétaires :	Mesnier, inspecteur de l'enseignement prim., à Pontarlier. Lefèvre, directeur de l'Ecole normale, à Gap.
5ᵉ Section.	*Président :*	Jost, inspecteur de l'enseignement primaire, à Paris.
	Vice-Présidents :	Mᵐᵉ De Friedberg, directrice de l'Ecole normale, à Paris. September, directeur de l'Ecole normale, à Carcassonne.
	Secrétaires :	Schuwer, inspecteur de l'enseignement primaire, à Corte. Royer, directeur de l'Ecole normale, à Varzy.

PREMIÈRE QUESTION

DE L'ORGANISATION PÉDAGOGIQUE DES ÉCOLES

A UN SEUL MAITRE

RAPPORTS

ET

PROCÈS-VERBAUX

PREMIÈRE SECTION

RAPPORT

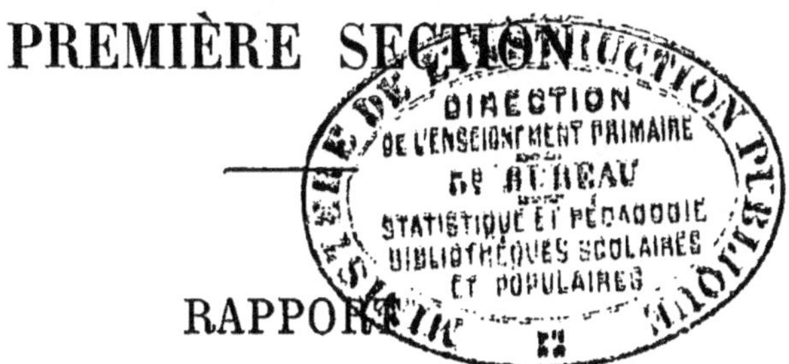

Présenté par M. Bézier, inspecteur de l'enseignement primaire,
à Rennes.

Mesdamés, Messieurs,

Je dois vous avouer que je me suis senti tout d'abord effrayé de l'honneur qui m'était fait d'être choisi comme rapporteur de la première section des conférences pédagogiques.

Ce n'est pas sans appréhension que j'ai accepté cette tâche délicate et d'autant plus difficile que c'est pour la première fois, en France, qu'un ministre, aussi libéral qu'éclairé, secondé par un directeur passionné pour les progrès de l'enseignement primaire, nous convie à discuter, nous-mêmes, ces questions qui intéressent à un si haut point, non-seulement le corps enseignant, mais le pays tout entier.

Je n'ai plus hésité en réfléchissant que je parlerais devant des collègues, dévoués, comme je le suis moi-même, à la noble cause de l'instruction populaire et sur la bienveillance desquels je sais pouvoir compter.

Une grande expérience, basée sur une longue pratique de la vie, eût donné plus d'autorité à mes paroles ; cependant, à défaut d'autre mérite, le travail que je vous apporte aura au moins celui d'être inspiré par une conviction profonde et par un vif désir de bien faire. Je puis dire, en empruntant à Michel Montaigne, notre illustre maître dans la science difficile de l'éducation : ceci est une œuvre de bonne foi.

Le sujet à traiter nous a été proposé sous ce titre :

Organisation pédagogique des écoles rurales
à un seul maître.

Que doit-on entendre par ces mots *organisation pédagogique d'une école* ?

La réponse à cette question est la conséquence de la définition que l'on a donnée de l'école elle-même, du moins dans le but qu'elle se propose : élever à la fois des enfants de différents âges, d'inégales forces, et les amener, dans un temps relativement court, à une somme de connaissances élémentaires, mais essentielles, qui constituent l'instruction primaire.

Grouper les élèves, déterminer son programme d'enseignement, régler l'emploi de son temps, user des méthodes et des procédés réputés les meilleurs, nous semblent les points capitaux de toute bonne organisation pédagogique.

Le sujet est vaste, et pour ne point nous laisser égarer, nous avons cru nécessaire d'en préciser encore mieux les parties essentielles, et voici comment nous le présenterons à votre discussion :

1° *Nombre maximum d'élèves pour une école à un seul maître.*

2° *Répartition de ces élèves en cours ou divisions.*

3° *Programme d'enseignement.*

4° *Emploi du temps.*

5° *Mode d'enseignement à adopter.*

6° *Mesure et forme dans lesquelles l'instituteur peut se faire aider.*

Nous aborderons successivement chacune de ces questions :

Nombre maximum d'élèves.

Les écoles à un seul maître sont de beaucoup les plus nombreuses, elles forment la presque généralité des écoles rurales, lesquelles sont les moins bonnes comme installation matérielle.

La législation en vigueur admet la création d'un emploi d'instituteur-adjoint, quand le nombre moyen des élèves fréquentant l'école, défalcation faite des élèves forains ainsi que de ceux qui ont plus de 13 et moins de 5 ans, dépasse 80, et nous savons tous qu'un projet de loi déposé, et dont l'adoption est fort désirable, tend à abaisser ce nombre.

A notre avis, 60 est un maximum qu'il ne faudrait en

aucun cas dépasser ; dans nos écoles rurales surtout, où les classes sont composées d'éléments si divers par l'âge et par les forces, nous désirerions que ce maximum fut même abaissé à 50. C'est aussi l'opinion de bon nombre de nos collègues que nous avons consultés, nous fondant sur cette idée que l'instituteur se devant à tous les enfants de son école et pendant le plus de temps possible, sinon pour chacun, au moins pour chaque groupe, il faut éviter que le grand nombre paralyse son action ; ajoutons, en outre, que nous ne saurions trop ménager les forces et la santé de l'instituteur.

Le nombre 50 n'a pas été seulement reconnu par nous, comme devant être un maximum ; les congrégations religieuses ne le dépassent presque jamais pour chacune des classes de leurs écoles.

II *Répartition des élèves en divisions.*

Les enfants d'une école primaire, quelque peu nombreuse qu'elle soit, sont de tous les âges, et ils se partagent naturellement en trois groupes.

D'abord les illettrés et ceux à peine ébauchés, enfants sortant rarement de la salle d'asile et que l'on ne peut amener que graduellement à se livrer à un travail personnel : ces enfants formeront un premier cours ou *cours élémentaire*. Ce cours comprendra forcément deux groupes : le *groupe préparatoire*, pour les arrivants et les élèves qui se seront laissé distancer, et le *groupe élémentaire* proprement dit.

Après une année ou deux de fréquentation, ces jeunes enfants sont initiés à tout : ils savent lire, écrire, compter etc., ils possèdent des notions des diverses parties du programme obligatoire, ils peuvent déjà se livrer à un travail personnel de courte durée : ils formeront le deuxième cours , *cours moyen* ou *intermédiaire*.

Au bout de deux ans encore, si ces élèves ont été bien dirigés dans le cours élémentaire et dans le cours moyen, on doit être arrivé à pouvoir accentuer, pour eux, le travail personnel et à donner à l'instruction, qu'ils doivent être aptes à recevoir, toute l'étendue désirable : ces enfants composeront le troisième cours ou *cours supérieur*.

Nous pensons que ces trois divisions, qui s'imposent par la force même des choses, doivent se trouver dans toute école sagement organisée. En réduire le nombre serait essayer le groupement d'éléments trop variés, l'augmenter serait éparpiller, sans chance de résultat, le temps et les forces du maître.

Donc, dans une école dirigée par un seul maître, il n'y aura que trois *divisions* ou *cours,* en admettant cependant le fractionnement, en deux *groupes,* du cours inférieur.

Nous allons répondre à l'avance à quelques observations qui pourraient nous être faites au sujet de cette répartition des élèves.

On objectera peut-être qu'il est impossible de ne former que deux groupes dans le cours inférieur.

Nous répondrons que, si l'instituteur le veut, la chose est déjà faite.

En effet, le cours élémentaire, groupe préparatoire, se compose, à la rentrée des classes, des *nouveaux arrivants* et des enfants qui, moins bien doués que leurs condisciples, ou n'ayant pas suivi régulièrement et attentivement les classes, se trouvent n'avoir pas profité des leçons; le groupe élémentaire proprement dit comprend la série des élèves ayant déjà quelques ·mois de fréquentation et commençant à être ébauchés.

Tout va bien en ce moment; mais si un mois, deux mois après, de nouvelles recrues nous arrivent, elles seront inférieures en connaissances à nos deux groupes établis et obligeront à former un troisième, peut-être un quatrième groupe.

Non. Il appartient à l'instituteur de donner de bonnes habitudes aux populations parmi lesquelles il vit, de !faire comprendre aux familles, en leur faisant entrevoir tout l'avantage qu'elles en retireront, la nécessité d'envoyer leurs enfants à l'école, pour la première fois, aux époques de la rentrée des grandes vacances ou des vacances de Pâques.

L'instituteur, avec un peu d'habileté, du tact et du bon vouloir, peut arriver certainement à ce résultat.

Nous ne voyons donc pas la nécessité d'étendre le nombre des groupes.

Pour les deux autres cours, point de morcellement, car il est aisé de proportionner les devoirs à la force, quoique un peu différente, des élèves de chaque catégorie, de manière à faire profiter les plus faibles sans retarder les plus forts ; et pour cela, il suffira de prendre pour base, non la tête ni la queue d'un cours, mais une moyenne qui doit être comme la résultante des forces diverses.

C'est précisément en s'adressant à cette force moyenne des élèves que l'instituteur pourra introduire les leçons communes au cours moyen et au cours supérieur, au cours moyen et au cours élémentaire, enfin aux trois cours à l'aide des *leçons de choses* pouvant s'adapter si bien presque à toutes les matières du programme.

Le retard que l'on semble de prime abord devoir occasionner à la marche de quelques enfants est favorable aux progrès des uns et des autres ; servant immédiatement les moins avancés, il fait que ceux qui le sont plus se gravent d'une façon presque indélébile les leçons dans l'esprit.

III. *Programme d'enseignement.*

Le programme d'études s'étendant à toutes les matières de l'enseignement primaire, telles qu'elles sont édictées dans nos lois, doit être compris de manière qu'il permette la culture simultanée de toutes les facultés de l'enfant.

Dès son entrée à l'école, l'élève doit être initié à toutes les matières fondamentales. Dans le deuxième cours, les mêmes matières seront étudiées d'une façon plus étendue ; dans le troisième cours, il les verra à nouveau, avec tous les développements que comporte l'enseignement primaire.

De là, trois degrés d'enseignement correspondant à nos trois *divisions*.

A la fin de chaque annnée scolaire, l'enfant aura suivi un programme complet, aussi sommaire que l'on voudra, mais il possèdera un petit bagage très-varié, composé de connaissances puisées dans toutes les parties du programme.

Nous serions d'avis d'adopter pour ce programme la répartition mensuelle des matières à voir dans l'année scolaire.

L'instituteur aurait néanmoins la latitude, suivant les conditions spéciales dans lesquelles son école est placée, de parcourir ce programme dans un temps moins long ; cependant ce laps de temps ne pourrait être inférieur a 6 mois.

Sur n'importe quel point de la France, les enfants sont aptes à recevoir toutes ces connaissances élémentaires, qui sont la base de notre instruction primaire ; aussi demanderons-nous l'établissement d'un programme UNIFORME et OBLIGATOIRE.

Nous allons encore ici au devant d'une observation qui pourrait être faite au sujet des élèves qui ne fréquentent la classe que l'hiver et de ceux qui, dans certaines contrées, sont retirés de l'école à l'époque des grands travaux des champs.

Les élèves qui reviennent l'hiver savent déjà quelque chose ; il est donc facile de les caser à la place qui leur convient lors de leur réapparition, et, en les stimulant, de les mettre au pas.

Le maître sera bien obligé de revenir un peu en arrière, mais il saura, s'il le veut, ne pas faire perdre de temps aux *bons fréquentants* et regagner, quelques mois plus tard, le temps perdu.

Tout est dans le dévouement de l'instituteur.

Pour les élèves qui quittent temporairement dans le cours de l'année, il sera plus difficile de leur faire regagner le temps perdu, s'ils reviennent, sans mettre en retard ceux qui sont restés.

Certaines familles ne manqueront pas d'être froissées de voir leurs enfants placés dans une division inférieure à celle à laquelle ils appartenaient, mais l'intérêt général de l'école doit passer avant l'intérêt particulier de quelques élèves.

IV. *Emploi du temps.*

L'emploi du temps doit être entendu de telle manière que les élèves soient constamment occupés, que la durée des le·çons soit proportionnée à leurs forces physiques et intellectuelles, que les exercices se succèdent de façon que l'un repose l'enfant de la tension d'esprit occasionnée par le précédent; il doit embrasser toutes les questions du programme et faire à chacune la part qui lui convient, à raison de son importance relative ou immédiate.

L'emploi du temps doit être uniforme, et nous demandons qu'il soit imposé aux écoles de France absolument comme le programme d'études.

La situation topographique des départements, même des communes dans tel département, nécessitera des *règlements horaires* différents. L'instituteur dressera, quand l'école qu'il dirige aura des besoins particuliers, un règlement horaire qui sera soumis à l'approbation des autorités départementales.

V. *Mode d'enseignement.*

Si tous les élèves de l'une de nos écoles à un maître, malgré des aptitudes diverses et des degrès d'intelligence différents, avaient à peu près les mêmes connaissances acquises, le mode simultané pur s'imposerait.

Mais nous venons de répartir nos élèves en trois catégories bien distinctes, le mode *simultané pur* n'est donc pas applicable.

Nous le maintiendrons cependant exclusivement dans le cours supérieur et dans le cours moyen, mais nous aurons recours au mode mixte pour les deux groupes du cours élémentaire.

De plus, nous introduirons tous les jours à un moment quelconque de la journée, et, pour une leçon qui, variant avec le jour, permettra dans la semaine de voir les différentes parties du programme, l'enseignement simultané pur pour la totalité des élèves

Les cours communs remédieront à l'inconvénient qu'il y aurait à laisser trop longtemps les élèves abandonnés à eux-mêmes, en étude, comme l'on dit, pendant que le maître s'occupe d'une autre division.

Les leçons collectives peuvent être faites, nous l'avons déjà dit, sauf pour la lecture, pour toutes les matières d'enseignement primaire.

En attirant en avant la division inférieure, les élèves du groupe immédiatement supérieur y trouveront l'avantage de revoir chaque année ce qu'ils auront appris l'année précédente.

Le maître, s'il est réellement dévoué, trouvera, dans la façon de poser les questions et de susciter les réponses, le moyen de tenir son auditoire en haleine, de faire naître l'émulation, qui dissipera l'ennui résultant de la répétition des mêmes choses, et il obtiendra de réels résultats.

VI. *Aides.*

L'aide devient avec notre mode d'enseignement un mal nécessaire. Nous disons mal nécessaire, car le bien serait de n'avoir point à l'employer.

Acceptons-le, puisqu'il est nécessaire, et cherchons où nous devons le prendre et dans quelle mesure nous pourrons l'utiliser.

Nous ne pensons pas que l'aide puisse être exclusivement la femme ou l'enfant de l'instituteur.

Dans des régions que nous connaissons particulièrement, la femme de l'instituteur n'est pas toujours apte à servir d'aide, où elle n'y consentirait pas bénévolement, et ajoutons encore que, souvent, malgré sa bonne volonté, elle en sera empêchée par les occupations du ménage et les soins de la famille.

Au reste, la plupart des parents des enfants ne verront pas d'un bon œil cette immixtion de la femme de l'instituteur. C'est à l'instituteur seul qu'ils prétendent confier leurs enfants.

Nous n'avons pas à discuter la valeur de cet argument; nous nous bornons à enregistrer ce qui se dit d'ordinaire, ce que nous avons entendu dire, lorsqu'une pareille situation se produit (1).

On ne pourrait pas d'ailleurs compter absolument sur la collaboration de la femme de l'instituteur, puisqu'il arrive fréquemment que ce dernier est célibataire ou veuf.

L'emploi de ses enfants présenterait des inconvénients analogues.

C'est une maladie commune à l'humanité de suspecter même le bien, et les enfants de l'instituteur sont souvent tenus en suspicion par leurs camarades, qui les accusent, à tort ou à raison, de petites dénonciations, lesquelles prennent parfois des proportions étranges dans les familles.

Notre opinion est de prendre des aides-moniteurs à tour de rôle, et toujours pour un exercice de peu de durée, parmi les élèves du premier cours et les plus avancés du second. — L'instituteur inculquera aux enfants l'idée que le service des aides-moniteurs est un service d'honneur. — Il est aisé de dresser, pour chaque mois, un tableau des moniteurs, ou mieux des répétiteurs, avec l'indication des moments de la journée où ils devront être employés, et des exercices dont ils auront la répétition.

Chaque aide-moniteur prend note, sur un carnet spécial, de cet emploi particulier de son temps, et, à la fin de chaque classe du soir, le maître, dans la demi-heure qui suit la sortie, lui rappelle ses obligations du lendemain et le prépare à la tâche qu'il doit accomplir.

L'aide-moniteur profitera ainsi, tout à la fois, des explications qu'il recevra du maître et des efforts qu'il fera pour communiquer ses idées à ses jeunes condiciples.

Le service des aides-moniteurs sera organisé de telle sorte que le même élève ne perde jamais plus d'une leçon par jour et jamais plusieurs fois de suite la même leçon. Il en résultera donc qu'il n'y aura dans chacun des cours qu'il suit que de rares interruptions qui ne pourront entraver ses progrès.

Ainsi établi, ce service enlève aux parents, quelle que soit la famille, tout prétexte de réclamation, et c'est là ce qu'il importe essentiellement d'éviter.

---

(1) Il ne faut pas croire, par ce que nous venons d'avancer, que nous rejetions complètement la présence de la femme de l'instituteur dans l'école. Nous savons, au contraire, tout le bien qui pourrait en résulter, et les aptitudes spéciales que les femmes, en général, apportent

CONCLUSIONS

De l'exposé précédent, il résulte :

1° Que le nombre des élèves, dans toute école dirigée par un seul maître, ne doit pas dépasser 50 ;

Parce que nous devons ménager le maître ;

Que nous devons tendre à nous rapprocher le plus possible du mode simultané pur, inapplicable avec un plus grand nombre d'élèves.

2° Que le nombre des divisions ne doit pas dépasser 3, en tolérant le fractionnement en deux groupes du cours élémentaire ;

Parce que la multiplicité des divisions ne permet pas de consacrer à chacune d'elles un temps suffisant ;

Qu'un plus grand nombre de divisions exigerait l'emploi d'un plus grand nombre d'aides-moniteurs, emploi qui ne peut être considéré que comme un pis-aller.

3° Que le programme d'étude doit être uniforme et obligatoire dans toutes les écoles de France ;

Attendu que partout, en matière d'instruction primaire, nous poursuivons le même but et qu'il importe d'employer les mêmes moyens pour l'atteindre ;

Qu'un programme obligatoire est la sauvegarde de l'indépendance de l'instituteur en le mettant à l'abri des réclamations que les autorités locales ou les familles pourraient lui adresser.

Que les matières de ce programme seront échelonnées par mois, afin qu'il devienne un guide sûr, ne permettant pas à l'instituteur de s'attarder dans son enseignement, ou de consacrer à certaines matières un temps trop considérable au détriment des autres.

4° Que l'emploi du temps sera obligatoire et uniforme comme le programme d'enseignement,

Afin d'établir l'unité de direction et de faciliter le contrôle

---

à l'éducation de l'enfance. — Mais les aptitudes naturelles ne suffisent pas toujours. — Le temps n'est pas éloigné, et nous l'appelons de tous nos vœux, où les femmes pourvues d'une solide instruction nous offriront toutes les garanties suffisantes. Les municipalités alors ne pourront se refuser à donner à ces éducatrices du jeune âge une juste subvention qui les engagera à venir en aide à leurs maris. — Ce sera le point de départ des écoles enfantines que nous rêvons.

des études dans toutes les écoles soumises à la même surveillance.

Le règlement horaire, j'entends les heures auxquelles doivent se tenir les classes, à cause de particularités spéciales à certaines régions, sera dressé par l'instituteur et approuvé par les autorités départementales.

4° Que le mode d'enseignement sera le mode simultané pur pour les deux premiers cours, et mixte pour le cours élémentaire.

Parce que l'instituteur se doit, et pendant le plus de temps possible, à tous les enfants de son école sans exception.

6° Que l'instituteur pourra se faire aider par des moniteurs ou répétiteurs choisis parmi les élèves les plus avancés et les plus dignes de l'école, sans exclure toutefois l'aide de sa femme ou de ses enfants.

Je termine, Mesdames et Messieurs, en remerciant, en votre nom et au mien, M. le Ministre de l'instruction publique de l'innovation de ces conférences qui, nous en avons la conviction profonde, seront fécondes à plus d'un titre.

Je vous remercie aussi, Mesdames et Messieurs, très cordialement, de la bienveillance avec laquelle vous m'avez écouté.

BEZIER.
Inspecteur primaire à Rennes.

PROCÈS-VERBAL

Première séance.

L'an 1880, le 30 mars, à 8 heures 1/2 du matin, la première section des délégués aux conférences pédagogiques s'est réunie dans une salle du lycée Saint-Louis, sous la présidence de M. Bony, doyen d'âge.

Après une courte allocution, dans laquelle M. le Président d'âge remercie M. le Ministre de l'idée féconde et libérale qu'il a eue de réunir en congrès les inspecteurs primaires, les directeurs et les directrices d'écoles normales, la séance est ouverte et l'on procède à l'élection du bureau définitif, qui est constitué de la manière suivante:

Président: M. ADRIEN, Inspecteur primaire à Versailles;

Vice-Présidents: MM. BONY, Directeur de l'Ecole normale primaire de Melun;

     BOULET, Inspecteur primaire à Alençon;

Sécrétaires: MM. BOÉ, Inspecteur primaire à Sens;

     ARMBRUSTER, Inspect. primaire à Belfort.

M. le Président titulaire ayant pris possession du fauteuil adresse quelques mots de remercîment aux membres de la section. Puis, se faisant à son tour l'interprète de l'assemblée, il exprime à M. le Ministre les sentiments de gratitude que mérite son initiative libérale.

Ce premier congrès pédagogique, dit M. le Président, ouvre une ère nouvelle à l'instruction primaire; faisons qu'elle soit féconde et que chacun des jours qui suivront celui qui nous réunit, réalise un progrès dans la marche de l'enseignement primaire.

Son allocution terminée, M. le Président donne la parole à M. Bézier, inspecteur primaire à Rennes, rapporteur de la première question.

La lecture de l'excellent rapport de M. Bézier sur l'*Organisation des écoles à un seul maître* est écoutée avec la plus grande attention. Elle remplit le reste de la séance du matin.

A 11 heures 1/2 la séance est levée et renvoyée à 3 heures du soir.

Deuxième séance.

La première Section, réunie sous la présidence de M. Adrien, examine les diverses propositions présentées par M. le Rapporteur sur l'organisation pédagogique des écoles primaires à un seul maître.

PREMIÈRE PROPOSITION.

Nombre maximum d'élèves pour une école à un seul maître.

L'assemblée, après en avoir délibéré :
Considérant qu'il importe d'organiser une école primaire à un seul maître de façon que l'enseignement puisse être donné directement par lui ;
Considérant, en outre, qu'il y a lieu de tenir compte des écoles spéciales aux garçons et aux filles autant que des écoles mixtes par rapport au sexe,

Emet le vœu :

1º Que le maximum des élèves qui fréquentent une école à un seul maître soit fixé à 50 ;
2º Que les enfants ayant atteint l'âge de 5 ans soient considérés comme ayant l'âge scolaire ;
3º Que la création d'un poste d'instituteur-adjoint ou le dédoublement de l'école mixte soient basés sur la moyenne des 6 mois qui ont réuni le plus grand nombre d'élèves. — Lors du dédoublement d'une école mixte opéré dans les conditions ci-dessus, les dépenses nécessitées pour la construction et l'installation de l'école, de même que le traitement de l'Institutrice, ne resteront pas exclusivement à la charge de la commune.

DEUXIÈME PROPOSITION.

Répartition de ces élèves en cours ou divisions.

L'assemblée, — considérant que l'école primaire à un seul maître comprend en général tous les enfants de l'un ou de l'autre sexe ou des deux sexes réunis, de 5 à 13 ans, — admet, en principe, la répartition des enfants en divisions.

Après avoir examiné, la difficulté de conduire de front les élèves de la classe élémentaire, dont le nombre est susceptible d'augmenter sans cesse, et reconnu que le maître ne peut, d'une façon continue, donner l'enseignement directement à tous les élèves ;

Voulant, toutefois, que la répartition des élèves en un nombre de cours soit aussi restreinte que possible, afin de ne pas trop affaiblir les efforts et l'action du maître,

Emet le vœu :

Que les enfants de toute école primaire à un seul maître soient répartis en trois cours, dont le plus élémentaire pourra, à titre de tolérance, être subdivisé en deux groupes.

TROISIÈME PROPOSITION.

Programme d'enseignement.

Cette proposition donne lieu à une longue discussion qui établit la nécessité de déterminer un programme comprenant les matières qui permettent à tout élève d'acquérir les connaissances qui sont jugées nécessaires pour l'obtention du certificat d'études.

L'assemblée, après en avoir délibéré :

Reconnaissant qu'il est nécessaire de bien déterminer les matières du programme des connaissances à acquérir à l'école primaire ;

Considérant qu'il y a un intérêt réel à maintenir l'esprit de suite dans l'enseignement et à bien déterminer le cadre des diverses branches d'enseignement obligatoire,

Emet le vœu :

Qu'un programme unique et général soit appliqué à toutes les écoles à un seul maître.

QUATRIÈME PROPOSITION.

Distribution du temps.

L'enseignement obligatoire comprend les diverses matières édictées dans nos lois ; mais il conviendrait d'y ajouter, ne fût-ce que sous forme de leçons de choses, les notions des devoirs civiques, l'économie domestique, le dessin, l'hygiène et des notions industrielles et scientifiques.

Il importe au maître qui veut développer progressivement et avec succès les jeunes intelligences et leur transmettre les connaissances visées énumérées ci-dessus, d'employer utilement les 6 heures consacrées à l'école. Ces 6 heures doivent être réparties de manière que les plus jeunes, aussi bien que les plus âgés, reçoivent pendant un temps proportionnel l'enseignement direct du maître.

L'assemblée, après en avoir délibéré :

Considérant qu'il est nécessaire de donner l'enseignement en réservant, à chaque division, un temps en rapport avec l'importance de la matière à enseigner et aussi avec le degré de développement intellectuel des enfants auxquels il s'adresse ;

Considérant qu'il importe également, pour la régularité de la marche de l'enseignement et de l'esprit de suite dans la méthode, de bien déterminer un plan horaire,

Emet le vœu :

Qu'un emploi du temps uniforme soit arrêté et rendu obligatoire pour toutes les écoles.

CINQUIÈME PROPOSITION.

Quel doit être le mode d'enseignement à adopter.

Un tableau de répartition des matières à enseigner, rédigé conformément au principe de pédagogie moderne qui attribue au maître l'action directe, est reconnu indispensable par l'assemblée.

Considérant qu'un même enseignement peut être donné aux deux premiers cours, et même, — comme dans les leçons d'histoire ou les leçons de choses, — aux trois cours réunis, sans que l'attention des plus jeunes enfants cesse de rester en éveil, grâce à la simplicité du récit et aux question faciles que le maître leur adressera ; mais que ces jeunes enfants exigent souvent des soins particuliers, parce qu'ils n'ont ni le même point de départ, ni les mêmes aptitudes, ni le même développement intellectuel que les autres élèves de l'école ;

Considérant, en outre, qu'il y a lieu de tenir compte des circonstances locales, souvent si différentes,

L'assemblée émet le vœu :

Que le mode d'enseignement soit simultané pur pour les deux premières divisions et même pour toutes les trois, à l'aide de leçons collectives.

Le mode d'enseignement pourra, pour certaines parties (la lecture, par exemple) être *mixte* pour le cours élémentaire et, dans ce cas, l'instituteur aura pour auxiliaires des aides ou moniteurs.

La discussion étant close par l'adoption de ce dernier vœu, la séance est levée à 6 heures du soir.

Fait à Paris, le 31 mars 1880.

Et ont, — les membres du bureau, — signé le présent procès-verbal.

Le Président :

ADRIEN.

Bony et Boulet, *Vice-Présidents ;*

Armbruster et Boé, *Secrétaires.*

DEUXIÈME SECTION

RAPPORT

Présenté par M. Clerc, inspecteur de l'enseignement primaire,
à Paris.

Mes chers collègues,

A l'ouverture de ce congrès, permettez-moi, au nom des inspecteurs primaires de la Seine, de vous exprimer nos sentiments de sympathie, de franche cordialité. Vous êtes les bienvenus. Tous, nous avons applaudi à la décision qui vous a appelés à Paris, et qui nous réunit ici pour quelques jours.

Nous avons reconnu dans cette décision si bienveillante, si honorable pour tous, la sollicitude de l'administration pour les intérêts scolaires. Nous témoignerons notre reconnaissance à M. le ministre de l'instruction publique et à M. le directeur de l'enseignement primaire, en étudiant sérieusemeut les questions sur lesquelles ils ont bien voulu nous consulter. Notre patriotisme nous excitera, nous encouragera dans la recherche des moyens à employer pour donner aux enfants du peuple une instruction solide et l'éducation indispensable aux citoyens d'un pays libre. La bonne confraternité qui règne parmi nous sera aussi notre inspiratrice ; chacun de nous s'efforcera d'apporter le meilleur concours à l'œuvre commune.

J'en suis donc convaincu, mes chers collègues, notre congrès peut produire de bons résultats ; il peut contribuer à féconder cette ère nouvelle qui, sous le gouvernement de la République, s'est ouverte pour l'enseignement primaire. En tous cas, notre ordre d'enseignement, le plus modeste de l'université, se félicitera d'avoir été admis à présenter ses *Cahiers*.

Vous connaissez tous la question dont nous avons à nous occuper. Elle est ainsi conçue : «Organisation pédagogique des écoles à un seul maître. » Je n'ai pas à vous apporter une solution. Ma mission consiste surtout à déterminer le sujet aussi bien que possible, à le limiter, à le présenter sous toutes ses faces, et à soumettre à vos discussions les points les plus importants. J'ai à vous tracer, en quelque sorte, le programme de nos séances. Je ne serais pas surpris que certains côtés de la question eussent échappé à mon analyse ; mais, je dois le dire, j'ai compté beaucoup sur vous, et il reste bien entendu que vous avez toute liberté pour signaler les omissions commises. L'assemblée décidera s'il y a lieu de s'arrêter a l'objet des réclamations qui pourraient se produire. Vous comprenez toutefois que, vu le peu de temps dont nous disposons, il importe de n'introduire de nouveaux éléments de discussion que dans le cas d'une réelle nécessité.

Ces explications étant données, j'ai l'honneur de vous lire mon rapport.

Dans la plupart des communes rurales, l'instituteur est absolument seul pour conduire une école dont l'effectif dépasse souvent 80 élèves. D'un autre côté, il est rare qu'une salle d'asile existe dans la commune ; les enfants arrivent donc à l'école dépourvus de toutes connaissances. Il faut remarquer aussi que généralement les règlements des écoles publiques permettent aux maires d'autoriser l'admission d'enfants au-dessous de six ans. Enfin, la fréquentation est loin d'être régulière.

Dans ces conditions, la tâche de l'instituteur est vraiment difficile. Faire en sorte que chaque enfant reçoive le plus possible l'enseignement direct du maître ; occuper constamment et utilement des élèves de forces si différentes ; diriger les leçons de manière que, malgré l'irrégularité de la fréquentation, l'enfant emporte de l'école une somme suffisante de connaissances : voilà les termes du problème à résoudre. On le voit, il ne suffit pas que l'instruction de l'instituteur soit très étendue, très solide ; il ne suffit même pas que les bonnes méthodes d'enseignement lui soient connues ; il faut aussi, je dirais volontiers surtout, qu'il sache organiser son école. Tous nous avons vu des maîtres très capables, très dévoués, s'épuiser en efforts infructueux. Il ne s'agit pas, remarquez-le bien, de déterminer ici quelle doit être la valeur du maître : nous la supposons suffisante ; il s'agit d'indiquer comment l'enseignement doit être distribué pour obtenir les meilleurs résultats possibles. Pour bien préciser ma pensée, permettez-moi cette comparaison empruntée à la mécanique : il faut que nous donnions à l'instituteur, dans les conditions particulières où nous le plaçons, les moyens de faire produire à ses forces intellectuelles, morales et pédagogiques, le *maximum d'effet utile*. Telle est, à mon avis, la question que nous avons à traiter.

Le simple bon sens nous dit d'examiner quelles sont les difficultés à vaincre avant de nous arrêter à l'emploi des moyens. Si quelques-unes sont reconnues insurmontables, nous les signalerons à l'administration, et notre étude ne portera ensuite que sur les cas de possibilité. Cette marche me paraît la plus naturelle.

Et tout d'abord le mombre des élèves peut-il être illimité? Evidemment non. Le chiffre de 80 élèves pour un seul maître, chiffre fixé par la circulaire du 9 août 1870, me paraît déjà bien élevé, surtout quand je considère la division des plus jeunes enfants, composée des éléments les plus hétérogènes. Je crois qu'il convient de fixer un maximum au-delà duquel nous ne puissions plus admettre qu'un seul maître soit suffisant.

Si nous ne nous occupons plus, au point de vue spécial où nous nous plaçons, des écoles que nous venons d'éliminer, il importe cependant que nous exprimions nos idées sur les moyens à employer pour remédier à la situation. La création d'un poste d'adjoint serait-elle préférable à celle d'une salle d'asile ou d'une école enfantine?

A la campagne, beaucoup d'enfants ne fréquentent l'école, chaque année, que pendant 4 ou 5 mois, et souvent d'une manière intermittente. L'irrégularité d'une telle fréquentation n'est-elle pas un obstacle invincible à toute organisation pédagogique?

Dans beaucoup de départements, les ministres du culte peuvent appeler à l'église, quand il leur plaît, les enfants de l'école, pour les catéchismes; et trop souvent, ils choisissent les heures mêmes des classes. L'instituteur n'est pas, pour cela, dispensé de faire étudier la lettre du catéchisme et de l'histoire sainte. Il en résulte que, plusieurs fois par semaine, surtout en hiver, où la fréquentation est précisément le plus régulière, les enfants emploient la plus grande partie de la journée à l'instruction religieuse. Dès lors, il est impossible que les programmes scolaires soient étudiés en entier. Il y a là un grave abus, que j'ai constaté maintes fois dans le Jura, où bien souvent on trouve plusieurs communes réunies pour le culte. Parfois, les enfants ont à parcourir 3, 4 et même 5 kilomètres pour se rendre de l'école à l'église. Des mesures ne doivent-elles pas être prises à cet égard ?

A chaque instant, nous entendons demander l'introduction
de nouvelles matières dans les programmes de nos écoles. Ces
additions ne mettraient-elles pas l'instituteur dans l'impossibilité de donner à ses élèves des connaissances précises sur
toutes les matières imposées? Convient-il de modifier les programmes, et dans quel sens ?

Les programmes étant modifiés ou maintenus tels qu'ils sont,
nous devons nous demander si l'instituteur peut, sans nuire à
son école, se livrer à des occupations étrangères, telles que
celles de secrétaire de la mairie, de chantre à l'église, de son-
neur, etc... En dehors de ses classes, l'instituteur n'a-t-il pas
besoin de tout son temps pour préparer ses leçons et pour
étendre ses connaissances? N'y a-t-il pas là aussi une question
de dignité professionnelle à envisager ?

Dans un assez grand nombre de communes rurales, l'école
est mixte. Or, vous le savez, on a déjà discuté sur le point
de savoir si ces sortes d'écoles ne devraient pas être dirigées
exclusivement par des maîtresses. La raison la plus sérieuse
que donnent les partisans de l'affirmative est celle qui a trait
à la moralité. J'avoue que cette raison me touche beaucoup,
mais je ne saurais, comme eux, conclure du particulier au
général. A de rares exceptions près, les maîtres que j'ai vus
dans les écoles mixtes présentaient toutes les garanties désirables sous le rapport des mœurs. Mais on a prétendu qu'une
institutrice aurait une action plus efficace dans ces écoles,
quant au résultat général, et c'est là ce qui m'a décidé à introduire ici cette question délicate. Je reconnais qu'une femme
pourra mieux réussir dans l'éducation des jeunes filles ; mais
est-ce bien au moment où les pouvoirs publics se préoccupent
de l'insuffisance de l'instruction des femmes qu'il convient de
poser en principe que toutes les écoles mixtes doivent être
confiées à des institutrices? Vous voudrez bien donner votre
avis sur ce point.

Voilà, mes chers collègues, toute une série de questions
qui pouvaient compliquer notre étude. Il m'a paru bon de
vous les soumettre tout d'abord, afin de déblayer le terrain
autant que possible.

Nous supposons maintenant une école dont l'effectif ne soit
pas exagéré, des programmes convenables, un maître ou une
maîtresse pouvant consacrer un temps suffisant à sa classe,
enfin, nous admettons qu'à la tête de toute école mixte se
trouve la personne la plus apte à la mieux conduire. C'est
dans ces conditions que nous nous plaçons pour étudier l'organisation pédagogique, objet essentiel de notre réunion.

2.

Il importe, ai-je dit plus haut, que chaque enfant de l'école reçoive le plus possible l'enseignement direct du maître. Or le mode *individuel* ne s'y prête pas, même dans la plus petite école ; le mode *mutuel* encore moins, puisque, dans son application, le maître ne donne jamais lui-même la leçon. D'ailleurs, ce mode n'aurait sa raison d'être que dans les écoles très nombreuses à un seul maître, et nous avons écarté ces écoles du champ de nos recherches. C'est donc à l'enseignement *simultané* qu'il convient, suivant moi, de nous arrêter. Dans le cas où vous partageriez ma manière de voir, nous aurions à examiner si un nombre déterminé de divisions ne s'impose pas, ou si toute latitude doit être laissée au maître sur ce point.

Le partage de l'école en un certain nombre de divisions ne permet pas à l'instituteur de s'adresser directement à tous les élèves pendant toute la durée des classes, chaque division ou chaque cours devant avoir son enseignement particulier. Mais n'est-il pas possible de rendre communes un certain nombre de leçons ? C'est une question bien importante, car plus nous pourrons restreindre le nombre de leçons particulières, plus nous mettrons l'élève en communication directe avec le maître.

Quoi que vous décidiez, nous serons amenés à dresser le plan des études dans chaque division. Deux systèmes sont en présence. L'un consiste à partager chaque branche d'enseignement en autant de parties qu'il y a de divisions dans l'école et à faire étudier successivement ces parties. Ce n'est qu'après avoir passé par toutes les divisions que l'élève peut posséder l'ensemble ; à ce moment-là seulement, la synthèse est permise. Dans l'autre système, l'enseignement est distribué de telle sorte que chaque division acquière un ensemble de connaissances formant un tout. Ainsi la division inférieure parcourt toute l'histoire de France, toute l'histoire sainte, ne s'arrêtant bien entendu qu'aux points principaux ; la division suivante reprend le même programme, mais de plus grands développements sont donnés, et ainsi de suite. En grammaire, la division inférieure voit le nom, l'adjectif et le verbe, c'est-à-dire les parties essentielles de la proposition ; en arithmétique, elle apprend la numération et les quatre opérations principales. De la sorte, même au sortir de la division inférieure, un élève possède, sur chaque matière, un cercle de connaissances qui sont bien reliées entre elles et dont il perçoit nettement les rapports. Ce cercle s'agrandit à mesure que l'enfant parcourt les autres divisions. C'est là le système

adopté dans les écoles communales de Paris, et vous en connaissez l'éminent auteur. Dans ces écoles, on trouve invariablement trois cours appelés *élémentaire, moyen* et *supérieur.*
Chaque cours comprend presque toujours plusieurs divisions ;
mais, dans toutes les divisions formant un même cours, les
matières enseignées sont absolument les mêmes. Vous voudrez
bien rechercher avec nous lequel des deux systèmes est préférable pour les écoles à un seul maître.

Les enfants devant être constamment et utilement occupés,
nous avons à indiquer quel est le meilleur emploi du temps
pour les divisions qui, à un moment donné, ne reçoivent pas
l'enseignement du maître. Est-il bon de les abandonner à
elles-mêmes, occupées à la rédaction d'un devoir ou à l'étude
d'une leçon ? Convient-il d'employer des moniteurs, et, dans
ce cas, quels élèves l'instituteur doit-il choisir ? quel doit être
le rôle des moniteurs ? Le maître peut-il se dispenser de leur
donner des leçons particulières ? La femme de l'instituteur ne
pourrait-elle pas lui servir d'auxiliaire ? Je reconnais que cette
dernière idée est étrangère au sujet, puisque nous avons supposé un maître absolument seul. Je vous la soumets toutefois,
car un de mes honorables collègues de province l'a exprimée
dans une communication qu'il a bien voulu me faire, et je
crois qu'elle mérite un examen sérieux.

Permettez-moi de vous faire remarquer que, dans les communes où il existe une salle d'asile, la tâche de l'instituteur
est moins difficile qu'ailleurs. Les enfants, en entrant à l'école,
possèdent les premiers éléments de la lecture ; ils ont été
déjà l'objet d'une certaine culture. Dans ce cas, l'emploi des
moniteurs est-il indispensable ?

Il ne suffit pas qu'un emploi du temps assure aux élèves
une occupation constante et utile. Ce règlement doit tenir
compte de l'importance relative des matières d'enseignement ;
il faut encore qu'il n'impose pas aux élèves une trop grande
tension d'esprit, c'est-à-dire qu'il distribue les leçons et les
exercices de manière que l'enfant ne soit pas astreint à un
effort trop prolongé. Tous nous savons aussi qu'à de certains
moments de la journée, l'enfant est mieux disposé à l'étude,
moins porté à la dissipation. Nous avons donc à examiner
quelle doit être la durée de chacune des leçons et dans quel
ordre elles doivent se succéder. Il convient donc aussi d'indiquer la durée des repos à accorder pendant chaque séance.

A ce point particulier se rattache celui-ci. Le travail auquel
l'enfant est tenu à l'école est-il suffisant ? Est-il bon d'imposer des devoirs à faire à la maison ? Dans le cas de l'affirmative

quel genre d'études supplémentaires devrait être prescrit?

Une des plus grandes difficultés que rencontre dans les écoles rurales l'application d'un plan d'études, vient de la désertion, dès le printemps, de la plupart des enfants. Si l'obligation de fréquenter l'école est prescrite par la loi, la difficulté disparaîtra ; mais comme nous devons prendre les choses dans l'état où elles sont, il est nécessaire, suivant moi, d'aviser aux moyens d'atténuer les fâcheux effets de la désertion que je viens de signaler. Conviendrait-il, par exemple, de régler le programme particulier à chaque division de manière que ce programme pût être parcouru pendant la période d'hiver, du 1er octobre à Pâques, le reste de l'année étant consacré à des révisions pour les enfants qui n'ont pas quitté l'école? En admettant même que l'obligation soit décidée, devrait-on, dans les campagnes, et pendant l'été, conserver les deux classes du matin et du soir, ou les remplacer par une seule qui serait faite aux heures où les parents peuvent se passer le plus facilement de leurs enfants?

Ici, mes chers collègues, se termine mon analyse. Comme vous l'avez remarqué, je n'ai point parlé des méthodes d'enseignement ; j'aurais craint de trop m'écarter du sujet proposé. A mon avis, la méthode est une partie essentielle de la valeur pédagogique du maître, et j'ai pris soin de vous dire que nous n'avions pas à déterminer cette valeur. D'ailleurs, le temps dont nous disposons m'a paru trop limité pour que je pusse me permettre de donner plus d'extension à mon programme, et j'ai tenu aussi à ne vous parler que de ce qui concerne particulièrement les écoles rurales à un seul maître.

PROCÈS-VERBAL

Le mardi 30 mars 1880, à neuf heures du matin, dans une des salles du Lycée Saint-Louis, la deuxième section des conférences pédagogiques instituées à Paris par M. le Ministre de l'instruction publique et des beaux-arts s'est réunie sous la présidence de M. Chopinet, président du bureau provisoire nommé par M. le Ministre.

Tous les membres classés dans la 2ᵐᵉ section étaient présents, à l'exception de MM. Détriché, inspecteur primaire, à Saumur, qui s'est excusé; Dupaigne, inspecteur primaire à Paris; Mᵐᵉ Guye, directrice d'Ecole normale, à Besançon.

La liste d'émargement contient les noms des membres présents.

Aussitôt la séance ouverte, il est procédé à l'élection du bureau définitif, qui se trouve composé de la manière suivante :

Président :

M. Chopinet, directeur d'École normale, à Clermont-Ferrand.

Vice-présidents :

MM. Creutzer, inspecteur primaire, à Nancy ;
Chaumeil, id. id. à Paris.

Secrétaires :

MM. Cadoret, inspecteur primaire, à Vervins.
Dubois, id. id. à Poitiers.

Le Bureau constitué, M. le Président a donné la parole à M. Clerc, inspecteur primaire, à Paris, rapporteur de la première question de pédagogie posée par M. le Ministre, qui a lu son travail remarquable en séance.

La réunion s'est ensuite séparée à onze heures du matin.

A trois heures de l'après-midi, la séance a été reprise pour la discussion des questions proposées par M. le rapporteur.

Chacune de ces questions a été examinée dans l'ordre énoncé plus bas, et il a été adopté les réponses qui sont indiquées à la place qui leur appartient :

1º Fixation du nombre maximum des élèves d'une école à un seul maître.

R. — 50 élèves, représentant la fréquentation moyenne pendant les 7 meilleurs mois de l'année.

2º En cas d'effectif supérieur au maximum fixé, est-il préférable de créer un poste d'adjoint ou de fonder soit une salle d'asile, soit une école enfantine ?

R. — Dans le cas d'une école mixte comptant plus de 50 élèves, on créera deux écoles spéciales.

Dans le cas d'une commune possédant deux écoles spéciales fréquentées chacune par plus de 50 enfants, on demandera la création d'une école enfantine pour les deux sexes, dont la direction serait confiée à une adjointe placée sous les ordres de l'institutrice titulaire.

3º L'irrégularité de la fréquentation est-elle un obstacle à toute organisation pédagogique ?

R. — Non.

4º Moyens à prendre pour que l'enseignement du catéchisme par MM. les curés ne gêne pas trop les classes.

R. — Exiger que les cours d'instruction religieuse n'aient lieu qu'en dehors des heures de classe.

5º Les programmes de l'enseignement doivent-ils être modifiés ? — Importance relative des matières d'enseignement. — Durée des leçons pour chacune d'elles. — Durée des repos à accorder aux élèves.

R. — Les programmes doivent être modifiés. — Ils doivent être nettement déterminés et comprendront, outre les matières du programme obligatoire actuel, la géométrie pratique et le dessin, l'agriculture, la gymnastique, le chant, la morale et l'éducation civique.

— Les leçons ne doivent pas durer plus d'une demi-heure. On pourrait consacrer un peu plus de temps à la leçon de lecture.

Chaque classe doit être coupée par une récréation d'un quart d'heure.

6º L'instituteur peut-il se livrer à des occupations étrangères à ses fonctions?

R. — Non.

7º Les Écoles mixtes doivent-elles être confiées exclusivement à des maitresses?

R. — Celles qui comptent plus de 30 élèves doivent être confiées à un intituteur assisté d'une maîtresse des travaux à l'aiguille.

Au dessous de ce chiffre il faut une institutrice.

8º Le nombre des divisions doit-il être limité?

R. — Oui.

L'école devra compter trois divisions principales et une division préparatoire qui pourra comprendre plusieurs sections.

9° Est-il possible de donner des leçons communes à toutes les divisions? Lesquelles?

R. — Oui. — Ecriture et leçons de choses aux 3 divisions.

Aux 2 premières divisions la lecture, l'histoire et la géographie.

10° Plan d'Etudes. — Doit-on partager les programmes en autant de parties qu'il y a de divisions, ou faire parcourir à chaque division, avec plus ou moins de développements, le programme tout entier?

R. — Programmes concentriques, pour chaque année un programme complet.

11° Y a-t-il lieu d'employer des moniteurs?

R. — Oui.

12° Dans l'affirmative, quels élèves doivent être choisis pour remplir les fonctions?

Quel doit être leur rôle?

Des leçons particulières leur sont-elles nécessaires?

Cas où une salle d'asile existe dans la commune.

R. — Les moniteurs seront choisis dans le 1er et dans le 2me cours. Ils sont les auxiliaires du maître pour les exercices qui n'exigent pas de développements intellectuels.

Ils reçoivent des leçons particulières.

L'existence d'une salle d'asile ne doit rien modifier.

13° La femme de l'instituteur peut-elle être employée comme adjointe?

R. — Simplement comme aide.

14° Faut-il donner aux enfants des devoirs à faire chez leurs parents?

R. — Simplement des leçons à étudier.

15° Y a-t-il lieu de dresser les programmes de manière qu'ils puissent être parcourus pendant la période d'hiver?

R. — Oui.

16° Conviendrait-il de remplacer les deux classes par une seule qui serait faite aux heures où les parents peuvent se passer le plus facilement de leurs enfants?

R. — Non.

La séance a été levée à six heures du soir.

Fait au Lycée Saint-Louis, Paris, le 30 mars 1880.

<table>
<tr><td>Les Secrétaires,</td><td>Le Président,</td></tr>
<tr><td>V. CADORET, DUBOIS.</td><td>CHOPINET.</td></tr>
</table>

TROISIÈME SECTION

RAPPORT

Présenté par M. JEANNOT, inspecteur de l'enseignement primaire.
à Tulle.

Les écoles à un seul maître, qui sont en très grande majorité en France, étant toutes rurales, la question de leur organisation pédagogique est d'une importance évidente. Elle intéresse vivement l'avenir du pays et de la Société, et, à ce titre, elle mérite de fixer l'attention des pouvoirs publics. Elle se pose aujourd'hui d'une manière impérieuse. La nécessité actuelle de procurer à chacun un minimum d'instruction indispensable, l'avidité de savoir qui se manifeste jusqu'au sein des plus humbles campagnes, le besoin de plus en plus accusé de l'obligation de l'instruction primaire, en font une question vitale et de premier ordre.

Les écoles ont déjà été organisées dans plusieurs départements; mais combien d'autres, dans le reste de la France, vont au hasard, à l'aventure! Ici, tel instituteur aime mieux s'endormir dans la vieille routine que de vivifier son enseignement par l'introduction de quelque méthode nouvelle et rationnelle. Là, tel autre va sans but fixé, laissant à l'inspiration du moment le soin de lui indiquer ce qu'il doit enseigner. Aussi, on trouve au mois de juin, des élèves de première division étudiant l'histoire de Charlemagne ou les différentes espèces de pronoms. L'année suivante le maître n'en recommencera pas moins son enseignement *ab ovo* par l'étude du nom et du règne de Clovis. Qu'arrive-t-il d'une telle manière de procéder? C'est que beaucoup plus d'enfants qu'on ne le pense sortent de l'école primaire, après l'avoir fréquentée pendant cinq ou six ans, sans être jamais arrivés à la fin d'aucune des matières de l'enseignement.

Cet état de choses est triste ; c'est trop de laisser aller ; cette liberté ne produit aucun bon résultat ; et il ressort clairement de là, pour toutes les écoles qui se trouvent dans les mêmes conditions, la nécessité d'une règle, d'une organisation uniforme, qui doit être imposée d'en haut.

Avant de développer cette thèse, il convient d'examiner quel nombre d'élèves peut être fructueusement confié à un seul maître. L'expérience démontre que ce nombre ne saurait guère dépasser cinquante. Au delà, l'instituteur ne peut suivre avec autant d'assiduité les travaux de ses élèves ; son enseignement est moins fécond en résultats ; sa santé et la discipline de l'école en souffrent. Donc il est désirable d'adjoindre un second maître à toute école qui compte cinquante élèves *en moyenne*.

On objectera peut-être que cette mesure aura pour effet de multiplier notablement le nombre des adjoints, et de leur faire attendre, pendant fort longtemps peut-être, un poste de titulaire, par suite du peu de vacances annuelles qui peuvent se présenter. Il y a deux manières de remédier à cet inconvénient : diviser les adjoints en classes, ou bien les assimiler à des titulaires après un certain nombre d'années d'exercice.

Elever l'enfant, assurer le développement régulier et complet de ses facultés, lui procurer un minimum d'instruction nécessaire, telle est la mission de l'école ; tel est le but de l'organisation pédagogique. — Pour être bonne, cette organisation doit puiser son principe dans la nature même des choses ; elle n'aura rien de forcé, elle facilitera le travail de l'instituteur et des élèves ; elle permettra l'application des méthodes et des procédés d'enseignement les plus rationnels.

Elle comprend un certain nombre de points principaux que nous allons examiner successivement.

Tout d'abord il convient de classer les élèves.

Le groupe de cinquante enfants qui nous occupe se décompose naturellement en trois divisions, ainsi d'ailleurs que le démontrent l'expérience et l'observation.

D'abord, il y a ceux qui ne savent rien, ce sont les plus jeunes ; ils arrivent de la famille ; leurs membres n'ont pas encore beaucoup d'assurance ; leur intelligence est fermée ; il faut les guider, les amener par degrés à un travail personnel ; c'est en les captivant par les sens qu'il est possible de s'en rendre maître. Ces enfants formeront un premier cours, le *cours élémentaire*.

D'autres ont un ou deux ans de plus. Chez eux le corps est plus fort, l'intelligence est ouverte. Naguère, il leur fallait, comme aux premiers, des choses tangibles, saisissables, du pratique et du concret; maintenant, il est possible de discipliner leur esprit, de l'habituer à réfléchir, à se rendre compte de ses opérations. Désormais aussi, ils peuvent fournir un effort personnel. Ils distancent leurs plus jeunes camarades, mais ils sont loin encore des plus avancés. Ces enfants seront rangés dans un second cours, que nous appellerons le *cours moyen*.

D'autres enfin, âgés de onze à douze ans, présentent un développement physique plus considérable ; leur intelligence, déjà cultivée, est plus pénétrante et peut embrasser plus de choses ; ils sont capables d'un travail assidu ; ils peuvent recevoir l'instruction primaire complète. Ils composeront un troisième cours, le *cours supérieur*.

En somme il y aura trois cours dans l'école, cours élémentaire, cours moyen, cours supérieur. On le voit, cette division n'est point arbitraire ; elle repose sur la nature même des choses, elle correspond au développement physique et intellectuel de l'enfant.

Multiplier les cours serait peu favorable aux intérêts scolaires, nuirait au maître, qui se fatiguerait sans avantage, accroîtrait gratuitement les difficultés que présente la direction d'une école. En diminuer le nombre, ce serait aller contre la nature, réunir des éléments incompatibles, risquer de manquer le but de l'école, qui est *d'élever* l'enfant.

Cette division est d'ailleurs celle des écoles de la Seine, dont on connaît l'éminent organisateur.

Il est facile d'appliquer ces trois cours dans les écoles qui comptent trois maîtres ; chaque cours peut être confié à un seul instituteur, qui a devant lui, de cette façon, des enfants de force et d'intelligence à peu près égales. Mais, dans le cas qui nous occupe, les trois cours devront être menés de front par le même maître. Il devient donc nécessaire de ménager ses forces, et de ne pas les éparpiller dans des divisions trop nombreuses pour chaque cours. Un professeur de lycée ou de collège, quelque nombreuse que soit sa classe, s'avise-t-il de la partager en divisions ? Nullement ; il s'adresse à tous ses élèves à la fois, en ayant soin d'adapter son enseignement au niveau moyen de son auditoire. L'idéal serait que l'instituteur pût procéder de même. Mais si la diversité d'âge et de force de ses élèves ne lui permet pas de le réaliser, du moins doit-il le chercher de plus en plus. Donc point de divisions dans les cours.

Il faut remarquer cependant que les écoles rurales sont exposées à recevoir des élèves à toute époque de l'année; d'autre part, l'apprentissage mécanique de certaines matières, de la lecture, par exemple, peut ne pas se faire dans un temps égal pour tous les élèves : ainsi tel mettra un an à se tirer des tableaux, tandis que tel autre lira couramment en quatre ou cinq mois. Dès lors, il devient nécessaire de tolérer, ne fût-ce que temporairement, l'existence de groupes, mais seulement dans la troisième division, pour quelques parties de l'enseignement, notamment pour la lecture. Encore le nombre de ces groupes doit-il être fort réduit. Un bon instituteur doit s'attacher à faire disparaître ce fractionnement, en obtenant que l'entrée des enfants à l'école se fasse d'une manière régulière, en même temps, et en donnant un peu plus de soins aux moins avancés, fût-ce même en dehors des classes, afin de les mettre en état de suivre leurs camarades. Enfin, il doit viser à réduire le cours élémentaire, à fortifier le cours moyen et à faire passer le plus d'élèves qu'il le pourra dans le cours supérieur, le cours moyen devant former le corps principal de l'école. La raison en est évidente. De quoi s'agit-il? De procurer à l'enfant une somme de connaissances nécessaires. Or c'est dans le cours moyen seulement que l'enseignement prend quelque consistance, et dans le cours supérieur qu'il reçoit tout son développement.

Donc, diminuer par en bas pour accroître par le milieu et par en haut, tel doit être le but des efforts du maître.

Les élèves ainsi répartis, il reste à assigner au maître les matières de son enseignement, à déterminer le programme qu'il devra suivre, à fixer son point de départ et son point d'arrivée.

La base de ce programme sera naturellement les matières reconnues obligatoires par la loi et qui sont les suivantes : l'instruction morale et religieuse, la lecture, l'écriture, les éléments de la langue française, le calcul et le système légal des poids et mesures, les éléments de l'histoire et de la géographie de la France, l'agriculture et la gymnastique. Nous ne parlons pas des matières formant partie de l'enseignement facultatif; à nos yeux, elles ne sont que le développement du programme obligatoire, et l'enfant pourra en aller chercher la connaissance dans les écoles primaires supérieures, ou dans d'autres établissements spéciaux. Tel est donc le minimum des connaissances reconnues nécessaires en France, la somme d'instruction indispensable à chaque citoyen.

Il se pose naturellement la question de savoir s'il n'y aurait pas lieu d'augmenter ce minimum, s'il ne serait pas possible de faire plus pour l'éducation populaire. Quel mal y aurait-il par exemple à introduire le dessin linéaire au nombre des matières obligatoires? Le dessin n'est qu'une forme de l'écriture; il fera l'éducation de l'œil et de la main; il apprendra à l'enfant à observer, à juger, à comparer. Pourquoi, comme application du système métrique, n'y comprendrait-on pas aussi des notions d'arpentage et de cubage des solides? C'est un enseignement des plus utiles et d'une nécessité évidente dans les campagnes. Enfin, les sciences ont fait tant de progrès, elles sont descendues à tant d'applications utiles et communes, qu'il paraîtrait étrange de ne pas en enseigner les principales notions à l'école primaire. Certains pays voisins ont marché plus vite que nous dans cette voie:

« Ainsi, l'enseignement des sciences usuelles, notions d'arithmétique appliquée et de géométrie, d'une part; d'histoire naturelle, d'hygiène, d'agriculture et d'industrie, d'autre part, est obligatoire même pour les petites écoles dans les pays de langue germanique : c'est la partie essentielle de ce que les Allemands nomment l'enseignement réel littéraire, ou enseignement *des réalités*, qui commence par les leçons de choses, mais qui va bien au delà, et occupe aujourd'hui une large place dans tous leurs programmes. » (BUISSON. — *Rapport sur l'état de l'instruction à l'Exposition de Vienne.*)

Nous pensons donc qu'il est utile et nécessaire d'ajouter ces trois matières à celles qui sont déjà reconnues obligatoires, et d'y comprendre aussi des notions de devoirs civiques, que Turgot demandait déjà pour les écoles de son temps.

Deux méthodes sont en présence pour l'enseignement de ces matières. La première veut qu'on procède par voie de superposition et comme s'il s'agissait de la construction d'un édifice : la lecture d'abord, puis l'écriture, puis le calcul, etc. La seconde admet que toutes les facultés de l'enfant doivent être développées simultanément.

En conséquence, dès son entrée à l'école, elle le jette au milieu de toutes les matières fondamentales de l'instruction primaire : lecture, écriture, calcul et géographie, etc.

Plus tard, les mêmes matières avec un développement plus large. Plus tard encore, les mêmes matières, mais avec tout le développement qu'elles sont susceptibles de recevoir à l'école primaire. L'enfant parcourt ainsi trois cercles concentriques, qui vont en s'élargissant à la circonférence.

La première méthode est aujourd'hui universellement condamnée. Elle a trop longtemps existé dans nos écoles, et il n'est pas rare d'en retrouver encore quelques vestiges qui rappellent son glorieux passé. C'est la vieille routine. Elle avait, entre autres inconvénients graves, celui de retarder les progrès de l'enfant et le développement de son intelligence, de produire chez lui une sorte d'atrophie morale, par suite de la constante application de ses facultés à un même exercice, qui ne tardait pas à devenir machinal.

L'autre méthode a obtenu l'approbation de tous les bons esprits. C'est la seule logique et rationnelle. La nature l'indique. L'enfant se développe d'une manière générale et progressive et non par parties. La nature s'offre à lui dans une magnifique synthèse, le laissant libre d'en distinguer et d'en reconnaître les détails. Sa mère lui fait embrasser d'un coup d'œil le spectacle qu'elle désire lui faire voir ; elle lui en nomme ensuite les objets individuellement. Cette méthode n'a pas le vice de la première, qui est d'écraser en quelque sorte l'être moral. Elle produit la variété et l'animation, éloigne l'ennui et le dégoût que cause l'occupation de l'esprit à un objet unique. Enfin elle sert les intérêts de l'enfant.

Trop souvent hélas ! ses études sont interrompues; on le retire prématurément de l'école. Au moins, il en sortira avec des connaissances élémentaires sans doute, mais s'étendant à toutes les matières obligatoires. La nécessité qui s'impose à la suite de ces considérations, c'est que les programmes des divers cours doivent être parcourus chaque année en entier. C'est au maître à donner à ces programmes le développement qu'ils comportent, en se basant pour cela sur l'âge et la force des élèves, sur la dose d'attention qu'ils peuvent donner à ses leçons. Mais chaque année l'enfant recevra un ensemble de connaissances complet sur chacune des matières obligatoires. Ainsi il ne sortira plus de l'école avec des bribes d'instruction, un savoir tronqué, résultat trop ordinaire de la méthode qui consiste à voir un programme en quatre ou cinq ans.

En résumé, il y aura pour chaque cours un programme d'enseignement où chacune des matières obligatoires sera parcourue chaque année en entier.

Ces programmes seront-ils obligatoires et uniformes pour toutes les écoles à un seul maître ? D'excellentes raisons sont données pour l'adoption d'une telle mesure, qui procurerait, hâtons-nous de le dire, le plus grand bien à l'instruction primaire. Tandis que dans nos lycées et collèges tout est réglé

d'une manière uniforme, le temps et les matières de l'enseignement, seules nos écoles primaires présentent une diversité
incroyable. Les instituteurs eux-mêmes ne sont pas toujours
d'accord sur les limites et l'étendue à donner à leurs programmes, sur l'importance à accorder à telle matière d'enseignement. Chose curieuse ! tout le monde est frappé de
cette singularité, et cependant, sitôt qu'une idée favorable à la
disparition de ce désordre se produit, on invoque immédiatement des raisons tirées des habitudes locales, par lesquelles
on démontre qu'une tentative en vue de l'uniformité des programmes scolaires n'aboutirait à aucun résultat. Examinons
la question, cependant. Quel est le but de l'enseignement primaire ? C'est de procurer à chaque élève un minimum d'instruction indispensable, déterminé par la loi. Or, ce minimum
peut-il être différent suivant les régions ? N'est-il pas nécessaire aussi impérieusement sur les bords de la Garonne que
sur ceux de la Meuse ? en Bretagne comme en Provence ou
en Auvergne ? L'instruction primaire n'est-elle pas une ?
N'importe sur quel point de la France l'enfant n'aura-t-il pas
besoin de recevoir, au *même degré*, l'enseignement de la morale
et de la religion, de la lecture, de l'écriture, du calcul et du
système métrique, de l'histoire et de la géographie de la
France ?

Ne sera-t-il pas nécessaire qu'il soit formé aux exercices
gymnastiques, qui touchent de si près aux exercices militaires ? Ne devra-t-il pas savoir d'où vient le pain qui le
nourrit, les principaux produits qu'il peut retirer de la terre,
la meilleure manière de les obtenir ? Que cette instruction
n'ait pas la même profondeur partout, cela s'explique : où le
maître sera zélé, où l'école sera outillée, où la fréquentation
sera plus assidue, elle sera plus complète ; mais *partout* l'enfant aura un égal besoin de la recevoir. Quant aux programmes, c'est tout au plus s'ils peuvent présenter quelques
nuances dans leur rédaction, suivant que la région sera agri-
cole ou industrielle, mais ce ne sont là que des nuances qui
ne peuvent les rendre tout à fait différents.

Donc l'instruction primaire étant la même dans toute la
France, et s'imposant partout au même degré, les programmes
qui la déterminent doivent être uniformes.

On fait deux principales objections à l'application de tels
programmes. La première est tirée de l'irrégularité de la fréquentation dans les écoles rurales, et la seconde, de la désertion de quelques classes pendant l'été.

Il est facile d'y répondre. Si les enfants qui fréquentent

régulièrement la classe sont dans l'habitude de le faire, il faudra peu s'en soucier. Ce serait contraire à l'équité de ralentir les progrès des élèves assidus pour attendre les élèves retardataires. Ne serait-ce pas donner ainsi un encouragement à l'indifférence, à la négligence? Les élèves qui quittent l'école en été sont nombreux ou ne le sont pas. Dans le dernier cas, le maître continuera sa marche sans préoccupation. Dans le premier, il la précipitera, au contraire; il s'efforcera de faire voir en six mois ce que ses collègues plus heureux mettront onze mois à enseigner. Il sera aussi sommaire qu'il le voudra, sauf à revenir sur les matières déjà vues pour les enfants que ne réclament point les travaux des champs. Ainsi, les élèves ne sortiront point de l'école sans emporter, sur chaque matière, un ensemble de connaissances peut-être un peu superficiel, mais au moins complet. Si leur instruction ne présente pas plus de profondeur, la faute en sera aux circonstances dans lesquelles ils se seront trouvés : chacun en ce monde subit les conséquences de sa faute.

Reste à savoir comment un tel maître pourra faire marcher de front ces trois cours, de manière que tous ses élèves soient toujours occupés et occupés d'une manière utile. D'abord, il aura recours, aussi souvent qu'il le pourra, aux leçons collectives, qui s'adresseront à tous les élèves à la fois. Rien ne vaut, en effet, l'enseignement donné par le maître; l'art d'enseigner n'est pas commun; il exige, non seulement des connaissances nombreuses et variées, mais une aptitude naturelle, la pratique et l'exercice. Or, l'écriture, la leçon de choses, le système métrique, le dessin, nous paraissent devoir faire l'objet de leçons communes à toute l'école. Jusque-là la marche est facile. Mais il est évident que la leçon de lecture, celle de français, celle d'arithmétique, devront, en général, rester distinctes pour chaque cours. Comment fera le maître?

Emploiera-t-il des moniteurs, ainsi que les vieux errements suivis encore dans bon nombre d'écoles semblent le lui conseiller? Et par moniteur nous entendons l'élève qui donne la leçon à la place du maître, qui se substitue à lui, qui *initie* l'enfant aux connaissances de l'instruction primaire. Quoi qu'on en puisse penser, cet enseignement n'est qu'un pis-aller. Le moniteur est trop insuffisant, trop peu instruit, pour donner une instruction solide et de quelque valeur; il est trop inexpérimenté pour apporter la méthode et la clarté voulues dans son enseignement, pour deviner si la lumière se fait dans les esprits de ceux qui l'écoutent; enfin il n'a pas l'autorité morale nécessaire pour donner l'éducation. — Ici encore rien n'est profitable comme l'enseignement direct du maître, et tout son savoir, toute son expérience ne sont pas de trop pour faire une leçon même à de tout petits enfants.

L'enseignement par les moniteurs est un vieux reste que nous a légué le mode mutuel et qu'il faut s'attacher à faire disparaître de nos écoles. — Avec cinquante élèves, un maître seul peut suffire, ou à peu près, s'il sait bien répartir son temps et distribuer ses exercices.

Nous disons *à peu près*, car, il faut l'avouer, un *aide* lui sera souvent nécessaire. Nous avons cherché une combinaison qui permît à l'instituteur de se passer d'un aide, et, malgré cela, d'occuper fructueusement ses trois divisions ; nous confessons humblement n'en avoir trouvé aucune de satisfaisante.

L'instituteur aura donc un aide. C'est une nécessité qu'il faut accepter dans toute école dirigée par un seul maître. Seulement ce ne sera qu'un *aide*, il ne donnera jamais la leçon complète à la place du maître ; il n'*édifiera* jamais les élèves à un nouveau travail ; il redira la leçon, les explications données par l'instituteur, il sera un *répétiteur*.

Bien choisi, il pourra être utile au maître pour résoudre une difficulté d'une nature toute spéciale qui tient à la réunion dans une même classe d'enfants de tous les âges et de toutes les forces. — Dans nos campagnes, les enfants fréquentent la classe dès l'âge de quatre ans, et il n'est pas rare de rencontrer pendant l'hiver sur les bancs de nos écoles des enfants de treize ans et au-dessus. Or, on ne peut guère soumettre au même régime disciplinaire des élèves si différents d'âge. Les plus jeunes arrivent de la famille, où ils s'épanouissaient en toute liberté. Chez eux, le mouvement, l'activité est un besoin. Le corps demande encore des soins, et l'âme des tendresses. — L'institutrice saura donner tout cela à la petite fille. L'intelligence des besoins de l'enfant est, en effet, inné chez la femme ; elle la puise dans ses instincts maternels. Les soins matériels ne lui répugnent pas ; elle a mille secrets ingénieux pour former et développer l'être moral. Le petit garçon est moins bien partagé. A peine arrive-t-il à l'école qu'il est soumis à un régime de compression. Il s'y trouve transporté dans un milieu tout autre : ce ne sont plus les mêmes figures ni les mêmes voix ; les procédés sont différents ; ses besoins ne sont plus compris : son exubérance d'activité est pour lui une source de punitions ; aussi que de natures délicates se ferment au lieu de s'épanouir ?

Il n'en serait certainement pas ainsi si, au début, une femme intelligente et dévouée s'était tenue à côté de cet en-

fant, l'avait habitué par degrés au régime de l'école, lui en
avait adouci les rudes exigences, lui avait rappelé, sur les
bancs de la classe, les bons soins de la mère et de la vie de
famille!

Il ressort clairement de là que le meilleur aide, pour l'instituteur, c'est sa femme, s'il est marié, qu'il occupera particulièrement à la direction et à la conduite des plus jeunes
élèves. Est-ce que, dans presque toutes les professions, la
femme ne partage pas les travaux de son mari?

Seule, la femme de l'instituteur ferait-elle exception? —
Venir en aide à son mari, mais elle ne sera pas payée! —
Erreur. D'abord il n'est pas nécessaire qu'elle donne ses soins
pendant trois heures matin et soir. Une demi-heure, trois
quarts d'heure suffisent à chaque séance. Ainsi, elle contribuera à la prospérité de la classe de son mari, elle s'attirera
la reconnaissance des familles, qui sauront la lui témoigner
à l'occasion. Enfin, ce qui vaut, l'avancement suivra la considération, et l'instituteur pourra être appelé à une position
meilleure.

Donc, l'instituteur devra surtout chercher un aide dans
sa famille; s'il est marié, ce sera sa femme, et, à son défaut,
sa fille, sa sœur ou sa mère.

Enfin, le complément nécessaire d'une organisation pédagogique, c'est un bon emploi du temps. Voilà la cheville ouvrière
de la prospérité d'une école. La nécessité d'un emploi du
temps est si évidente qu'il est superflu de l'établir.

L'ouvrier, le cultivateur, le commerçant, l'industriel obser-
vent une règle dans l'emploi de leur temps. Seul, l'instituteur
laisserait-il au hasard le soin de répartir ces milliers de minutes dont il dispose pour l'éducation et l'instruction d'une
population scolaire, et dont les familles et la société ont droit
de lui demander compte?

Poser une pareille question, c'est la résoudre. — Un emploi
du temps est indispensable. — Donner à chaque matière un
temps proportionné à son importance, faire succéder un
exercice assis à un exercice debout, un travail qui repose à un
travail fatigant, faire que toutes les divisions soient utilement occupées et reçoivent, dans la mesure la plus large possible, l'enseignement direct du maître, donner à certaines
matières, plus de temps dans le cours élémentaire que dans
le cours supérieur et réciproquement, tels sont les principes
généraux qui doivent présider à sa confection.

Laissera-t-on ce soin à l'instituteur?

Mais ne s'agit-il pas ici d'un intérêt immense, qui regarde

3.

la société tout entière : répartir le temps donné à toute une génération scolaire pour son éducation intellectuelle et morale. Un pareil travail, plein de conséquences si graves, ne saurait être laissé à un seul homme, si habile et si expérimenté soit-il. Cette tâche doit être dévolue à la même autorité qui a mission d'interpréter la loi et d'en régler l'application. Non seulement elle a l'attribution de fixer la limite et le développement du programme légal d'enseignement, mais elle a aussi, au même titre, celle de fixer le temps qui doit être consacré quotidiennement à chacune des matières de ce programme. C'est un devoir qui lui incombe.

L'emploi du temps sera-t-il uniforme pour toutes les écoles à un seul maître ?

Aucun obstacle sérieux ne nous paraît devoir s'opposer à ce qu'il le soit. Ce sont les mêmes matières qui sont enseignées partout, elles ont partout la même importance ; le temps à consacrer à chacune ne peut donc raisonnablement différer d'un lieu à un autre. En conséquence, l'emploi du temps sera uniforme pour toutes nos écoles rurales. Nous ne voulons pas de cette façon fixer l'heure des exercices scolaires, mais bien déterminer la part de temps qui doit être faite à chaque matière.

Nous pensons qu'il n'entre pas dans notre cadre de donner un modèle d'emploi du temps. Cette tâche nous paraît devoir être donnée à une commission spéciale, qui aurait aussi pour mission de rédiger les programmes d'enseignement. Telle est l'organisation pédagogique que nous voudrions voir appliquer dans toutes nos écoles rurales. — On craindra peut-être qu'une telle mesure ne porte atteinte à l'initiative qu'il est bon de laisser à l'instituteur.

Mais il ne faut pas oublier que nos maîtres ont une tâche très laborieuse et très complexe ; qu'on ne saurait dès lors trop les guider et les aider. Même lorsque l'administration leur aura donné une organisation pédagogique, il leur restera beaucoup à faire encore. Ils auront la lourde responsabilité du choix des méthodes et des procédés ; la préparation de la classe sera laissée à leurs soins ; ils devront se perfectionner dans l'art d'enseigner, se former au talent du professeur, chercher les moyens les plus sûrs de transmettre les connaissances qu'ils ont acquises ; l'entretien de leur instruction personnelle sera aussi l'objet de leurs préoccupations.

Toutes ces choses et bien d'autres encore sont laissées à leur initiative. On le voit : la part est large, et l'on ne peut pas dire qu'en leur donnant une organisation pédagogique l'administration veuille en faire des machines. Elle combine heureusement au contraire la liberté d'initiative, qu'il convient de leur laisser, avec la nécessité non moins évidente d'assurer le fonctionnement régulier des études.

CONCLUSIONS :

1º Toute école qui comptera plus de cinquante élèves, en moyenne, aura un adjoint.

2º Toute école sera divisée en trois cours : cours élémentaire, cours moyen et cours supérieur.

3º Un programme sera établi pour chaque cours; il déterminera mois par mois les matières qui doivent être enseignées par l'instituteur; il sera parcouru chaque année en entier.

4º Ces programmes seront uniformes et obligatoires pour toutes les écoles.

5º Ces programmes comprendront les matières du cours élémentaire et du cours moyen des écoles du département de la Seine.

6º Les cours n'admettront pas de subdivisions, sauf le·cours élémentaire, et pour quelques matières seulement, s'il y a lieu, notamment pour la lecture.

7º Pour passer d'un cours dans un autre, tout élève devra justifier par un examen subi devant l'instituteur ou l'institutrice, auquel pourront assister le maire et le délégué cantonal, des connaissances exigées par le programme de la classe qu'il va quitter.

8º L'instituteur aura un aide qui remplira les fonctions de répétiteur.

9º Autant que possible, cet aide sera une femme appartenant à la famille de l'instituteur, soit sa femme, sa fille, sa sœur ou sa mère. Cette femme sera particulièrement occupée dans le cours élémentaire.

10º Autant que possible, dans son enseignement, l'instituteur aura recours à des leçons collectives, notamment pour l'écriture, le dessin, la leçon de choses et le système métrique.

11° Il y aura un emploi du temps uniforme pour toutes les écoles à un seul maître.

12° Le dessin linéaire, des notions pratiques d'arpentage et de cubage des solides, les éléments des sciences physiques et naturelles et des notions des devoirs civiques feront partie des matières obligatoires.

Le rapporteur de la troisième section,

JEANNOT,

Inspecteur de l'enseignement primaire à Tulle (Corrèze).

PROCÈS-VERBAL

L'an mil huit cent quatre-vingt, le trente mars, les Inspecteurs de l'enseignement primaire, Directeurs et Directrices d'écoles normales désignés pour assister aux conférences pédagogiques de Paris, formant la troisième section, se sont réunis à neuf heures du matin dans la salle du lycée Saint-Louis qui leur avait été assignée.

Les membres du bureau provisoire ont immédiatement procédé à l'appel des délégués présents et à l'élection du président, des vice-présidents et des deux secrétaires.

Étaient absents et dûment excusés:

M M. Guilmin, Inspecteur primaire à Yvetot,
      Hilaire, Directeur de l'école normale de Douai.

Le scrutin d'élection a donné les résultats suivants :

Président :   M. Hément, Inspecteur primaire à Paris,
               42 voix sur 50 votants.

Vice-Présidents : MM. Gary, Inspecteur primaire à Agen, 37 voix.
              Lebrun, Directeur de l'école normale à
              Troyes, majorité absolue.

Secrétaires :   MM. Laporte, Inspecteur primaire à Melun,
              Hanriot, Inspecteur primaire à Auxerre,
tous deux par 26 voix.

Mlle Lusier, Directrice de l'école normale de Tours, a obtenu 15 voix pour le secrétariat.

Les membres élus prennent place au bureau, et M. le Président, après avoir remercié ses collègues de la marque de confiance qu'ils viennent de lui accorder ainsi qu'à ses collaborateurs, donne la parole à M. Jeannot, Inspecteur primaire à Tulle, rapporteur pour la première question.

M. Jeannot donne lecture de son rapport, et présente, en terminant, les conclusions sur lesquelles M. le Président appelle la discussion.

I

Toute école qui comptera plus de 50 élèves aura un adjoint.

Cette conclusion est adoptée à la presque unanimité, après une discussion portant sur l'interprétation du chiffre de 50 élèves. Il est décidé que ce chiffre représentera *la moyenne annuelle de fréquentation* des élèves ayant l'âge scolaire.

Des adjoints seront attachés d'une manière permanente aux écoles de cette catégorie.

En ce qui concerne les écoles mixtes, le dédoublement de ces établissements aura la priorité sur la création d'un poste d'adjoint.

II

Toute école sera divisée en trois cours: élémentaire, moyen, supérieur.

On accueille cette proposition, empruntée à l'organisation actuelle des écoles primaires dans le département de la Seine, par un vote unanime.

III

Un programme sera établi pour chaque cours: il déterminera mois par mois les matières qui doivent être enseignées par l'instituteur; il sera parcouru chaque année dans son entier.

Comme la précédente, cette proposition est votée à l'unanimité. Il est demandé qu'une commission spéciale, instituée par l'administration supérieure, ait mission de rédiger le programme, dont les matières seront nettement définies, détaillées et limitées.

IV

Ce programme sera uniforme et obligatoire pour toutes les écoles à un seul maître.

L'assemblée émet à l'unanimité le vœu que cette proposition soit transformée en mesure réglementaire, sous la réserve qu'une rédaction particulière soit adoptée pour les matières spéciales aux élèves de l'un et de l'autre sexe.

V

*Ces programmes comprendront les matières du cours élémentaire
et du cours moyen des écoles du département de la Seine.*

Après discussion, l'assemblée propose de modifier les conclusions du rapporteur dans le sens de l'insertion au programme des matières du cours supérieur ou de troisième
année, et cela en vue d'élever le niveau intellectuel des maîtres et des élèves.

VI

*Les cours ne seront pas divisés : dans le dernier seul, on pourra
admettre des subdivisions, mais seulement pour quelques matières, en particulier la lecture.*

Après une discussion assez prolongée sur la nécessité de
spécifier les matières qui donneraient lieu à des leçons distinctes ou collectives, l'assemblée n'admet pas en principe
l'établissement d'une division préparatoire, proposée par l'un
des membres, et maintient la répartition des élèves du cours
élémentaire en plusieurs sections, selon l'appréciation personnelle du maître, et en vue de lui laisser plus de latitude
pour la distribution de son enseignement.

VII

*Pour passer d'un cours dans un autre, tout élève devra justifier,
par un examen, auquel pourront assister le maire et un délégué
cantonal, des connaissances exigées par le programme du cours
qu'il veut quitter.*

Le but du rapporteur est moins de réglementer les promotions d'un cours à un autre que de leur donner une sanction
et de permettre aux familles de constater les résultats obtenus
dans un concours spécial. Il est objecté que les familles sont
renseignées suffisamment par les livrets de correspondance,
lesquels mentionnent les classements avec les notes obtenues
dans les compositions mensuelles. L'assemblée, tout en laissant
en principe à l'instituteur le soin de procéder à un examen
de promotion, conclut à la suppression de l'article.

VIII

L'instituteur aura un aide ou moniteur qui remplira les fonctions
de répétiteur ; autant que possible cet aide sera une femme ap-
partenant à la famille de l'instituteur, laquelle sera particu-
lièrement attachée à la troisième division.

A la suite d'une longue discussion au cours de laquelle on
insiste pour que les aides ne soient pas introduits dans l'école à
titre officiel, et pour que leurs services soient rémunérés
par les communes, le département ou l'Etat, l'assemblée émet
le vœu qu'on encourage l'introduction d'aides dans les écoles
nombreuses de l'une et de l'autre catégories. Elle rejette la
deuxième partie de la proposition relative au choix trop exclusif
des aides dans la famille de l'instituteur.

IX

Autant que possible, dans son enseignement, l'instituteur aura
recours à des leçons collectives, notamment pour l'écriture, le des-
sin, les leçons de choses et le système métrique.

Malgré l'observation d'un membre qui invite l'assemblée à
ne pas anticiper sur les décisions qui pourront être prises par
la future commission chargée d'établir l'emploi du temps général, il est admis que l'instituteur devra introduire le plus
grand nombre possible d'exercices collectifs dans son enseignement, avec faculté de grouper les divisions suivant son
appréciation personnelle.

X

Il y aura un emploi du temps uniforme dans toutes les écoles à
un seul maître.

Admis à l'unanimité et sans discussion.

XI

Le dessin linéaire, des notions pratiques d'arpentage et de cubage
des solides, les éléments des sciences physiques et naturelles
ainsi que de l'hygiène, et des notions des devoirs civiques seront
ajoutés aux matières obligatoires du programme actuel.

L'introduction dans le programme de chacune de ces matières
est l'objet d'un examen.

On émet le vœu que l'enseignement du dessin soit compris dans son acception générale, et on demande la suppression des qualifications *linéaire* ou *d'ornement*.

A la dénomination de *notions pratiques d'arpentage et de cubage*, on décide de substituer celle de *notions de géométrie pratique*.

De même, l'expression d'*éléments des sciences physiques et naturelles* serait remplacée par celle de *notions élémentaires des sciences physiques, naturelles et d'hygiène applicables aux usages de la vie*.

Une directrice d'école normale réclame l'insertion au programme de notions usuelles de *comptabilité*. La proposition est adoptée à l'unanimité.

L'assemblée propose encore, à titre d'addition au programme des écoles de filles, l'enseignement élémentaire de l'économie domestique, et, en ce qui concerne le programme des écoles de garçons, des notions sur les *devoirs civiques*, c'est-à-dire sur les connaissances nécessaires à tout citoyen pour l'exercice de ses droits et l'accomplissement de ses devoirs envers la patrie.

Une observation d'un membre sur l'utilité qu'il y aurait d'introduire dans les écoles de garçons, et à titre d'exercice physique, la pratique du maniement des principaux outils, rencontre une approbation générale.

Touchant l'enseignement de l'agriculture, actuellement obligatoire, un membre demande s'il sera le même dans les villes et dans les campagnes. On répond qu'il est entendu que cet enseignement doit être pratique avant tout, et s'appliquer aux besoins des régions où il est donné.

Quant aux modifications qu'un délégué propose d'introduire dans le programme en vue des besoins des industries locales, l'assemblée est d'avis que les écoles rurales fonctionnent dans un milieu trop humble pour admettre des spécialités qui doivent être réservées à l'enseignement primaire supérieur.

L'assemblée est d'avis qu'en dehors des questions réservées, la faculté soit acquise aux délégués d'exprimer des vœux dont elle tiendra le libellé à la disposition de l'administration.

La séance est levée à 6 heures.

Le Président,
FÉLIX HÉMENT.

Les Vice-Présidents,	*Les Secrétaires,*
GARY et LEBRUN.	C. LAPORTE et HANRIOT.

QUATRIÈME SECTION

RAPPORT

présenté par M. Montané, Inspecteur de l'enseignement primaire,
à Toulouse.

Mesdames, Messieurs,

Je serai l'interprète des sentiments de tous en venant tout
d'abord remercier M. le Ministre de l'instruction publique
et notre éminent Directeur d'avoir bien voulu honorer le service de l'enseignement primaire, en appelant à Paris, à l'occasion de la réunion des sociétés savantes, un certain nombre
des représentants de ce service dans les départements.

L'instruction primaire occupe, nous le savons tous, une
grande place dans les préoccupations des pouvoirs publics. Chacun sent que ce premier degré de l'éducation nationale a une
importance dominante, parce qu'il s'adresse à la masse des populations, qu'il est pour tous le point de départ, et, pour la
majeure partie des citoyens, celle qui est le nombre, le terme
qui ne peut être dépassé.

Bien que placés au dernier échelon de la hiérarchie, et précisément à cause de cette circonstance, nous voyons les choses
de très près, nous mesurons les besoins, et nous venons à
Paris, bien résolus à étudier avec toute notre conscience et
toute notre bonne volonté, les problèmes qui nous ont été
posés.

J'ai spécialement à traiter avec vous la question de l'organisation pédagogique des écoles à un seul maître. C'est là un
sujet bien vaste, car il embrasse tout dans l'école. Nous ne
saurions l'étudier dans toute son étendue sans nous exposer

à diviser outre mesure nos préoccupations, et à entreprendre une tâche que nous ne pourrions remplir dans le laps de temps qui doit être consacré à nos délibérations. Il importe cependant que nous arrivions à des conclusions nettes et précises, afin que nos travaux aient un résultat réellement utile. Pour atteindre ce résultat, il a été décidé, dans une réunion prépatoire des rapporteurs, que la question serait principalement examinée sous quelques aspects seulement, sans toutefois exclure les idées que la discussion pourra faire naître et qui pourront utilement trouver leur place dans le programme que je vais avoir l'honneur de développer.

1° Nombre maximum d'élèves d'une école à un seul maître et écoles enfantines.

Quel doit être le nombre maximum des élèves d'une école à une classe, ou mieux, quel est le chiffre minimum d'élèves devant entraîner la création d'un emploi d'instituteur adjoint?

Si je pouvais trancher dans le vif, c'est-à-dire compter sur de larges ressources budgétaires, je n'hésiterais pas à demander que le nombre maximum d'élèves pouvant être attribués à un maître ne dépassât pas 30. Chacun de nous sait combien il y a de temps perdu dans l'école primaire rurale, quelle que soit l'activité de l'instituteur qui la dirige. — Nous nous représentons cette population enfantine offrant toutes ses différences d'âge et de capacité, groupée autour d'un seul maître, qui doit, non seulement instruire chacun de ses élèves, mais encore lui donner les habitudes d'ordre, de travail et d'application. La tâche est bien difficile à remplir, et on est tenté de craindre que l'instituteur ne reste trop souvent en chemin. Trente élèves suffiraient largement à toute l'activité d'un bon instituteur, mais comment trouver le moyen de multiplier comme il conviendrait le nombre des maîtres, sans imposer aux communes, aux départements et à l'Etat des charges considérables auxquelles il serait actuellement impossible de parer? — On a songé à créer, dans chaque commune, de petites écoles enfantines dirigées par une femme. L'idée est excellente et s'impose à tout notre intérêt. L'école enfantine, qui enlèverait aux écoles des deux sexes tous les enfants pour lesquels, j'ose le dire, ces écoles ne sont pas faites, réduirait, dans la plupart des cas, à de justes proportions, la population scolaire des écoles principales. Il faut au jeune enfant des chants, de la gaîté, du mouvement, des impressions agréables et faciles, un enseignement simple et mouvementé. Il ne doit jamais être contraint, tant la vie de l'école doit correspondre à toutes les aptitudes, à tous les besoins de son âge. Il lui faut un milieu, un régime absólument à part, si on veut le bien élever et j'ajouterai, si on veut être juste à son égard. L'école enfantine, qui réalise ce programme, est une grande idée à laquelle nous devons nous attacher d'une manière énergique. Nous devons engager les communes à l'établir, et soyons assurés que nous finirons par triompher des résistances. Les grandes idées font toujours leur chemin quand elles sont poussées par des hommes de cœur. En ce qui me concerne, je ne doute pas du succès final des tentatives que nous ferons dans ce sens. D'ailleurs, l'école enfantine ne pourra-t-elle pas être présentée comme un moyen d'économie aux communes qui auraient à payer un instituteur adjoint, et, à plus forte raison, un instituteur adjoint et une institutrice adjointe. La raison d'économie pourra être notre premier moyen d'action. Ne le dédaignons pas, et arrivons tout d'abord, par lui, à réaliser l'idée dans nos communes rurales importantes.

Nous trouverons sans trop de peine des femmes que nous pourrons former à la direction des écoles enfantines, soit en choisissant parmi les femmes ou les filles d'instituteur, soit en prenant dans les localités mêmes des personnes ayant quelque aptitude, soit encore en appelant à la direction de ces petites écoles les personnes brevetées qui se destinent à l'enseignement et auxquelles l'administration ne peut encore confier une école. — Quelle excellente occasion pour elles de se préparer à la carrière d'institutrice!

La création de l'école enfantine résoudrait de la manière la plus heureuse la question du dédoublement de la classe. Mais il y a ici une nouveauté qui n'aura peut-être pas toujours la faveur des populations. Il faudra donc, dans quelques cas, recourir encore à l'instituteur adjoint pour alléger la tâche du maître qui dirige une classe trop nombreuse. Si on ne peut fixer à 30 le maximum des élèves à attribuer à un seul maître, je suis d'avis qu'il convient de ne pas le laisser s'élever au-dessus de 50. Mais nous connaissons tous les artifices dont on use quelquefois pour justifier la création d'un emploi d'instituteur-adjoint, quand on veut rejeter sur l'Etat les charges que la création entraînera. On s'efforce de réunir des élèves de tout âge, on attire ceux du dehors au risque de discréditer quelquefois les écoles voisines; en un mot, on chauffe à haute pression, et on obtient une situation scolaire qui n'est souvent vraie qu'un instant. Je ne crains pas de dire qu'on fait souvent ainsi un mauvais usage de la faculté de pouvoir attacher un second instituteur à une école. Si je demande que le nombre d'élèves soit abaissé à 50, je préviendrai les abus en posant la condition que la fréquentation corresponde à la population communale, c'est-à-dire, que cette fréquentation soit ferme et non accidentelle, et qu'on ne tienne qu'un compte secondaire des élèves forains qui doivent, toutes les fois que les distances le permettent, fréquenter les écoles de leur village.

Ainsi donc, la population scolaire d'une classe à un seul maître ne devrait pas excéder 50 élèves, et l'école qui dépasserait cette importance devrait être dédoublée soit au moyen d'une école enfantine, soit par la création d'un emploi d'instituteur ou d'institutrice adjoint.

2° Nombre de cours ou de divisions.

En combien de cours ou de divisions doivent être répartis les élèves d'une école?

Ce serait peut être ici le lieu de parler de la méthode d'enseignement que nous appelons intuitive, de cette méthode qui fait du maître le premier livre de l'école, ce livre qui sait, avec une souplesse infinie, changer ses formules, les rendre à la fois séduisantes et persuasives. La méthode intuitive, que nous apprécions tous, permet de parler à la fois à un grand nombre d'élèves, et certainement, pour peu qu'un instituteur s'applique à la comprendre, il n'aura aucune peine à tirer un excellent parti du temps en se bornant à former trois divisions. Créer plus de trois divisions, c'est donner au système monitorial, dont je parlerai plus loin, un développement fâcheux, et priver des groupes d'élèves de l'enseignement direct du maître. Je le répète, un instituteur qui sait parler aux enfants, qui a renoncé, dans une sage mesure, à la méthode déductive, et qui compte moins sur les livres que sur lui-même, arrive sans peine à faire manœuvrer trois divisions, et à donner à chacune d'elles une partie raisonnable et souvent suffisante de son temps. La division des élèves les moins avancés pourra être subdivisée pour certains exercices, mais les cas devront être très rares, et au risque de vous paraître peu pratique, je dirai que je n'admets la subdivision que pour la leçon de lecture, et encore les subdivisions seront-elles très peu nombreuses, si on adopte l'excellent procédé d'enseigne-ment, dit phonomimique, qui donne des résultats si frappants dans les écoles où il est bien appliqué.

J'aurais de très nombreuses raisons à élever contre la répartition des élèves en plus de trois divisions. Je les résumerai en disant qu'il n'y a de progrès certain qu'à la condition expresse que l'action du maître s'exercera dans une large mesure sur chaque division, et il est évident que cette action ne peut s'exercer si les cours sont trop nombreux.

3° *Rôle des moniteurs. Classes enfantines.*

La question du groupement des élèves me conduit tout naturellement à examiner dans quelle mesure et sous quelle forme l'instituteur doit se faire aider dans la direction de son école.

A mon avis, et permettez-moi de vous dire que j'ai souvent fait l'expérience de cette vérité, on s'entend facilement dans les choses de la pédagogie, quand on prend pour point de départ de tout raisonnement, l'enfant, sa nature et son âge, ses aptitudes morales et intellectuelles, cet ensemble de facultés qu'il faut développer en lui dans des mesures convenables. — L'enfant, qui est essentiellement impressionnable, attend tout de ceux qui l'élèvent; aussi ne faut-il pas perdre une minute ni manquer une occasion pour exercer sur lui la meilleure influence possible. L'instituteur seul, dans l'école, a assez de savoir, de sagesse et d'expérience pour pouvoir instruire et moraliser l'enfant; il faut donc que seul il accomplisse sa tâche dans tout ce qui touche à l'initiation, et qu'il n'emploie les moniteurs que comme répétiteurs. Le moniteur est incapable d'enseigner, et il est surtout incapable de donner à son enseignement ce côté pratique et moral que le bon instituteur ne perd jamais de vue. Le moniteur ne fait appel qu'à la mémoire de ses élèves, l'instituteur s'adresse particulièrement au jugement, et peut seul tirer bon parti des moyens concrets de démonstration. Le moniteur se trompe toujours, parce que, par le fait même de son inexpérience, il néglige toujours la culture des facultés importantes, lesquelles facultés perdent toute activité et s'amoindrissent par le défaut d'exercice. Qui pourrait exprimer le nombre des mauvais élèves qui sont dus à l'intervention trop grande des moniteurs? que d'enfants oisifs, dissipés et peu appliqués sont sortis de leurs mains ayant un dégoût profond de l'école et des livres. En principe donc, je condamne le système monitorial comme moyen d'enseignement. Il est cependant un aide que l'instituteur marié peut s'adjoindre de la manière la plus heureuse, c'est sa femme. Je reviens encore à la classe enfantine comme on revient à toute chose excellente, et je ne saurais pas plus m'éloigner de ma première

pensée que je ne puis séparer le petit enfant de la mère. La femme,
Messieurs, a sa science pédagogique à elle. Si nous arrivons
à comprendre l'enfant par ses manifestations, elle l'a compris
avant nous en le devinant, et ceci, à force de tendresse. Elle a
donc pour élever le jeune élève des qualités qui dépassent
notre science ; aussi livrons-lui, avec la plus entière confiance,
cette partie des élèves qui ne réclame guère encore que des soins
physiques et d'affection. Elle saura rendre ces enfants
constamment heureux et former ainsi des natures égales et
bonnes, et si vous voulez qu'elle commence à les instruire, ce
qui est d'ailleurs nécessaire, elle ne cessera pas d'être une
bonne mère en devenant institutrice. Ainsi donc supprimons
les moniteurs dans la plus large mesure possible, et recourons
à la femme de l'instituteur, à sa fille ou à sa sœur, toutes
les fois que les circonstances le permettront. Voilà un nouveau
moyen de faire entrer l'école enfantine dans nos mœurs
scolaires. Si vous partagiez mes vues, nous pourrions émettre
le vœu que la femme qui nous prêterait son concours pût
recevoir une indemnité.

Je n'ai pas besoin de faire ressortir combien serait désirable la présence d'une femme dans les écoles mixtes dirigées
par un instituteur. Bien de petites tendances ou de petits
écarts échappent à la vigilance de l'instituteur qui seraient
promptement saisis par l'œil de la femme. D'ailleurs il y a
un intérêt majeur, au point de vue de l'éducation, à placer,
antant que possible, la jeune fille auprès de la femme, et si je
fais mes réserves en ce qui touche le principe exclusif de la
direction des écoles mixtes par une institutrice, j'émets le
vœu qu'une femme soit attachée, à titre de monitrice, à l'école
des deux sexes dirigée par un instituteur.

J'ai peut-être incidemment soulevé une question qui présente
un intérêt réel, parce qu'elle a été souvent discutée, soit dans
les conseils départementaux, soit en haut lieu, et qui, dans la
pratique, a été diversement résolue : l'école mixte doit-elle
être dirigée par un homme ou par une femme? — Si on me
présente des institutrices à éducation forte, à instruction solide,
capables d'élever convenablement les petits hommes qui vont
lui demander la trempe particulière dont ils auront besoin
dans les luttes de la vie, oui, je choisirai l'institutrice, et ceci
sans hésitation. — Mais l'institutrice, telle qu'elle est aujour-
d'hui, a-t-elle les qualités que je lui demande? Elle me permettra de répondre que je crains bien que non ; aussi, ne puis-
je encore me prononcer en sa faveur, et j'attendrai patiem-
ment le temps où je pourrai lui accorder ma confiance pour

l'éducation des garçons, si je puis, toutes les fois que les circonstances le permettront, placer à côté de l'instituteur dirigeant une école mixte, un moniteur femme.

4° *Leçons collectives*.

Si nous excluons les moniteurs, nous devons rechercher les moyens de simplifier autant que possible la tâche de l'instituteur, afin qu'il puisse faire face à toutes les exigences de la classe sans abuser de ses forces. Le maître peut faire des leçons collectives au moins à deux divisions : les leçons de choses, surtout si elles sont facilitées par un musée scolaire, le système métrique au moyen des mesures, l'histoire de France dans quelques considérations générales intéressantes, la géographie dans certains cas, les notions d'agriculture, en résumé tous les enseignements peuvent, dans quelques circonstances, s'adresser en même temps à deux cours, soit en réunissant le premier au deuxième, soit en associant le troisième au deuxième. — Il est impossible de tracer ici des règles précises, mais on peut poser en principe qu'un bon pédagogue trouvera souvent le moyen de faire l'enseignement simultané sans préjudice aucun pour les progrès des élèves.

5° *Emploi du temps*.

Je n'ai à démontrer à personne l'importance d'un bon emploi du temps dans l'école. Nous le savons tous, sans un emploi du temps, pas de travail sérieux, pas de bonnes habitudes scolaires.

Je l'ai déjà dit, le maître seul doit enseigner. C'est là le principe qui doit présider à la répartition du travail de la journée.

La première question qui se pose, quand on veut établir un emploi du temps, est celle-ci : *Les devoirs de classe et l'étude des leçons doivent-ils se faire dans l'école ou dans les familles ?* Suivant qu'on répond d'une façon ou de l'autre à cette question, on établit deux emplois du temps très distincts. Quand on voit les écoles rurales de près, et qu'on a constaté que, dans le plus grand nombre de nos régions, les familles ne peuvent se passer des enfants pour les travaux de la campagne, on est dans la nécessité de convenir que l'enfant ne peut préparer sérieusement ses devoirs de classe en dehors de l'école. — D'autre part, si, dans l'école, le temps est entièrement consacré aux leçons du maître, il sera impossible à l'instituteur de donner des soins à chaque division, puisque chaque division

est constamment en leçon. — L'esprit des élèves sera sur-
mené, et l'instituteur ne pourra se tirer d'affaire qu'en confiant une grande partie de l'enseignement à des moniteurs. A mes yeux, c'est là un système qui doit être
condamné, puisqu'il a pour conséquence inévitable de rendre
les leçons trop longues, d'empêcher le maître de donner des
soins suffisants à toutes les divisions, et d'obliger les élèves
à mal préparer leurs devoirs de classe, forcés qu'ils sont d'aller aux champs après l'école.

L'enfant ne tire profit et n'aime que des leçons courtes. Il
faut, avec lui, marcher lentement et sûrement, les longues
théories ne sont pas faites pour lui. N'en doutons pas, si les
résultats sont trop souvent incertains, c'est parce que l'instituteur a abusé de l'attention de ses élèves. Dans 25 ou 30 minutes, on peut faire une bonne leçon à la première et à la
deuxième division, et 15 ou 20 suffisent dans la troisième.
Chaque leçon doit être suivie d'un exercice d'application et
précédée, aussi souvent que possible, d'une préparation. D'après
ces principes, nous voyons toujours une partie de l'école occupée à des devoirs, tandis que l'instituteur, tout en exerçant
une surveillance suffisante, s'occupe directement d'une division.
Tout le monde est occupé, l'enfant s'applique à faire ses devoirs parce qu'il a tout intérêt à profiter du temps qu'on lui
donne, et de plus, parce qu'il ne rencontre pas de difficultés,
puisqu'il vient d'entendre la leçon dont il fait l'application.

Obligés de travailler constamment, et ceci sans fatigue, les
élèves contractent à l'école les habitudes de travail, de réflexion et de bonne tenue qui seront souvent le premier fonds
de leur éducation.

Si je ne puis vous soumettre un emploi du temps à cause des
longueurs qu'entraînerait sa lecture, j'ai essayé de poser les principes sur lesquels il doit reposer : leçons courtes, préparation
préalable par les élèves et devoirs d'application après les leçons.

On pourrait m'objecter que dans 25 ou 30 minutes il n'est
pas possible de vérifier tous les devoirs et de faire une nouvelle leçon, ou encore d'interroger tous les élèves. Je répon-
drais à cette objection, si quelque instituteur me la posait,
qu'il doit être bien entendu qu'on ne fait plus *réciter* les leçons
à moins qu'il ne s'agisse d'exercices de mémoire, et qu'un
maître habile sait promptement s'assurer par des questions
bien choisies que tout le monde a bien étudié ou mieux bien
retenu la leçon orale. Quant à la correction des devoirs, il n'est
pas nécessaire qu'elle se fasse entièrement pour chaque élève
pendant le temps de la leçon.

4

6° *Programmes d'enseignement.*

Nous ne saurions nous faire illusion ; on est loin d'avoir obtenu, jusqu'à ce jour, dans les écoles rurales, tous les résultats, je ne dirai pas possibles, mais strictement nécessaires, et tout en rendant hommage au zèle et au dévouement des maîtres, je dirai qu'il leur manque un moyen d'action dont ils ne peuvent plus se passer : je veux parler des programmes d'enseignement. Il est juste de convenir que le mal est en ce moment moins grand que par le passé, à cause des bons livres de classe qui ont été publiés ; mais ces livres, à raison même de leur multiplicité, ne peuvent être proposés comme guides. Il faut un règlement qui fasse exactement connaître aux maîtres les lignes principales. et obligées de leur enseignement : il faut absolument prévenir, dans toute la mesure du possible, les écarts de l'inexpérience ou du libre arbitre exagéré. Je demande donc que des programmes soient établis et que ces programmes présentent un groupement de matières par trimestre. Le programme devra être spécial à chaque cours ou division, et il sera disposé de telle sorte que chaque division parcoure, dans l'année, chaque branche avec un enseignement plus ou moins dense. La répartition des matières pourrait avoir lieu par mois, mais il ne faut pas oublier qu'il s'agit d'écoles rurales, dans lesquelles la fréquentation laisse généralement beaucoup à désirer. L'instituteur doit souvent se répéter pour faire marcher tous ses élèves, et l'obliger à remplir un cadre qui limite trop son temps, c'est abuser de la réglementation, c'est jeter d'avance la défaveur sur les programmes. Une idée réussit le plus souvent quand on laisse à ceux qui doivent la réaliser une certaine liberté d'action. Ceci est surtout vrai en enseignement, où les règlements pédagogiques doivent respecter, dans une sage mesure, l'initiative personnelle sans laquelle ils manquent de vie et partant d'efficacité. Quand nous aurons la fréquentation obligée de l'école, que nous appelons de tous nos vœux, nous pourrons peut-être avoir la répartition des matières par mois.

Je n'ai point, en ce moment, à exprimer mes vues sur l'économie des programmes, mais j'émettrai le vœu que l'agriculture, le dessin, la gymnastique et le chant figurent dans la répartition trimestrielle. Il y a surtout un intérêt capital à ce que l'enseignement de l'agriculture prenne, dans l'école rurale, la place qu'il mérite. On verra ainsi disparaître une anomalie profondément regrettable : l'école, dans certaines régions, servir à éloigner trop souvent de la vie des champs les enfants bien doués au point de vue de l'intelligence. Il importe de réagir contre des tendances qui troublent le bon équilibre des choses ; nous y arriverons en enseignant l'agriculture, j'aurais dû dire en la faisant aimer dès l'école. Ceci ne nous empêchera pas cependant de songer aux écoles normales et de leur envoyer de bons élèves qui reviendront, dans les communes, avec les goûts de la vie rurale qu'on aura développés facilement, grâce aux bons principes puisés dans l'école primaire.

Je fais des vœux pour que des éléments d'éducation civique et morale puissent aussi bientôt faire partie de nos programmes. N'oublions pas que nous formons les citoyens de l'avenir, et que nous avons le devoir de jeter, de bonne heure, dans le cœur des élèves, les grandes vertus qui font les hommes à forte morale, et, comme conséquence inévitable, les nations solidement constituées. Ce sera là l'œuvre de l'éducation civique, pour laquelle je demande une place spéciale dans notre enseignement.

Je termine la lecture de mon rapport. Je ne vous ai parlé ni des écoles de filles dans leur caractère particulier, ni du matériel scolaire, ni d'une multitude d'autres points, tous dignes de nos préoccupations. N'oublions pas que nous sommes limités par le temps, et que cependant il nous faut prendre des résolutions. Si vous le voulez bien, restreignons notre sujet et remettons à plus tard ce qui restera à accomplir de la tâche ; car j'espère bien, pour mon compte, que nous prouverons par la netteté et le côté pratique des vœux que nous présenterons, que nos réunions sont utiles et qu'elles méritent d'être renouvelées.

J'ai donc l'honneur de vous soumettre, à titre de propositions, les résolutions suivantes :

1° — Que le nombre minimun d'élèves d'une école devant entraîner création d'un emploi d'instituteur adjoint soit fixé à 50, lorsque ce nombre de 50 constituera, non une fréquentation accidentelle, mais bien une situation ordinaire résultant de la population communale.

2° — Dans ce cas, que le dédoublement de l'école soit fait, toutes les fois que les circonstances le permettront, au moyen d'une école enfantine dirigée par une femme.

3° — Que cette femme, qui sera, dans les cas possibles, la femme, la fille ou la sœur de l'instituteur, soit convenablement rétribuée.

4º — Que les élèves d'une école à un seul maître soient répartis en trois cours seulement. — Que les deux premiers cours ne soient jamais subdivisés et que le troisième, grâce aux leçons orales du maître, ne soit formé en groupes distincts, autant que possible, que pour les exercices de lecture.

5º — Que les moniteurs, à moins qu'il s'agisse de candidats à l'école normale, ne puissent être employés qu'à titre exclusif de répétiteurs ou de surveillants.

Mais que la femme, la fille ou la sœur de l'instituteur, dont la présence dans les écoles mixtes est désirable, puisse être autorisée à former, dans l'école, une classe enfantine avec les plus jeunes élèves, et que cette auxiliaire soit rétribuée.

6º — Que la répartition du temps dans l'école repose sur les principes suivants :

Durée des leçons au 1er et au 2me cours, de 25 à 30 minutes.

    id   id   3me   de 15 à 20 minutes.

Préparation des leçons par les élèves, autant que possible, avant la classe correspondante à ces leçons, et rédaction des devoirs d'application immédiatement après chaque enseignement.

7º — Que les leçons de choses, le système métrique dans certaines parties, les leçons morales et les notions d'agriculture fassent à peu près toujours l'objet d'un enseignement simultané. Que l'enseignement devienne encore collectif dans les autres facultés, toutes les fois que le sujet de la leçon le comportera.

8º — Que des programmes d'enseignement soient établis d'une manière uniforme pour toute la France, et que ces programmes, qui comprendront l'agriculture, des notions d'hygiène, le dessin, le chant, et la gymnastique, portent la répartition des matières d'enseignement par trimestre.

9º — Que chaque cours parcoure dans l'année chaque branche d'enseignement, avec des développements soigneusement appropriés au degré de force des cours.

Que des notions d'éducation civique et de morale fassent, le plus tôt possible, partie des programmes.

Vous allez maintenant délibérer. — Vous allez travailler au développement intellectuel et moral des populations, c'est-à-dire au bonheur des citoyens, et, pourquoi serions-nous modestes à l'excès, à la grandeur de la République.

PROCÈS-VERBAL

Première séance. — Mardi, 30 Mars (matin).

MM. les Directeurs, MM^{mes} les Directrices d'Ecole normale et MM. les Inspecteurs primaires faisant partie de la 4ª section se sont réunis à Paris, dans une des salles du Lycée Saint-Louis, le mardi 30 mars 1880, pour prendre part aux conférences pédagogiques instituées par la circulaire ministérielle du 20 février dernier.

M. Poirrier, directeur de l'école normale du Mans, doyen d'âge, remplit les fonctions de président, et M. Migné, inspecteur à Jonzac, celles de secrétaire.

Avant l'élection du bureau définitif, MM. Poirrier et Migné déclarent qu'ils ne désirent pas conserver leurs fonctions et prient leurs collègues de vouloir bien nommer d'autres membres.

Le scrutin a lieu. Sont élus :

Président :

M. PINEAUX, inspecteur, à Paris.

Vice-Présidents :

MM. MAILLÉ, inspecteur, à Bordeaux.
MARLIER, directeur d'école normale, à Nancy.

Secrétaires :

MM. MESNIER, inspecteur, à Pontarlier.
LEFÈVRE, directeur d'école normale, à Gap.

Ces résultats proclamés, M. POIRRIER cède la présidence à M. PINEAUX, qui remercie l'Assemblée de la confiance dont elle a bien voulu l'honorer. Il compte sur les sentiments de bonne confraternité qui unissent tous les membres pour rendre sa tâche plus facile et assurer le succès de ces conférences.

Il donne ensuite la parole à M. Montané, Inspecteur primaire à Toulouse, rapporteur de la première question.

4.

Le mémoire de M. Montané traite de *l'organisation des écoles à un seul maître*. La lecture en est écoutée avec attention et intéresse vivement l'auditoire.

En terminant, M. le rapporteur soumet à l'Assemblée, à titre de propositions, les résolutions suivantes :

1°. — Le nombre maximun des élèves d'une école devant entraîner la création d'un emploi d'institutrice ou d'instituteur-adjoint ne doit pas dépasser 50, lorsque ce nombre de 50 constitue non une fréquentation accidentelle, mais bien une situation ordinaire, résultant de la population communale.

2°. — Dans ce cas, il serait à désirer que le dédoublement de l'école fût opéré, toutes les fois que les circonstances le permettent, au moyen d'une école enfantine, dirigée par une femme.

3°. — Cette femme, qui, dans les cas possibles, serait la femme, la fille ou la sœur de l'Instituteur, devrait être convenablement rétribuée.

4°. — Les élèves d'une école à un maître seraient répartis en trois cours seulement. Les deux premiers cours ne seraient jamais subdivisés, et le troisième, grâce aux leçons orales du maître, ne serait formé en groupes distincts, autant que possible, que pour les exercices de lecture.

5°. — Les moniteurs, à moins qu'il ne s'agisse de candidats à l'école normale, ne pourraient être employés qu'à titre exclusif de répétiteurs ou de surveillants.

Mais la femme, la fille ou la sœur de l'Instituteur, dont la présence dans les écoles mixtes est désirable, pourrait être autorisée à former dans l'école une classe enfantine, avec les plus jeunes élèves, moyennant rétribution.

6°. — La répartition du temps, dans l'école, reposerait sur les principes suivants :

Durée des leçons au 1ᵉʳ et au 2ᵉ cours : de 25 à 30 minutes.

au 3ᵉ cours : de 15 à 20 minutes.

Préparation des leçons par les élèves autant que possible avant la classe correspondante, et rédaction des devoirs d'application immédiatement après chaque enseignement.

7°. — Les leçons de choses, le système métrique et les leçons morales feraient à peu près toujours l'objet d'un enseignement simultané.

L'enseignement deviendrait encore collectif dans les autres facultés toutes les fois que le sujet de la leçon le comporterait.

8°. — Des programmes d'enseignement seraient établis d'une manière uniforme pour toutes les régions de la France, et ces programmes, qui comprendraient l'agriculture, le dessin, le chant et la gymnastique, indiqueraient la répartition des matières d'enseignement par trimestre.

9°. — Les élèves de chaque cours parcourraient dans l'année chaque branche d'enseignement avec des développements soigneusement appropriés au degré de force des cours.

Des notions d'éducation civique et morale feraient, le plus tôt possible, partie des programmes.

A la suite de cette lecture, M. le Président déclare que la discussion générale est ouverte et donne la parole à M. Perrier, directeur de l'école normale de Moulins.

M. Perrier propose de voter des remerciements au rapporteur, qui a présenté à l'assemblée un travail complet, sérieusement établi. Cette proposition est votée par acclamation.

Le même membre propose en outre de renvoyer la discussion à la séance prochaine, afin de donner à tous le temps de la réflexion.

La majorité de l'assemblée adopte cette proposition, et la séance est levée à dix heures quarante minutes.

<table>
<tr><td>Les secrétaires,</td><td>Le Président,</td></tr>
<tr><td>MESNIER et LEFEBVRE.</td><td>CH. PINEAUX.</td></tr>
</table>

Les Vice-Présidents, MAILLÉ et MARLIER.

Deuxième séance. — Mardi, 30 Mars (soir).

La séance est ouverte à trois heures du soir, sous la présidence de M. Pineaux. Dans l'intervalle des séances régulières, une réunion générale des bureaux des cinq sections a eu lieu au Ministère, sous la présidence de M. le vice-Recteur. M. le Directeur de l'enseignement primaire y assistait.

M. Pineaux rend compte des résolutions prises dans cette Assemblée pour régler l'ordre des travaux et préparer la réunion plénière, qui se tiendra demain à la Faculté de droit.

M. Lobereau, inspecteur primaire à Lons-le-Saulnier, demande la parole. Il rend hommage au travail consciencieux de M. Montané, mais il trouve que le rapporteur de la 4° section n'a pas envisagé la question sous tous ses points de

vue. M. Montané n'a pas insisté, notamment, sur la différence qui existe entre les écoles urbaines et les écoles rurales.
Il entre ensuite dans des considérations générales sur les
imperfections de nos méthodes d'enseignement.

Quelques membres font remarquer que M. Lobereau présente
en quelque sorte un contre-rapport, qui détruit l'économie du
système exposé par M. le rapporteur.

Le Président partage cet avis. Il pense que, pour éviter
toute perte de temps, il convient d'examiner les propositions
de M. Montané dans l'ordre où elles ont été présentées; M. Lobereau pourra proposer, sous la forme d'amendements, les
modifications ou additions qu'il jugera utiles.

La discussion sur chacune de ces propositions commence
immédiatement.

1re Proposition.

*Fixation du chiffre maximum des élèves à confier
à un seul maître.*

MM. Pauliet, inspecteur primaire à Bergerac, et Naudy,
inspecteur primaire à Carcassonne, pensent que le chiffre de
50 élèves n'est pas suffisant pour occuper deux maîtres : l'émulation fera défaut dans les deux classes, et pourtant l'émulation est une condition de succès. Ils proposent de porter à
60 le chiffre des élèves présents pour rendre obligatoire le
dédoublement d'une école.

M. Lequint, directeur de l'école normale de Chartres, pense,
de son côté, qu'en multipliant les postes d'adjoints on rendra
difficile l'avancement des jeunes maîtres et on courra le risque
de les décourager.

M. Motte, inspecteur à Auch, parle en faveur de la création
de postes d'adjoints *temporaires*, mais ce système est condamné
par ses collègues.

Le rapporteur soutient sa proposition : 25 élèves suffisent
pour occuper un maître, et une classe ainsi composée n'exclut
pas l'émulation.

La majorité se range à son avis et adopte la proposition,
sous cette réserve, posée par M. Maupin, inspecteur primaire
à Quimperlé : « *Quand il s'agira de créer un poste, on comptera tous les élèves de 5 à 15 ans présents à l'école, s'il n'y a pas
de salle d'asile.* »

Sur la proposition de M. Martin, inspecteur à Bar-sur-Seine,

l'Assemblée, dans l'intérêt des écoles et des maîtres, émet ensuite le vœu *qu'un ou plusieurs postes d'instituteurs et d'institutrices suppléants, rétribués par le département ou l'Etat, soient
créés dans chaque département, pour pourvoir au remplacement
des instituteurs et institutrices malades ou en congé, qui conser-
veraient l'intégralité de leur traitement.*

2ᵉ Proposition.

Création d'écoles enfantines.

Une discussion sérieuse s'engage sur ce point. Plusieurs
membres demandent quel sera le caractère de cette institution
d'un nouveau genre. En quoi différera-t-elle de la salle d'asile?
de la garderie?

Le rapporteur fournit les explications demandées.

L'école enfantine, telle qu'il la comprend, tiendrait à la fois
de la nature de la salle d'asile et de celle de l'école primaire
élémentaire. On n'y admettrait pas des enfants aussi jeunes
qu'à l'asile, mais on les y conserverait jusqu'à *8 ans.* Dans sa
pensée, la salle d'asile est préférable à l'école enfantine, mais
celle-ci, qui est également destinée à recevoir les enfants des
deux sexes, convient plus particulièrement aux communes qui
ne peuvent subvenir aux frais d'établissement et d'entretien
d'une salle d'asile.

Quelqu'un demande encore si la personne chargée de l'école
enfantine dépendra de l'instituteur ou de l'institutrice, ou si
cette école aura un caractère propre, une existence à part.
L'assemblée pense que la directrice de l'école enfantine ne
doit pas être placée sous la surveillance des chefs d'école,
et que l'établissement qu'elle dirige doit avoir son autonomie
comme les écoles primaires proprement dites.

La deuxième proposition est ensuite adoptée.

3ᵉ Proposition.

Choix de la directrice de l'école enfantine.

Les délégués de la 4ᵉ section, d'accord avec leur rapporteur,
désirent que la femme, la fille ou la sœur de l'instituteur
puisse être chargée de la direction de l'école enfantine.

Plusieurs pensent, comme M. Montané, que cette institutrice

élémentaire ne doit pas absolument être pourvue du brevet de capacité ou du certificat d'aptitude pour la direction des salles d'asile.

MM. Maupin, inspecteur à Quimperlé, et Mesnier, inspecteur à Pontarlier, combattent cette idée, qu'ils estiment dangereuse. M. Mesnier pense qu'il faut autant et plus de connaissances pour développer les facultés intellectuelles de l'enfant que pour exercer le jugement et orner la mémoire de l'adulte. Ils veulent l'un et l'autre que toutes les personnes chargées, à un titre quelconque, de fonctions d'enseignement offrent des garanties de savoir et d'expérience parfaitement constatées.

Sur leurs instances, l'Assemblée émet l'avis qu'un titre de capacité soit toujours exigé de la personne chargée de l'école enfantine, afin que cette école ne dégénère pas en garderie.

4e Proposition.

Nombre de cours. — Classement des élèves.

M. Lobereau, faisant allusion aux décisions déjà prises et considérant les difficultés résultant pour le maître de l'obligation où il se trouve d'occuper en même temps des élèves de forces diverses, propose de ne pas admettre simultanément dans l'école ceux qui appartiennent à des cours différents.

Chaque groupe d'élèves recevrait, pendant deux heures seulement, chaque jour, l'enseignement du maître, qui n'aurait jamais en sa présence qu'un seul cours et même une seule division.

Par ce moyen, on économiserait, dans les communes pauvres, le traitement des adjoints ou de la directrice de l'école enfantine, et on éviterait l'emploi de moniteurs, réservant à l'enfant tous les fruits qui résultent de l'enseignement direct du maître.

Malgré ces avantages, les idées de M. Lobereau ne sont pas admises dans la section. On trouve de sérieux inconvénients dans ce mouvement de va-et-vient continuel des enfants de la maison à l'école et de l'école à la maison, et on voit une perte de temps considérable dans les longues heures pendant lesquelles les élèves seraient abandonnés à eux-mêmes sans grand profit pour l'étude.

M. Mariotti demande aussi ce que devient, avec ce système, le principe pédagogique : « Il ne faut pas fatiguer les enfants par des leçons de longue durée. »

Après examen, l'assemblée accepte la division des élèves en trois cours, proposée par M. Montané, et estime avec lui que le dernier cours ne doit être subdivisé que pour les leçons de lecture.

5e Propositio .

Rôle des moniteurs dans l'école.

Tout le monde s'accorde à reconnaître que les moniteurs ne doivent remplir dans l'école que le rôle de répétiteurs ou de surveilllants.

M. Marlier combat la restriction établie en faveur des candidats à l'École normale ; il ne les croit pas plus capables de bien faire une leçon que leurs condisciples, parce qu'ils n'ont aucune connaissance pédagogique proprement dite. A l'école normale primaire, les élèves-maîtres sont exercés à l'école annexe; mais ils se trouvent dans des conditions différentes : ils reçoivent une direction et des conseils.

M. Mariotti insiste pour que la proposition de M. Montané soit prise en considération. Il est utile que les futurs élèves-maîtres, qui arrivent à l'école insuffisamment préparés, contractent de bonne heure l'habitude d'enseigner. M. Lequint soutient la même opinion.

M. Naudy et quelques-uns de ses collègues présentent des observations sur le deuxième paragraphe de la cinquième question.

Tout à l'heure, il a été admis que la direction de l'école enfantine ne devait être confiée qu'à une personne pourvue d'un titre de capacité (brevet ou certificat d'aptitude pour la direction d'une salle d'asile). La femme, la fille ou la sœur de l'instituteur peuvent-elles exercer des fonctions d'enseignement, si elles ne sont pas en possession de ce titre ?

Le rapporteur explique le sens de sa proposition.

L'école enfantine, telle qu'elle vient d'être définie, est une institution *spéciale* qui échappe à la surveillance et à la direction de l'instituteur et de l'institutrice. Il n'en est pas de même de la *section enfantine*, qui forme, en quelque sorte, la troisième division de toute école et qui peut être exceptionnellement confiée à un aide ou moniteur. C'est de cette section que la femme, la fille ou la sœur de l'instituteur aurait à s'occuper, dans l'école même, sous les yeux de l'instituteur et sous sa responsabilité.

Ces explications données, l'accord se fait sur la proposition de M. Montané. Ainsi que le font remarquer plusieurs membres, il ne s'agit, en effet, en cette circonstance, que d'étendre les attributions de la femme de l'instituteur ou de la maîtresse des travaux d'aiguille, telles qu'elles ont été établies dans la circulaire du 12 mai 1867 ; son rôle ne se borne plus à une simple surveillance : elle prend une part active à l'enseignement général, mais seulement *à titre de moniteur*. En cette qualité, aucun diplôme ne doit être exigé.

La proposition du rapporteur est votée sans opposition.

6ᵉ Proposition.

*Principes sur lesquels doit reposer la répartition du temps
dans l'école.*

L'assemblée accepte sans aucune restriction les idées du rapporteur sur cette question importante. Un seul membre fait remarquer que la leçon d'histoire et de géographie ne saurait se faire en une demi-heure; ses collègues sont d'un avis contraire.

M. Marlier demande la parole pour démontrer la nécessité d'organiser des écoles de *demi-temps* dans les campagnes, où la fréquentation laisse tant à désirer. Il explique ensuite ce qu'il faut entendre par ces mots : *écoles de demi-temps*. Dans les campagnes et pendant la belle saison, un certain nombre d'enfants sont occupés aux travaux des champs ou à la garde du bétail. En dehors de leurs occupations, il leur reste quelques loisirs qu'ils pourraient consacrer à l'étude, si on parvenait à les retenir à l'école. Pour cela, il conviendrait de disposer l'emploi du temps de telle sorte que, pendant le temps qu'ils pourraient consacrer à l'étude, de neuf heures à onze heures et de une heure à deux heures, par exemple, ces enfants aient à s'occuper des matières qu'il leur importe surtout d'étudier.

M. Naudy fait remarquer que ces heures de liberté pour l'enfant varient d'une région à une autre et même d'un département à l'autre. Dans le Midi, par exemple, c'est le matin que ces jeunes gens sont libres ; on pourrait faire classe de sept à dix heures et les laisser ensuite vaquer à leurs occupations.

Les membres présents pensent que ce sont là des questions de détail qu'il faut laisser à l'administration académique et aux Conseils départementaux le soin de résoudre, en s'inspirant des vœux des populations et des besoins particuliers du pays, en attendant que l'obligation de l'enseignement puisse être inscrite dans nos lois.

7e Question.

Leçons communes à plusieurs divisions.

Cette question ne donne lieu qu'à des objections de détail. Un membre ayant fait observer que l'enseignement du système métrique ne peut être simultané, M. le président a reconnu l'objection fondée. Des leçons spéciales doivent être données aux élèves des deux premières divisions ; les leçons communes sur cette matière ne doivent consister qu'en leçons de choses faites les poids et mesures à la main.

La proposition du rapporteur est votée à la presque unanimité.

8e Question.

Rédaction de programmes d'enseignement.

Personne ne conteste la nécessité d'établir les programmes d'enseignement réclamés : ils seront un guide sûr pour nos instituteurs.

MM. Pla, inspecteur à Rodez, et Mesnier, de Pontarlier, insistent pour obtenir une rédaction ainsi conçue : « Des programmes d'enseignement *détaillés, uniformes et précis, seront établis pour toute la France,* etc. »

Après une discussion à laquelle prennent part MM. Naudy et Mariotti, et où il est rappelé que l'enseignement de l'agriculture est devenu obligatoire, M. Mariotti expose que cet enseignement doit être donné d'une façon très élémentaire et sous la forme d'entretiens.

Sur la proposition de M. Maillé, inspecteur à Bordeaux, l'assemblée émet le vœu que des notions d'hygiène soient ajoutées aux programmes actuels d'enseignement.

Elle se prononce aussi pour une répartition trimestrielle des matières comprises dans ces programmes, et accepte toutes les modifications désignées plus haut, réclamées par quelques-uns de ses membres.

9ᵉ **Question.**

Durée des cours. — Matières à ajouter au programme.

L'accord se fait sur le premier paragraphe de la 9ᵉ proposition : tous les cours devront être parcourus en un an.

La discussion s'engage ensuite sur le vœu formé par M. le Rapporteur que des éléments d'*éducation civique et morale* soient enseignés dans l'Ecole.

Quelques membres pensent que des leçons d'économie politique pourraient tenir lieu de cet enseignement nouveau. MM. Mariotti et Marlier font ressortir la différence absolue qui existe entre ces deux genres d'enseignement.

M. le Président fait remarquer que l'enseignement moral et civique se fait ou doit se faire en toute circonstance. Il ajoute, complétant les observations de M. Mariotti, que des notions d'économie politique sont depuis longtemps enseignées dans quelques écoles normales, et qu'il serait utile d'initier les enfants de nos écoles à ces connaissances, sans entrer, toutefois, dans de trop grands détails.

L'assemblée, entrant dans ses vues, émet le double vœu que, non seulement des *éléments d'éducation civique et morale, mais encore des notions élémentaires d'économie politique soient, sous la forme de leçons de choses, enseignées dans toutes nos écoles primaires publiques.*

Vœu particulier.

A la fin de la séance, M. Naudy exprime le vœu que la création d'une école de filles soit obligatoire dans toutes les communes où le chiffre de la population excède 400 habitants.

Ce vœu est adopté à l'unanimité.

La séance est levée à six heures et demie du soir.

Les secrétaires.   Le Président,

MESNIER, LEFÈVRE.   CH. PINEAUX.

Les Vice-Présidents,

MAILLÉ, MARLIER.

CINQUIÈME SECTION

RAPPORT

Présenté par M. Toussaint, inspecteur de l'enseignement primaire,
à Lille.

MESSIEURS ET CHERS COLLÈGUES,

La première pensée qui se présente sans doute à votre esprit comme au nôtre, au début de nos travaux, c'est de remercier tout d'abord M. le ministre de l'Instruction publique, et l'éminent directeur de l'enseignement primaire, M. Buisson, d'avoir fait une place à la pédagogie dans le congrès annuel des Sociétés savantes. La pédagogie mérite, en effet, de figurer parmi les sciences; n'est-elle pas la science qui conduit les esprits et leur ouvre l'accès à toutes les connaissances?

Personne de vous, Messieurs, n'ignore que l'organisation des écoles à un seul maître a été longuement étudiée, il y a plus de vingt ans déjà, par des hommes d'un savoir pédagogique incontestable, notamment par M. Rapet. Nous nous sommes même demandé s'il ne suffirait pas de reprendre le travail de cet illustre maître, en élaguant les parties superflues, s'il y en a, en développant celles qui paraîtraient aujourd'hui insuffisantes, en ajoutant enfin ce que réclame actuellement l'opinion.

Nous allons toutefois essayer, pour répondre à votre attente et aux intentions de M. le ministre, de résumer aussi succinctement que possible les idées que nous avons entendu développer dans la réunion des Inspecteurs d'académie, des Directeurs d'écoles normales et des Inspecteurs primaires que M. le Recteur de l'Académie de Douai a eu l'heureuse idée d'appeler dernièrement auprès de lui, pour discuter, en sa présence, les questions posées par M. le ministre. Nous nous réservons cependant le droit d'y joindre, quand nous le croirons utile, l'expression de notre pensée personnelle, et de grouper les objections et les arguments que nous avons recueillis, suivant l'ordre indiqué aux rapporteurs dans une conférence préliminaire qu'ils ont euc au ministère de l'Instruction publique, le 14 mars dernier.

Quel doit être le nombre maximum des élèves d'une école à une seule classe ?

Permettez-nous, Messieurs, de commencer par vous mettre en garde contre une faiblesse trop commune, celle de formuler contre la génération qui nous a précédés dans la direction de l'enseignement primaire, des reproches qu'une autre génération trouverait sans doute moyen de nous renvoyer avec usure. N'oublions pas que, s'il est donné à peu d'hommes de comprendre et de satisfaire pleinement les besoins présents, il est donné à moins encore de prévoir les besoins futurs. Ne médisons donc point des écoles mutuelles : elles ont fait leur temps, sans doute, mais elles ont paré aux nécessités du moment. Dans ces écoles, que d'élèves ont appris à lire, à écrire, à aligner quelques chiffres ! C'était bien peu, mais cela valait mieux que l'ignorance absolue ; on ne pouvait demander davantage à ce genre d'école. Il ne suffit pas, en effet, pour obtenir des résultats sérieux, d'ouvrir une école, d'y installer un mobilier, un maître et des élèves ; il faut encore ne point demander au maître plus qu'il ne peut donner. Sans doute, nous avons tous connu de ces vieux instituteurs qui parvenaient seuls à discipliner des centaines d'élèves, et à les amener à un degré d'instruction qu'on ne trouve pas toujours maintenant dans nos écoles à plusieurs classes. Ces instituteurs-là, quand ils résistaient à la fatigue, travaillaient dix heures et plus chaque jour. Combien d'autres, qui ont voulu les imiter, sont morts après quelques années d'exercice, pour s'être, au profit de leurs élèves, oubliés eux-mêmes et avoir oublié leurs propres familles qu'ils ont laissées, hélas ! trop souvent sans ressources !

Non, nous ne pouvons demander aux instituteurs ce dévouement, ces efforts surhumains, et c'est pour nous un devoir de rechercher scrupuleusement quelle est là moyenne des efforts possibles de leur part, et comment il convient de les diriger pour le plus grand bien de leurs élèves.

Or, depuis longtemps, on a reconnu les inconvénients de tous genres qui résultent de la réunion d'un trop grand nombre d'enfants dans une même classe et sous un seul maître. Le projet primitif de la loi du 15 mars 1850 demandait même un adjoint pour toute école de 50 élèves (1). Des raisons financières, sans doute, auront fait écarter ce projet; les premiers règlements qui suivirent fixèrent à 80 le chiffre maximum des élèves par maître. Mais, depuis plusieurs années déjà, on a reconnu la nécessité d'abaisser ce chiffre à 60. C'est trop encore. La durée des classes a été, depuis trente ans, réduite presque partout de cinq heures au moins par semaine, tandis que le programme des études s'est considérablement étendu. Si l'on ne veut pas se résigner à de médiocres résultats, et personne ne s'y résignera, il faut ou prolonger la durée des classes, ou restreindre le nombre des élèves. Or, prolonger la durée des classes, aucun homme qui a souci de la santé des maîtres et qui sait combien d'heures de travail supplémentaire on leur demande chaque jour, n'oserait sérieusement y songer. Reste la diminution du chiffre des élèves : s'il était possible de se procurer à volonté de l'argent et des maîtres, nous fixerions sans hésiter ce chiffre à 40; mais puisqu'il n'y faut pas penser pour l'heure, nous irons jusqu'à 50, voire même 60 en hiver, à condition que, passé ce chiffre, l'instituteur aurait un adjoint.

Ce maximum admis, voyons en combien de cours il convient de répartir les élèves.

Depuis 1833, l'autorité supérieure a toujours recommandé de répartir les élèves en trois cours dans les écoles à un seul maître, et l'expérience a prouvé que cette répartition est celle qui offre le moins d'inconvénients, celle qui se prête le mieux à la distribution annuelle des matières de l'enseignement, celle enfin qui ménage le plus les forces de l'instituteur. Dans nos grandes écoles, l'usage semble prévaloir de répartir les élèves en quatre cours généralement appelés : préparatoire, élémentaire, moyen et supérieur. Mais il est évident qu'il n'y a pas lieu de songer à ce dernier dans les écoles dont nous nous occupons.

Si cependant il y restait quelques élèves désireux d'étendre leur instruction ou de se préparer à l'école normale, l'instituteur devrait forcément s'en occuper en dehors des heures de classe, comme cela se pratique d'ailleurs dans toutes les bonnes écoles, même dans celles qui comptent plusieurs maîtres. Le petit nombre de candidats, nous ne disons pas admis, mais simplement présentés aux examens pour le certificat d'études primaires par les petites écoles rurales, nous dispense de prou-

(1) *Journal des Instituteurs* (année 1874).

ver que les six heures de classe réglementaires ne suffisent même pas à voir sérieusement le programme du cours moyen.

A la vérité, nous serions fort embarrassé de vous dire comment les instituteurs qui cumulent les fonctions de clerc paroissial et de secrétaire de mairie trouveront le loisir de donner ces leçons supplémentaires, mais, puisque beaucoup les donnent par dévouement, par intérêt, pour attirer sur eux l'attention de l'autorité, les autres évidemment pourraient les donner aussi. Il semble difficile de rien prescrire sous ce rapport ; c'est à chaque maître d'aviser.

Une difficulté bien autrement grave, c'est la nécessité où se trouve l'instituteur, faute de salle d'asile, de recevoir les enfants, au moins pendant la belle saison, dès l'âge de quatre à cinq ans. Comment exiger et obtenir d'eux le silence, nous dirons l'immobilité nécessaire dans une classe, mais contraire à leur nature et à leur santé? Ils troublent l'ordre, fatiguent le maître, l'exposent à de regrettables impatiences, l'obligent à interrompre ses leçons et nuisent ainsi aux progrès des autres élèves sans profit pour eux-mêmes. Qui donc occupera constamment ces enfants incapables de s'occuper seuls? Ce ne sera pas l'instituteur, qui doit aux élèves des autres cours la meilleure partie de son temps. Il lui faut donc un aide : où le prendra-t-il? Autant que possible dans sa famille : sa femme, sa sœur ou même sa mère se chargeront, moyennant rémunération, du cours préparatoire ; soit dans la salle de classe, soit, ce qui vaudrait mieux, dans une pièce séparée, soit même dans la cour ou le jardin, quand le temps n'y fera point obstacle. Quelques visites dans une salle d'asile et les conseils de l'instituteur leur permettraient, tout en donnant aux jeunes enfants les soins qu'ils réclament, de leur apprendre les premières connaissances et d'alléger ainsi la partie la plus ingrate du maître.

Si l'instituteur ne trouvait pas de secours de la part des siens, il pourrait choisir un de ces élèves qui restent à l'école après en avoir épuisé le programme, et qui ne peuvent, comme nous l'avons dit, recevoir un enseignement complémentaire qu'en dehors des heures de classe. Nous croyons pouvoir affirmer qu'en général cette ressource ne manque pas à l'instituteur au moins pendant l'hiver ; mais enfin, si elle lui fait défaut, il choisira des moniteurs parmi les élèves les plus âgés et les plus instruits. Il leur expliquera, avant chaque classe, ce qu'ils auront à faire : il les surveillera de près afin de prévenir les abus. S'il est dangereux d'employer trop souvent et trop longtemps les mêmes élèves comme moniteurs, d'un autre côté il est mauvais pour la discipline et les progrès de les changer à chaque exercice. Ce que nous avons trouvé de plus rationnel, c'est l'emploi de moniteurs de semaine (1). Le maître alors peut leur expliquer à loisir, le dimanche ou le lundi matin, ce qu'il attend d'eux ; il s'assure chaque jour qu'ils ont compris ses instructions et qu'ils s'y conforment. Avant la classe, il leur fait réciter leurs leçons, il corrige leurs devoirs ; il n'y a ainsi de temps perdu pour personne.

Mais le meilleur moniteur ne vaut pas un maître, et l'idéal serait de s'en passer. Mais comment ? Est-on en mesure de procurer un adjoint à toute école de plus de 50 élèves ? Si non, serait-il avantageux de laisser aux salles d'asile, quand il en existe, le cours préparatoire ? Peut-on espérer qu'elles conduisent un jour sérieusement les élèves jusqu'au cours élémentaire ? Peut-on espérer que chaque commune, que chaque hameau de quelque importance aura bientôt sa salle d'asile ? Autant de questions que nous nous bornons à poser, vous laissant le soin, si vous en croyez l'heure venue, d'en chercher la réponse.

Est-il nécessaire que les écoles à un seul maître aient un programme d'études ? Que doit être ce programme ? Le classement rationnel des élèves ainsi que le choix judicieux et la préparation intelligente des aides ne suffisent pas. On n'entreprend pas un voyage sans savoir où on veut aller et par où on doit passer ; n'est-ce pas le cas du maître qui ignore, nous ne disons pas quelles matières il doit enseigner, mais le nombre d'heures qu'elles réclament chaque semaine ? Aussi la réunion de Douai, dont il a été question plus haut, a-t-elle été unanime à réclamer l'élaboration d'un programme uniforme et obligatoire pour toute la France. Uniforme, est-ce possible ? Sans aucun doute, quand il s'agit de l'instruction primaire élémentaire proprement dite, car il est également nécessaire, dans tous les départements, de savoir lire, écrire, faire un compte ou une lettre. Les communes qui croiraient devoir, en raison de leur industrie ou de leur commerce, donner aux enfants des connaissances plus étendues sur telle ou telle partie du programme, ou mêm des notions étran-

---

(1) Une semaine, c'est assez pour mettre quelque suite dans les leçons, donner aux moniteurs quelque autorité ; c'est surtout la mesure du zèle et de la persévérance qu'on peut raisonnablement attendre d'enfants de dix à douze ans.

gères au programme, seront toujours libres de les demander, soit à l'enseignement primaire supérieur, soit à des cours spéciaux rétribués et faits aux heures les plus convenables.

On semble moins fixé sur l'avantage qu'il peut y avoir à distribuer les matières du programme par mois ou par trimestre.

Tant que la loi n'aura pas assuré la fréquentation continue des écoles pendant toute l'année, beaucoup de bons esprits pensent qu'il convient de tenir compte des habitudes et des besoins des familles, et qu'un programme annuel est seul pratique, parce qu'il laisse à l'instituteur la liberté d'apprécier quelles sont, pour chaque matière, les parties les plus utiles qu'il est possible d'enseigner pendant les quelques mois où l'école est régulièrement fréquentée.

D'autres estiment, au contraire, que le programme doit être quand même mensuel ou trimestriel; qu'il ne faut pas compromettre l'instruction des élèves assidus à cause de l'irrégularité des autres; ils ajoutent que la faculté laissée à l'instituteur de suivre son programme comme il l'entend rend difficile, pour l'inspecteur, la comparaison des écoles à des dates fixes.

Vous aurez, Messieurs, à clore ce débat; nous ne nous y arrêterons donc pas davantage et nous passerons tout de suite à l'examen des matières que doit contenir le programme, qu'il soit annuel, trimestriel ou mensuel.

Nous ne toucherons aux matières facultatives que dans les *leçons de choses;* c'est là que les sciences naturelles, l'agriculture, l'hygiène, l'industrie, le commerce trouveront une place qu'on ne peut plus leur refuser aujourd'hui.

Quant au programme des matières obligatoires pour chaque cours, il pourrait être préparé à Paris par une commission spéciale qui s'aiderait des programmes généraux déjà suivis dans plusieurs départements.

Ce qui est indispensable, c'est qu'aucun élève ne change de cours sans posséder à peu près les connaissances comprises dans le cours qu'il vient de suivre.

Ajoutons, qu'à notre avis, le programme du *cours élémentaire* aurait pour sanction le certificat exigé par la loi du 19 mai 1874 sur le travail des enfants dans les manufactures, que le programme du *cours moyen* devrait permettre d'obtenir le certificat d'études primaires, et le programme du *cours supérieur,* un certificat d'un ordre plus élevé, lequel donnerait droit à l'admission dans les écoles primaires supérieures et qui pourrait être exigé des aspirants au concours d'admission dans les écoles normales primaires.

Nous avons parlé de changement de cours : il serait désirable qu'ils n'eussent lieu qu'à la rentrée d'octobre, mais ce n'est pas toujours possible. Les programmes dits *concentriques* atténuent du reste l'inconvénient de ces changements dans le courant de l'année scolaire. Vous connaissez ces programmes; nous croyons donc inutile de nous y arrêter, et nous passerons à l'étude d'une question très importante : *Dans quelles conditions et pour quelles matières l'enseignement peut-il être simultané dans les écoles à un seul maître?*

L'expérience a définitivement exclu de nos écoles les modes individuel et mutuel, parce que ni l'un ni l'autre ne mettent assez le maître en contact avec les élèves, qu'ils les abandonnent trop à eux-mêmes ou à la direction des moniteurs. Mais en même temps on s'est demandé comment il serait possible de multiplier les points de contact entre l'instituteur et ses élèves sans sacrifier les débutants, ni trop enrayer les progrès des plus instruits. De là le mode simultané, de là aussi la répartition des élèves dans toute école à un seul maître en trois cours, sans subdivisions. Mais on a bien vite constaté que le maître ne peut s'occuper efficacement par lui-même de ces trois divisions, qu'il doit confier souvent à des aides, pour certains exercices, la division préparatoire, et l'on en est venu au mode mixte généralement adopté aujourd'hui. Est-il possible cependant à un seul maître, si actif et si robuste qu'il soit, d'occuper toujours les deux autres cours séparément et utilement? Nous ne le pensons pas. Il faudrait alors multiplier outre mesure les devoirs écrits, et l'on sait le peu de fruit qu'en retirent la plupart des jeunes élèves, peu soucieux de réfléchir à ce qu'ils font; ou bien il faudrait obliger les enfants à recopier leurs devoirs, et la mise au net nous paraît du temps perdu. Il faut donc avoir recours aux *leçons collectives* (1), et la question est ramenée à trouver quelles sont les matières qui s'y prêtent le mieux.

---

(1) Reste à savoir comment un seul maître pourra faire marcher trois cours simultanément, de manière que tous ses élèves soient toujours occupés et occupés d'une manière utile. Nous lui conseillons d'abord de faire autant qu'il le pourra des *leçons collectives*, s'adressant non seulement à deux cours, mais même à tous les cours à la fois. Nous sommes convaincus, en effet, qu'il n'y a de leçons vraiment utiles, si l'on se place au point de vue du développement de l'esprit, que *celles qui sont faites par le maître lui-même*, parce que l'art d'enseigner est un art

Nous indiquerons comme *matières communes aux trois cours :*

L'écriture, le dessin, la gymnastique, le chant, le système métrique et les leçons de choses.

Comme *matières communes au cours moyen et au cours élémentaire :*

L'instruction religieuse, la lecture, l'histoire de France et la géographie, la langue française (dictées, analyses orales, exercices de conjugaison).

L'arithmétique et les exercices de grammaire et de rédaction exigent, à notre avis, des leçons spéciales à chaque cours.

Nous allons expliquer comment nous comprenons ces leçons collectives :

1° Leçons communes aux trois cours.

Écriture. — Le maître trace au tableau noir, avant la classe, un modèle unique, s'il s'agit d'étudier les principes communs aux cours moyen et élémentaire, ou élémentaire et préparatoire, dans le cas contraire. Au commencement de chaque leçon, il donne aux élèves les explications nécessaires sur la pente, les dimensions, le tracé de chaque lettre : il commente ou fait commenter en quelques mots, s'il y a lieu, la maxime donnée comme modèle, puis il surveille l'exécution, en se faisant au besoin aider d'un moniteur.

Dessin. — Le maître trace aussi avant la classe, au tableau noir, un modèle qui peut être unique au début de l'année scolaire, mais qui devra varier suivant les progrès des élèves. Comme pour l'écriture, il donne les explications nécessaires, nomme ou définit les lignes et les figures et surveille l'exécution avec ou sans aide.

Gymnastique et chant. — Pas de difficulté.

Système métrique. — Le système métrique se prête très bien à des leçons communes, car il ne doit être enseigné que les mesures à la main, et on comprend avec quel intérêt les jeunes enfants suivent les opérations pratiques qui se rattachent à cet enseignement.

Leçons de choses. — Il en sera de même pour les leçons de choses ; tout ce qui parle aux yeux captive l'attention des

dont la connaissance n'est pas commune et qui suppose une aptitude naturelle, perfectionnée par la pratique et l'exercice. (Note extraite du *Bulletin des Ardennes.*)

M. CARRÉ.

enfants. Quant aux explications données, ils en prendront ce qu'ils pourront : quelques noms, quelques notions plus ou moins vagues; ce sera un fonds d'idées qui s'accroîtra chaque année. On sera parfois bien étonné de voir que les plus jeunes élèves auront mieux retenu que les grands.

2° Leçons communes au cours moyen et au cours élémentaire.

Instruction religieuse. — *a*. Catéchisme. — Les élèves du cours élémentaire n'apprennent que le petit catéchisme ou les principales réponses de la leçon donnée aux élèves du cours moyen.

b. **Histoire sainte.** — La leçon est faite oralement par le maître; les élèves sont interrogés individuellement. Comme exercice de mémoire, les élèves du cours élémentaire n'apprennent que les faits les plus saillants de la leçon donnée aux élèves du cours moyen.

Histoire de France. — Comme pour l'histoire sainte.

Géographie. — Même marche. Si, par exemple, les élèves du cours moyen apprennent les sous-préfectures de cinq départements, ceux du cours élémentaire n'en apprendront que les chefs-lieux.

Lecture. — Il faut ici distinguer entre déchiffrer facilement les mots du livre et comprendre ce qu'on lit.

Sur le premier point, il faudra, au début de l'année scolaire, quelques précautions pour ne point sacrifier les uns et fatiguer les autres. On choisira un livre de lecture intéressant, varié, bien imprimé; on ne le lira point tout d'abord tout entier dans l'ordre des pages, mais on commencera par les récits les plus attrayants et les plus faciles; on donnera ainsi aux élèves le goût de la lecture. Au bout de quelques mois, il ne restera guère d'élèves qui ne lisent couramment.

Quant aux explications grammaticales ou autres, un maître habile sait y intéresser tous ses élèves, réservant aux plus instruits les questions les plus difficiles, et aux moins avancés des questions faciles auxquelles ils puissent répondre et qui leur donnent confiance en eux-mêmes.

Langue française. — Les dictées sont communes au cours moyen et au cours élémentaire; toutefois il est possible d'ajouter pour les plus instruits quelques phrases plus difficiles. Pendant ce temps-là, les moins avancés relisent et cherchent dans le dictionnaire l'orthographe et la signification de certains mots sur lesquels leur attention a été appelée.

La conjugaison orale ou écrite se fait très bien pour les deux premiers cours en même temps, si on ne demande aux élèves les moins avancés que les temps les moins difficiles; les plus avancés prennent part, avec fruit, aux explications données à leurs jeunes condisciples sur les verbes réguliers, sur le radical et la terminaison, etc.

L'analyse grammaticale se plie encore mieux aux leçons collectives. Si les premiers élèves analysent toute une phrase ou simplement les pronoms, les verbes et les parties invariables, les autres en analyseront les articles, les adjectifs et les noms.

Restent donc deux matières dont l'enseignement ne nous paraît pas se prêter avantageusement à l'enseignement collectif; ce sont la grammaire, y compris les exercices de rédaction, et l'arithmétique.

Pour compléter cette étude, il est indispensable de fixer le temps que réclame, pour chaque semaine et pour chaque cours, l'étude des diverses parties du programme.

C'est ce que nous allons essayer de faire; nous vous soumettons les tableaux suivants :

Vous le savez tous, Messieurs, quand on traite de l'organisation pédagogique d'une école, on ne doit pas se borner à fixer le nombre des cours et à déterminer le programme détaillé des matières à enseigner : le point capital, le point difficile est la répartition des trente heures de classe de chaque semaine, proportionnellement à l'importance des matières et à leur étendue, sans fatiguer l'instituteur outre mesure, sans jamais laisser les élèves inoccupés.

Nous avons consigné le résultat de nos études à ce sujet dans les tableaux ci-joints. Vous remarquerez que le tableau de l'emploi du temps exige que l'inspection de propreté et la prière aient lieu avant l'heure d'entrée réglementaire. Le succès serait évidemment compromis, si l'on perdait dix minutes le matin et autant le soir.

Nous savons trop combien les heures de nos réunions sont courtes et précieuses, pour nous arrêter à discuter par écrit les chiffres de ces tableaux; nous nous réservons de répondre de vive voix aux observations et aux critiques qui pourraient se produire, tout prêt à modifier nos idées pour d'autres plus justes et plus pratiques.

TABLEAU

DE

L'EMPLOI DU TEMPS

POUR LES ÉCOLES A UN SEUL MAITRE

	INSTRUCTION RELIGIEUSE			ARITHMÉTIQUE ET SYSTÈME MÉTRIQUE			
	8 h. 30 à 9 h.			9 h. à 10 h.			10 h. à 10 h. 10
	15 minutes.	15 minutes.	*Le Mardi et le Samedi, leçon générale d'histoire sainte en remplacement du Catéchisme.*	25 minutes.	25 minutes.	10 minutes.	10 minutes.
COURS MOYEN	Catéchisme. Leçon.	Étude.		Les élèves font les devoirs donnés la veille. (Les élèves du cours moyen sont assez avancés pour faire un devoir imposé la veille.)	Leçon par le maître.	Calcul écrit. Opérations.	REPOS
COURS ÉLÉMENTAIRE	Catéchisme. Étude.	Leçon.		Leçon par le maître.	Devoir sur la leçon qui vient d'être faite.		
COURS PRÉPARATOIRE	Prière (Moniteur).	Petit Catéchisme (Moniteur).		Lecture (Moniteur).	Écriture (Moniteur). (Les leçons spéciales faites par le maître ne le dispensent pas de surveiller le travail des moniteurs.)	Calcul (Maître).	

	LANGUE FRANÇAISE			ÉCRITURE ET DESSIN	OBSERVATIONS
	10 h. 10 minutes à 11 heures.			11 h. à 11 h. 30	
	25 minutes.	15 minutes.	10 minutes.	30 minutes.	
COURS MOYEN	Leçon par le maître.	Devoir sur la leçon ou rédaction.		LEÇON GÉNÉRALE	A) La leçon d'arithmétique est remplacée par une leçon générale de système métrique, le Mercredi. (B) Ce que nous avons dit des écoles de garçons s'applique aux écoles de filles et aux écoles mixtes ; il suffit de remplacer les deux leçons de dessin par deux leçons de couture. Nous proposerions également volontiers, dans les écoles mixtes, d'exercer les jeunes filles aux travaux manuels le Jeudi matin.
COURS ÉLÉMENTAIRE	Devoir.	Leçon par le maître.	Mise au net.	*Écriture.* — Lundi, Mercredi, Samedi. *Dessin.* — Mardi, Vendredi.	
COURS PRÉPARATOIRE	Français. (Moniteur). Écriture et lecture au tableau, à l'ardoise, ou au cahier, de mots, puis de phrases simples. Épellation de mémoire. Distinction du nom, de l'adjectif et du verbe. Conjugaison orale.	Exercices d'intelligence ou de mémoire (Maître).	Lecture. (Maître)		

SOIR

		LECTURE			ORTHOGRAPHE	
		1 h. 30 à 2 h. 20			2 h. 20 à 3 h.	3 h. à 3 h. 10
	10 minutes.	20 minutes.		20 minutes.	40 minutes.	10 minutes.
COURS MOYEN / COURS ÉLÉMENTAIRE	Étude de la lecture.	Lecture par le maître.		Devoir sur la lecture. Ce devoir peut consister à résumer les parties importantes de la lecture, à écrire les explications du maître ou à étudier la signification de certains mots ou de certaines expressions. Lecture par le maître.	Dictée commune aux deux premiers cours. Au début, il faudra dicter lentement pour que les élèves du cours élémentaire puissent suivre ; on exigera une bonne écriture des plus avancés. La dictée ne doit pas avoir plus de dix lignes suivies de quelques phrases plus difficiles et spéciales au cours moyen. Les explications s'adressent aux deux cours ; le maître demande à chaque élève ce qu'il peut donner. Quelquefois la dictée peut être donnée par un élève, le maître se réservant la correction ; il gagne ainsi un quart d'heure, qu'il peut consacrer au cours préparatoire.	REPOS
COURS PRÉPARATOIRE	Lecture par le maître.	Calcul. (Moniteur).	Écriture. (Moniteur).	Français. (Moniteur).	Lecture. (Moniteur).	

HISTOIRE, GÉOGRAPHIE, AGRICULTURE		EXERCICES DIVERS	OBSERVATIONS
3 h. 10 à 4 h.		4 h. à 4 h. 30.	
20 minutes.	30 minutes.	30 minutes.	
Étude. Les leçons d'histoire, de géographie et d'agriculture peuvent être utilement préparées par les élèves. Français. (Maître).	LEÇON GÉNÉRALE *Histoire de France.* — Lundi, Mercredi. *Géographie.* — Mardi, Vendredi. *Agriculture.* — Samedi.	LEÇON GÉNÉRALE *Leçon de choses.* — Lundi, Mercredi. *Gymnastique.* — Mardi. *Récitation.* — Vendredi. *Chant.* — Samedi (1).	(1) *Chant.* Samedi, 15 minutes. Les 15 autres minutes, nous voudrions les employer à une causerie paternelle avec les enfants. Ce sont des réflexions sur la conduite et le travail de la semaine, sur ce qui a laissé à désirer et sur ce que les élèves doivent s'efforcer de faire la semaine suivante. C'est une « leçon de choses morales » que nous voudrions voir se généraliser. Les entrées et les sorties de classe se font en chantant.

TABLEAU indiquant le temps attribué chaque semaine à chaque matière du programme.

	COURS MOYEN		COURS ÉLÉMENTAIRE		COURS PRÉPARATOIRE	
	h.	m.	h.	m.	h.	m.
Instruction religieuse	2	30	2	30	2	30
Lecture	4	10	4	10	5	25
Écriture	1	30	1	30	4	50
Langue française	7	30	7	30	4	35
Arithmétique	4	»	4	»	2	20
Système métrique	1	»	1	»	1	»
Histoire de France	1	40	1	40	1	»
Géographie	1	40	1	40	1	»
Leçons de choses	1	»	1	»	1	»
Dessin	1	»	1	»	1	»
Agriculture	»	50	»	50	»	30
Chant	»	30	»	30	»	30
Gymnastique	»	30	»	30	»	30
Récitation	»	30	»	30	2	10
Repos	1	40	1	40	1	40
TOTAL	30	»	30	»	30	»

TABLEAU indiquant la répartition des heures attribuées aux leçons spéciales et aux leçons collectives.

	LEÇONS SPÉCIALES au cours moyen		Communes aux cours moyen et élémentaire		SPÉCIALES au cours élémentaire		Communes aux trois cours.		SPÉCIALES au cours préparatoire par le Maître.		par le Moniteur.	
	h.	m.	h.	m.	h.	m.	h.	m.	h.	m.	h.	m.
Instruction religieuse.	»	45	»	»	»	45	1	»	»	»	1	30
Lecture	»	»	3	20	»	»	»	»	1	40	3	45
Écriture	»	»	»	»	»	»	1	30	»	»	3	20
Langue française	1	40	3	20	1	40	»	»	1	40	2	55
Arithmétique	1	40	»	»	1	40	»	»	»	40	1	40
Système métrique	»	»	»	»	»	»	1	»	»	»	»	»
Histoire de France	»	»	»	»	»	»	1	»	»	»	»	»
Géographie	»	»	»	»	»	»	1	»	»	»	»	»
Leçons de choses	»	»	»	»	»	»	1 { exercices d'intelligence et de mém.		»	»	1	40
Dessin	»	»	»	»	»	»	1	»	»	»	»	»
Agriculture	»	»	»	»	»	»	»	30	»	»	»	»
Chant	»	»	»	»	»	»	»	30	»	»	»	»
Gymnastique	»	»	»	»	»	»	»	30	»	»	»	»
Récitation	»	»	»	»	»	»	»	30	»	»	»	»
TOTAL	4	05	6	40	4	05	9	30	4	»	14	50

Les deux premiers cours sont occupés avec le maître . .   20 h. 25 m.
Ils travaillent seuls. . . , ...   7   55
Repos   1   40

Total . . . . 30 h. » m.

Le cours préparatoire a de leçons spéciales avec le maître .   4 h. » m.
    »   »   communes aux trois cours.   9   30
    »   »   des moniteurs.   14   50
Repos   1   40

Total . . . . 30 h. » m.

RÉSUMÉ

Pour éviter, Messieurs, que la discussion ne s'écarte du sujet, et donner à vos décisions une formule précise, nous avons cru bien faire de résumer notre travail en quelques questions qui pourront être soumises à votre vote :

1° Passé le chiffre de 50 élèves, toute école doit-elle avoir un instituteur-adjoint ?

2° Les élèves doivent-ils être partout répartis en trois divisions ou cours ? (Il ne peut être question ici que des écoles à une seule classe.)

3º Le maître peut-il se désintéresser du cours préparatoire?

4º L'instituteur, quel que soit le nombre de ses élèves, a-t-il toujours besoin d'un aide?

5º Cet aide peut-il être la femme, la sœur ou la mère de l'instituteur ?

6º Dans ce cas, cet aide doit-il être rétribué ?

7º Est-on disposé à recommander de prendre les aides parmi les plus grands et les meilleurs élèves?

8º Est-on partisan des moniteurs de semaine?

9º Admet-on la nécessité d'un programme d'études?

10º Ce programme doit-il être uniforme et obligatoire pour toute la France?

11º Les programmes doivent-ils être concentriques et concordants, afin de faciliter les leçons collectives ?

12º Le programme sera-t-il annuel, trimestriel ou mensuel?

13º L'écriture, le dessin, la gymnastique, le chant, le système métrique, l'agriculture, les leçons de choses, l'histoire et la géographie, peuvent-ils faire l'objet de leçons communes à toute la classe?

14º La langue française (sauf la grammaire et la rédaction), la lecture, l'instruction religieuse, se prêtent-elles à des leçons communes au cours moyen et au cours-élémentaire?

Nous terminerons, Messieurs, en vous priant d'excuser les lacunes et les imperfections d'un travail qui eût exigé plus de loisirs que nous n'en avons eu, mais auquel, du moins, nous avons consacré toute notre bonne volonté.

Le Rapporteur (5ᵉ section).

TOUSSAINT,

Inspecteur de l'enseignement primaire à Lille.

PROCÈS-VERBAL

Le mardi 30 mars 1880, à 8 heures et demie du matin, les membres de la 5e section, réunis au lycée Saint-Louis sous la direction du bureau provisoire composé comme il est dit dans la note ministérielle du 4 avril 1880, procèdent à l'élection de leur bureau définitif qui est constitué ainsi qu'il suit:

Président. — M. JOST, inspecteur de l'enseignement primaire à Paris.

Vice-présidents. — Mme DE FRIEDEBERG, directrice de l'école normale de Paris.

M. SEPTEMBER, directeur de l'école normale de Carcassonne.

Secrétaires. — M. SCHUWER, inspecteur de l'enseignement primaire à Corte.

M. ROYER, directeur de l'école normale de Varzy.

En prenant possession du fauteuil de la présidence, M. Jost, au nom du bureau tout entier, remercie les membres de la section du témoignage de confiance qu'ils viennent de lui donner.

M. le président donne ensuite la parole à M. Toussaint, rapporteur de la première question soumise à l'étude du congrès *De l'organisation pédagogique des écoles à un seul maître.*

La lecture du mémoire du rapporteur, écoutée avec une religieuse attention, est suivie des applaudissements unanimes de l'Assemblée.

M. Toussaint résume son travail en quatorze questions qui sont immédiatement soumises à la discussion et au vote de la 5e section.

Voici, avec quelques observations présentées par plusieurs membres, les questions posées par M. le rapporteur:

1re Question.

*Passé le chiffre de 50 élèves, toute école doit-elle avoir
un instituteur-adjoint ?*

Le chiffre de 50 a été admis à l'unanimité après une discussion qui a porté sur l'âge.

Faut-il compter comme élèves de l'école tous ceux qui la
fréquentent, quel que soit leur âge? Un membre avait
proposé 3 ans ; plusieurs autres, 4 ans. La majorité a adopté
un minimum d'âge qu'elle désire voir fixer à 5 ans. La section a pensé qu'il n'y avait pas lieu de fixer un maximum:
les élèves âgés ne s'y trouvent que pendant quelques mois ou
se préparent à un examen en même temps qu'ils rendent
d'utiles services à l'instituteur.

2e Question.

*Les élèves doivent-ils être partout répartis en 3 divisions
ou cours.*

Après quelques explications fournies par le rapporteur développant les termes de son mémoire, la 5° section estime que
les écoles à un seul maître pourront avoir 3 cours au plus,
le cours supérieur des programmes n'étant pas actuellement
applicable à l'organisation de beaucoup d'écoles rurales.

3e Question.

Le maître peut-il se désintéresser du cours préparatoire ?

A l'unanimité, la section décide que l'instituteur se doit à
tous ses élèves, qu'il ne peut se désintéresser du cours inférieur, qui est l'avenir de l'école.

4e Question.

*L'instituteur, quel que soit le nombre de ses élèves, a-t-il
toujours besoin d'un aide ?*

Tous les membres ont répondu affirmativement, mais en
demandant que cet aide soit formé, aidé, surveillé. La nécessité de l'aide s'impose ; mais ses services ne peuvent être fruc-
tueux qu'autant qu'on l'aura préparé à sa tâche et qu'il sera
dirigé.

5e **Question.**

*Cet aide peut-il être la femme, la sœur, la mère ou la fille
de l'instituteur ?*

Après quelques observations présentées par plusieurs membres, et spécialement par MM. Naquet et Vincent, on a émis l'avis qu'il serait très désirable que l'instituteur pût, dans le cours préparatoire, se faire aider par une personne de sa famille, femme, sœur, mère ou fille, et cela avec la restriction qu'aucune obligation ne s'imposerait à cet égard. Il y a, du reste, des questions de capacité ou autres que l'autorité scolaire devra étudier.

La femme aimera le jeune enfant qui manque souvent d'affection dans la famille, et qui, heureux des soins qui lui seraient donnés, se plaira à l'école.

6e **Question.**

Dans ce cas, cet aide doit-il être rétribué ?

Oui, à l'unanimité. Une indemnité sera allouée, ainsi que cela se fait déjà pour les maîtresses de travaux à l'aiguille dans les écoles mixtes. C'est dire que l'aide devra être agréé par qui de droit.

7e **Question.**

*Est-on disposé à recommander de prendre un aide parmi
les anciens élèves ?*

Cette question a été adoptée par tous les membres avec la rédaction suivante :

A défaut des personnes mentionnées dans le paragraphe cinquième, on recommande de prendre un aide parmi les élèves les plus avancés de l'école, en choisissant de préférence ceux qui se destineraient à l'instruction, qui se prépareraient à l'école normale. Ces jeunes gens travailleraient avec goût et feraient un apprentissage dont l'enseignement primaire profiterait plus tard.

8e **Question.**

Est-on partisan des moniteurs de semaine ?

Le rapporteur plaide en faveur des moniteurs de semaine:

L'Assemblée les admet également quand la chose sera possible, et, dans le cas contraire, elle se prononce pour le moniteur changé à chaque séance.

L'emploi de moniteur doit être considéré comme une récompense et non comme une charge.

L'instituteur devra, en dehors des heures de classe, donner quelques soins à l'instruction de ses moniteurs. Il ne négligera pas non plus les conseils et les directions qui prépareront les aides à leur tâche, chose essentielle déjà recommandée à propos de la quatrième question.

9e Question.

Admet-on la nécessité d'un programme d'études?

Oui, à l'unanimité. Nul ne peut et ne doit enseigner à l'aventure. Ceci est important de même qu'un bon emploi du temps auquel il faut savoir s'astreindre : la discipline et le progrès y sont grandement intéressés.

10e Question.

Ce programme doit-il être uniforme et obligatoire pour toute la France?

Cette question est adoptée en ce qui concerne les matières obligatoires et après avoir donné lieu à une discussion qui a porté sur les points que voici :

Un membre pense que les premières années de l'enfant doivent être consacrées à son éducation physique et au développement de ses sens par des procédés analogues à ceux dits Froebel, la lecture devant être réservée pour l'âge de 8 ans.

Un autre membre répond que, dans un grand nombre d'écoles, cette méthode est employée avec succès et qu'elle a précisément pour conséquence de faire lire et écrire longtemps avant l'âge de 8 ans. Pour l'emploi de ces moyens, l'Assemblée fait remarquer qu'il faudrait alors l'intervention continuelle de l'instituteur, ce qui est impossible dans les écoles à un seul maître.

11e Question.

Les programmes doivent-ils être concentriques et concordants afin de faciliter les leçons collectives?

Oui, à l'unanimité. Si l'on s'occupe de François Ier avec

les jeunes élèves, on s'occupera de François Ier avec les
moyens, de François Ier avec les grands. La préparation de la
classe se trouve ainsi grandement *simplifiée*. L'instituteur
trouve tous les éléments d'une leçon aux divers cours dans
le même endroit du livre, ce qui diminue sa fatigue et son
temps.

12° Question.

Le programme sera-t-il annuel, trimestriel ou mensuel?

Après un échange d'observations, la section décide que le
programme sera annuel, avec faculté de le parcourir dans un
temps moindre, sans descendre au-dessous de six mois dans
les régions où l'examen pour le certificat d'études a lieu en
mars ou en avril.

13° Question.

L'écriture, le dessin, la gymnastique, le chant, le système mé-
trique, l'agriculture, les leçons de choses, l'histoire et la géogra-
phie peuvent-ils faire l'objet de leçons communes à toute l'école?

Oui, avec l'observation suivante concernant l'agriculture :

Que cet enseignement soit compris dans les leçons de choses
et devienne surtout un enseignement pratique quand un jardin ou champ d'expériences est annexé à l'école.

Et, à ce propos, la 5e section recommande instamment les
leçons de choses, qui sont facilement collectives et qui, pouvant rouler sur tout, donnent des connaissances de tout.

14° Question.

La langue française (sauf la grammaire et la rédaction), la
lecture, l'instruction religieuse se prêtent-elles à des leçons
communes au cours moyen et au cours élémentaire?

Oui, à l'unanimité. — On doit donner des leçons communes
à tous les cours ou à plusieurs cours toutes les fois que la
chose se peut; et cela est possible plus souvent qu'on ne se
l'imagine à première vue.

En terminant l'examen de la première question pédagogique, la 5e section fait observer que les tableaux d'emploi du temps proposés par le rapporteur n'ont pu être mis entre les mains des membres de ladite section. Elle décide néanmoins que ces tableaux resteront dans le travail du rapporteur, bien qu'ils n'aient pu être ni lus, ni discutés.

La séance a été levée à 6 h. 15 m. et renvoyée au lendemain à 3 h. pour la lecture du procès-verbal et des propositions définitivement admises.

Le Rapporteur,	*Les Secrétaires,*	*Le Président,*
TOUSSAINT.	ROYER et SCHUWER.	JOST.

PREMIÈRE SÉANCE PLÉNIÈRE

31 mars 1880

Présidence de M. GRÉARD, vice-recteur de l'Académie de Paris.

Dans la matinée du 31 mars, les présidents, vice-présidents, secrétaires et rapporteurs des cinq sections se sont réunis au ministère pour coordonner et condenser dans un rapport d'ensemble les différentes résolutions adoptées, ainsi que les vœux émis dans les sections.

Ce travail difficile et laborieux, auquel M. le Ministre a assisté pendant une partie de la séance, était terminé à trois heures du soir ; et l'assemblée plénière a pu être ouverte à quatre heures dans le grand amphithéâtre de la Faculté de droit.

M. Gréard, membre de l'Institut, vice-Recteur de l'Académie de Paris, président du Congrès, déclare la séance ouverte et adresse à l'assemblée les paroles suivantes :

MESSIEURS,

Je remercie M. le ministre de l'honneur qu'il m'a fait en me chargeant de présider votre assemblée, et je suis heureux de vous souhaiter la bienvenue.

Plusieurs d'entre vous ont assisté aux conférences qui ont été organisées en 1867 et en 1878, à l'occasion de l'Exposition universelle, et ils n'ont pas oublié les conseils qui leur furent donnés par les voix les plus autorisées. C'est encore pour traiter des sujets d'ordre pédagogique et professionnel que vous êtes réunis ici; mais les rôles ne sont plus les mêmes : c'est à vous qu'appartient la parole; nous ne sommes ici que pour vous entendre, pour recueillir vos observations et vos vœux.

Vous avez librement discuté dans vos bureaux les questions qui étaient proposées à votre examen. Vous êtes appelés dans ces réunions plénières à voter librement les résolutions préparées.

Je dois me borner, je me bornerai à régler la marche

de la discussion et à en faire sortir des conclusions précises. Quelles qu'elles soient, l'honneur, comme la responsabilité, vous en reviendra.

M. le Président ajoute qu'après l'étude dans les sections de la première question, *Organisation pédagogique des écoles à un seul maître*, un rapport d'ensemble a été préparé ; et il donne la .parole à M. Clerc, inspecteur primaire de la Seine, désigné comme rapporteur général, pour la lecture de ce travail.

Les résolutions proposées sont successivement mises aux voix.

La première résolution : *Toute école qui comptera cinquante élèves au moins aura un adjoint*, est adoptée à l'unanimité.

Les vœux des sections se rattachant à cette résolution sont mis aux voix.

Le vœu de la première section, à savoir que *le chiffre maximum de cinquante élèves soit déterminé d'après la moyenne de fréquentation des six mois pendant lesquels l'effectif de l'école a été le plus élevé*, est adopté à l'unanimité, et devient dès lors une résolution.

Le vœu commun à la première et à la cinquième section, *que les enfants, à partir de l'âge de cinq ans, puissent être admis à l'école, et qu'ils comptent dans le nombre d'élèves exigé pour la création d'un emploi d'adjoint*, est adopté à l'unanimité et transformé en résolution.

A cette occasion, la question d'une limite d'âge supérieur est proposée par un membre.

Après une courte discussion, dans laquelle plusieurs membres signalent les inconvénients qu'il y aurait à écarter de l'école les jeunes gens qui veulent compléter leur instruction, l'assemblée est d'avis qu'il n'y ait pas de limite d'âge supérieur sauf dans les écoles mixtes.

Un membre ayant demandé si les élèves forains seront compris dans le nombre de cinquante élèves, M. le Président fait remarquer que c'est une question d'administration qui ne peut être décidée par le congrès.

La seconde résolution : *Il y aura trois cours dans l'école : cours élémentaire, cours moyen et cours supérieur*, est soumise à l'assemblée.

Après quelques explications données par M. le Président, desquelles il résulte, que les mots *élémentaire, moyen et supérieur* désignent trois degrés relatifs de force dans l'enseignement, l'assemblée adopte la seconde résolution.

M. le Président lit la troisième résolution ainsi conçue:
« *Chaque cours aura son programme particulier qui devra être parcouru chaque année en entier ; ce programme sera annuel avec faculté temporaire de le parcourir dans un temps moindre, mais qui ne pourra pas être inférieur à six mois.* »

Il fait remarquer qu'il y a deux parties dans cette résolution: un programme pour chaque cours, et l'indication du temps à consacrer à l'étude de ce programme.

La première partie est adoptée à l'unanimité.

Sur la seconde, à la suite d'observations échangées entre divers membres, l'assemblée décide que le programme sera annuel.

M. le Président soumet ensuite à l'assemblée le vœu de deux sections que *la division des matières soit mensuelle.*

Une discussion s'engage sur ce point.

Un membre exprime le désir que cette répartition soit laissée aux soins de l'inspecteur primaire, qui se concertera à cet effet avec l'instituteur.

Un autre membre fait remarquer que la division mensuelle des matières offre de grands avantages et qu'entre autres elle facilite le contrôle de l'inspection.

Un troisième pense qu'il conviendrait de répartir les matières suivant la durée moyenne de la fréquentation scolaire dans chaque localité, là en dix mois, ici en huit ou même en six.

Un quatrième demande que la division mensuelle des matières soit conforme à celle des programmes de la Seine.

Un cinquième admet cette division, mais avec des périodes bi-mensuelles de révision.

En présence des interprétations différentes données au mot mensuel, M. le Président fait remarquer que, dans l'espèce, ce mot doit signifier portion déterminée de la période adoptée pour parcourir l'ensemble du programme.

Cette question de la division mensuelle des matières ayant été mise aux voix, et le résultat du vote n'ayant pas été concluant, il est décidé qu'elle subsistera à l'état de vœu particulier à deux sections.

La quatrième résolution : « *Les programmes seront uniformes et obligatoires* » est adoptée à l'unanimité.

Le vœu émis par quatre sections qu'on *s'inspirera, dans la rédaction des programmes, de ceux de la Seine,* est adopté à l'unanimité, et devient dès lors une résolution.

M. le Président soumet ensuite à l'assemblée la cinquième résolution ayant pour objet l'addition aux matières obligatoires :

1º Du dessin ;

2º Des notions de géométrie pratique ;

3º De notions élémentaires d'hygiène, de sciences physiques et naturelles applicables aux usages de la vie ;

4º Des notions d'éducation civique et morale, et d'économie politique ;

5º Des notions d'économie domestique et de tenue des livres pour les jeunes filles ;

6º Du chant.

Il fait remarquer que la plupart de ces matières doivent entrer dans l'enseignement à titre de leçons de choses, et non sous la forme d'un enseignement didactique, comme un cours de grammaire.

C'est le cas, notamment, des notions d'économie politique, d'économie domestique et d'hygiène.

A la suite de ces explications, un membre demande que l'on consacre à l'enseignement facultatif, sous la forme de cours régulier, la matinée du jeudi, et, les autres jours de classe, une demi-heure le matin et une demi-heure le soir. Cet enseignement s'adresserait aux deux premières divisions, la troisième restant confiée à la femme de l'instituteur.

L'extension du programme actuellement obligatoire est d'abord admise en principe et à l'unanimité.

Les autres points de la résolution sont successivement mis aux voix.

L'addition *d'un cours de dessin* est adoptée.

Quant aux *notions de géométrie pratique*, l'assemblée, considérant qu'elles peuvent se rattacher à l'enseignement du système métrique, est d'avis qu'il n'y a pas lieu de s'en occuper.

L'addition des notions élémentaires d'hygiène, des sciences physiques et naturelles, applicables aux usages de la vie, des notions d'économie politique et d'économie domestique est adoptée, l'enseignement devant être donné sous forme de leçons de choses.

La proposition *que l'éducation civique soit l'objet d'un cours spécial* est également adoptée.

Pour la *tenue des livres*, l'assemblée décide qu'elle ne peut faire l'objet d'une addition spéciale ; elle se rattache à l'arithmétique appliquée.

Un cours de chant sera obligatoire dans toutes les écoles.

La sixième résolution : *Les cours ne seront pas divisés*, est mise aux voix et adoptée.

Le vœu émis par trois sections qu'une subdivision puisse être tolérée provisoirement, et pour certaines matières seulement, dans le cours élémentaire, est soumis à l'assemblée.

Un membre fait remarquer qu'il y a, chez les instituteurs, une tendance à subdiviser leurs cours, qu'il convient de réagir contre cette fâcheuse disposition, et il demande en conséquence qu'aucune subdivision ne soit admise, même dans le cours élémentaire, si ce n'est pour la lecture.

Afin de préciser le vote, M. le Président décompose la question soumise à l'assemblée en plusieurs parties qui sont successivement mises aux voix.

La première : *La subdivision pourra, à titre provisoire, être tolérée dans le cours élémentaire*, est adoptée par l'assemblée.

La seconde : *Cette subdivision devra se faire seulement pour certaines matières*, est également adoptée.

Quant à la troisième, *la subdivision pourra se faire pour la lecture seulement*, l'assemblée est d'avis qu'on ne saurait réglementer ce point d'une manière générale, et qu'il y a lieu de laisser une latitude suffisante à l'instituteur. Sous cette réserve, le vœu des 3 sections est adopté et transformé en résolution.

La septième résolution, à savoir : *L'instituteur aura un aide remplissant le rôle de répétiteur*, est adoptée à l'unanimité.

La huitième résolution ainsi conçue : *L'aide sera autant que possible la femme, la fille, la sœur ou la mère de l'instituteur ; les élèves moniteurs ne seront employés que par exception*, est soumise à l'assemblée.

Un membre fait remarquer qu'en général l'aide féminin dont il s'agit ne présente pas des garanties suffisantes de capacité.

Un deuxième réplique qu'une femme sera bien plus apte à seconder le maître qu'un élève de sa classe.

M. le Président fait remarquer qu'il ne s'agit dans cette question que d'un *aide*, que toutefois cet aide devra offrir des garanties suffisantes dont l'instituteur aura à justifier, et qui seront soumises au contrôle de l'inspection.

Après cette explication, la huitième résolution est adoptée.

Dans le rapport général, la huitième résolution a été fondue avec la septième.

La neuvième résolution : *L'instituteur aura recours autant que possible, dans son enseignement, à des leçons collectives,* est soumise à l'assemblée.

Un membre dit qu'il n'adopte pas le considérant suivant de la résolution : *qu'il n'y a de véritablement profitable que l'enseignement donné par le maître.* Il en demande la suppression. L'assemblée consultée décide que le considérant doit être maintenu ; puis elle admet les leçons collectives en principe.

Sur la question de savoir s'il convient de désigner quelles matières peuvent faire l'objet d'un enseignement collectif, un membre propose qu'il n'en soit désigné aucune. M. le Président fait remarquer qu'il est difficile de poser une règle générale à cet égard, qu'il est préférable de s'en rapporter à l'expérience du maître, et qu'il y a lieu seulement de conseiller aux instituteurs de recourir le plus possible aux leçons collectives dans leur enseignement.

L'assemblée donne son approbation à cette conclusion.

La dixième et dernière résolution : *L'emploi du temps sera uniforme pour toutes les écoles à un seul maître,* est mise en discussion.

M. le Président fait remarquer qu'il ne s'agit ici que de déterminer le temps qui doit être assigné à chaque matière, et non l'heure de la leçon.

La résolution mise aux voix est adoptée.

L'examen de toutes les résolutions prises par les diverses sections étant terminé, M. le Recteur remercie les délégués de l'attention avec laquelle ils ont suivi les débats.

Il les félicite du zèle qu'ils ont apporté dans l'étude du programme qui avait été soumis à leur examen ; et il exprime l'espoir qu'ils s'acquitteront avec autant de succès de la seconde partie de leur tâche.

Les paroles de M. le Recteur sont couvertes d'applaudissements.

<table>
<tr><td>Le rapporteur,</td><td>Le secrétaire,</td></tr>
<tr><td>CLERC.</td><td>JEANNOT.</td></tr>
</table>

DEUXIÈME QUESTION

DES MOYENS D'ASSURER LE MEILLEUR RECRUTEMENT

DES ÉCOLES NORMALES,

CONDITIONS DE PRÉPARATION ET D'ADMISSION.

RAPPORTS

ET

PROCÈS-VERBAUX

PREMIÈRE SECTION

RAPPORT

Présenté par M. Bousquet, directeur de l'École normale d'Agen.

MÉSDAMES, MESSIEURS ET HONORÉS COLLÈGUES,

Ce n'est pas sans avoir beaucoup hésité que j'ai accepté une tâche qui, pour être bien remplie, demanderait un talent et une expérience que je n'ai pas. Si j'ai accepté le périlleux honneur qui m'amène à cette place, c'est que j'ai compté sur votre indulgence, qui, j'en suis persuadé, ne me fera pas défaut.

D'ailleurs, le modeste travail que je vais vous lire n'est qu'une simple introduction de la question à discuter, et je n'aurai garde, Mesdames et Messieurs, de prétendre avoir réussi à examiner cette vaste question sous toutes ses faces, et encore moins d'avoir indiqué toutes les solutions possibles.

Mais ce que je ne pouvais faire seul, notre réunion le réalisera certainement; votre longue expérience à tous nous apportera un appoint d'idées et d'observations judicieuses, qui nous permettra, j'en suis convaincu, de présenter à la réunion générale une série de vœux formulés après un mûr examen et avec une parfaite connaissance de l'importante question du recrutement des écoles normales.

Voici cette question, telle que *le Journal Officiel* nous l'a fait connaître :

Des moyens d'assurer le meilleur recrutement des Écoles normales.
Conditions de préparation et d'admission.

L'abondance des candidats me semble être la première condition d'un bon recrutement pour un service public quelconque : plus les concurrents sont nombreux, plus il est facile aux jurys d'examen de faire d'excellents choix. Il convient donc, pour assurer un bon recrutement aux Écoles normales, de se préoccuper d'abord d'attirer vers ces établissements le plus grand nombre possible de sujets intelligents.

Voici quelques moyens qui vous paraîtront plus ou moins efficaces et plus ou moins pratiques.

Nos écoles normales ayant pour mission de former le personnel enseignant des écoles primaires, il est évident qu'elles seront recherchées si les fonctions d'instituteur sont elles-mêmes recherchées.

Le Gouvernement de la République, qui ne peut que désirer la diffusion de l'instruction, a beaucoup fait, dans ces derniers temps, pour l'enseignement primaire ; mais il lui reste beaucoup à faire encore pour que les services rendus par les éducateurs de la jeunesse soient convenablement rémunérés.

Avec les traitements que vous connaissez, ces dignes et si utiles fonctionnaires sont beaucoup moins payés qu'un simple ouvrier : effectivement, un maçon, un charpentier, un menuisier, etc., gagne 4 à 6 francs par jour, lorsque bon nombre d'instituteurs ne gagnent pas 2 francs.

Je connais des jeunes gens qui, placés comme adjoints, à leur sortie de l'École normale, restent encore, en partie du moins, à la charge de leurs familles.

Une pareille situation n'est guère faite, il faut en convenir, pour attirer beaucoup de sujets dans la pénible carrière universitaire. Malheureusement, le remède au mal que j'indique serait un remède fort onéreux ; nous pouvons former un vœu en ce sens, mais, quelle que soit la bonne volonté de notre gouvernement démocratique, ce vœu ne pourra recevoir satisfaction que petit à petit, à mesure que les finances du pays le permettront.

Si l'amélioration dont je viens de parler n'est pas facilement réalisable, en voici une qui peut être obtenue sans retard et sans grever le budget. Elle consiste à demander que les Chambres veuillent bien voter au plus tôt une loi qui remette tout à fait nos braves instituteurs entre les mains de leurs chefs universitaires. Il serait temps que ces hommes de dévouement fussent complètement rendus à leurs écoles. Le pays a le droit d'exiger qu'ils répandent généreusement une instruction patriotique, qu'ils inculquent à la jeunesse l'amour et le respect des institutions que la France s'est librement données; mais en revanche on leur doit un peu de stabilité et de sécurité. Il faut qu'après son pénible labeur de la journée, l'instituteur puisse reposer tranquille. Il ne devrait jamais avoir qu'une seule préoccupation : bien faire sa classe; qu'un seul souci : obtenir des résultats que l'inspection universitaire *seule* serait chargée de constater.

Occupons-nous maintenant des moyens directs d'attirer vers les écoles normales le plus grand nombre possible de jeunes gens bien préparés. Et d'abord, examinons s'il n'y aurait rien à faire pour améliorer le régime intérieur de ces établissements.

Nous sommes ici en famille, et mes collègues me permettront bien de dire que ce régime a effrayé plus d'un candidat.

On nous a accusés, à tort sans doute, de mal nourrir nos élèves. Je sais que les pensionnaires se plaignent toujours, et, certes, je ne prétends pas trouver une recette pour les guérir de cette manie. Néanmoins, nous devons reconnaître que le décret du 26 décembre 1855 a laissé aux directeurs économes une liberté des plus gênantes : il a eu soin de fixer pour chacun des principaux articles de nourriture un maximum que le directeur ne peut dépasser, mais il s'est bien gardé d'imposer, comme dans les lycées, un minimum au-dessous duquel le chef de l'établissement ne pût pas descendre. Une telle lacune suffit à expliquer toutes les plaintes, toutes les réclamations qui se produisent malheureusement trop souvent dans les écoles normales. Je demanderai donc, en attendant qu'on *veuille nous débarrasser, dans la mesure du possible, des fonctions d'économe,* qu'on nous fixe le minimum des principaux articles de nourriture, comme on en a fixé le maximum.

Je ferai remarquer, à propos du régime alimentaire, que nos élèves-maîtres sont arrivés à un âge où le corps se forme, où l'adulte prend son développement complet. Il leur faut donc une nourriture suffisante et substantielle, capable de fournir à leur développement tous les éléments nécessaires.

D'autre part, les élèves des écoles normales se livrent à un travail des plus laborieux, depuis 5 heures du matin jusqu'à 9 heures du soir. Nos programmes ont été si bien étendus et complétés, depuis 10 à 15 ans, que pour s'assimiler, dans 3 années, les diverses matières que comprennent ces programmes, il ne faut pas perdre une minute.

Or, on ne peut supporter un tel travail sans une nourriture fortifiante.

En terminant sur ce point, je ferai observer qu'un personnel qui croit avoir de légitimes raisons de se plaindre est un personnel qui *ne* travaille pas ; on ne saurait se figurer le tort causé aux études par un semblable état des esprits.

De plus, l'École se fait une réputation capable d'en éloigner quantité de sujets.

Certains trouvent aussi le régime disciplinaire trop sévère· dans nos écoles normales. Ils trouvent que la vie de l'élève-maître est une vie par trop monacale; ils voudraient voir nos jeunes gens obtenir, de temps en temps, tous les quinze jours, par exemple, une après-midi de liberté. Il va sans dire que les sorties n'auraient lieu qu'autant que les élèves seraient réclamés, soit par un parent, soit par un correspondant désigné par la famille et agréé par la direction de l'École.

Je verrais là, pour ma part, un stimulant énergique pour le travail, car les sorties pourraient n'être accordées qu'aux élèves dont l'application aurait été satisfaisante pendant la quinzaine écoulée.

On me dira que l'usage des sorties a déjà existé ; qu'il a été supprimé, puis rétabli, et enfin supprimé de nouveau. Cela prouve tout simplement que les sorties ont du bon, et qu'elles peuvent aussi, comme du reste les meilleures choses de ce monde, présenter des inconvénients. La question est de savoir si le bien qu'elles présentent l'emporte sur le mal dont elles peuvent parfois fournir l'occasion. Je pense que le bien l'emporte.

Non seulement les élèves seront excités au travail par le désir d'obtenir une après-midi de liberté, mais encore ils apprendront à mieux se conduire, ils acquerront le sentiment de la responsabilité de leurs actes.

Il n'y a de mérite à se bien conduire que lorsqu'on a la possibilité de se mal conduire.

Les sorties pourront sans doute amener de temps à autre quelques écarts de conduite, et quelques-uns de ces écarts pourront être assez graves pour entraîner le renvoi des coupables, d'autant plus qu'il faudrait, dans ces sortes de cas, une discipline ferme ; il ne conviendrait pas d'hésiter à frapper énergiquement l'élève qui se serait rendu indigne de rester à l'école et de devenir plus tard instituteur. Un exemple d'exécution sans pitié, lorsqu'il y aurait lieu, serait le préservatif le plus salutaire pour toute l'école. Si je ne me fais illusion, un tel régime nous fournirait des maîtres tout aussi sérieux que ceux formés par le régime actuel, et surtout

7

beaucoup mieux armés contre les dangers que présente
toujours la liberté pour des jeunes gens qui en ont été complètement privés jusqu'à vingt ans.

Indépendamment des sorties de quinzaine, dont je propose
d'établir l'usage, je demanderai des excursions instructives,
qui auraient lieu de temps en temps. Le jeudi, par exemple,
les élèves seraient divisés en deux ou trois groupes ; chaque
groupe serait confié à un ou à plusieurs maîtres, et l'on irait ainsi
passer une journée à la campagne, les uns d'un côté, les
autres de l'autre. On profiterait de ces promenades pour vi-
siter soit une usine, une manufacture, une ferme dont l'ex-
ploitation serait bien conduite, soit quelque curiosité historique,
quelque ancien monument, quelque localité célèbre par les
événements qui s'y sont accomplis, etc.

Très profitables aux études et à l'instruction de nos futurs
instituteurs, ces promenades auraient l'avantage de rompre un
peu la monotonie de la vie d'internat, que des jeunes gens
supportent péniblement.

Ils en reviendraient non seulement l'esprit enrichi de quelques notions nouvelles, mais encore mieux disposés à reprendre leurs occupations laborieuses avec une nouvelle énergie.

L'inspection académique pourrait délivrer, pour ces sortes
d'excursions, des cartes de voyage à prix réduit. Au surplus,
j'aime à croire que les Conseils généraux ne se refuseraient
pas à voter quelques centaines de francs pour couvrir les dépenses qu'entraîneraient ces promenades scientifiques. Cela
se fait déjà dans certains départements, notamment dans le
Rhône, si je suis bien renseigné.

Quelquefois les choses intéressantes à voir sont assez éloignées de l'École normale, et nous ne devons pas oublier que
nos élèves n'appartiennent pas à la classe riche.

Une autre source de plaintes, non moins préjudiciables aux
Écoles normales, c'est la situation faite aux maîtres-adjoints,
qui cumulent, comme vous le savez, les fonctions de professeur et celles de surveillant, et auxquels une tâche assujettis-
sante rend presque impossible la vie de famille.

Ces maîtres, aigris par une telle situation, joignent trop
souvent leurs plaintes à celles des élèves ; de sorte que tout le
monde est mécontent ; tout le monde trouve mauvais et critique tout ce qui se fait dans l'établissement.

Dans ces circonstances, on suppose bien que la discipline
n'est pas facile à maintenir. Le directeur doit déployer beaucoup d'énergie. Mais s'il réussit à faire régner le bon ordre

dans la maison, il ne peut pas empêcher son personnel de crier au despotisme, à la tyrannie, et de faire à l'école une réputation des moins flatteuses.

Il va de soi que cette réputation nuit considérablement au bon recrutement: il n'est pas rare, en effet, dans les départements où l'école est ainsi mal posée, d'entendre d'anciens élèves dire aux jeunes gens qui désireraient se préparer pour le concours d'admission : « Gardez-vous bien d'entrer dans cette prison ! préparez-vous directement au brevet ; vous ne résisteriez pas au régime par trop pénible de l'École normale ! »

Des faits de cette nature sont peut-être plus communs qu'on ne pense.

D'ailleurs, ne se produiraient-ils que dans quelques départements moins bien partagés, ils suffiraient encore pour appeler un remède immédiat.

Le mal que je signale est dû, en partie, comme je viens de l'indiquer, à la situation subie, depuis 1851, par les maîtres-adjoints des écoles normales ; mais cette situation fait un tort autrement grave à l'enseignement, aux progrès des études. Les bons professeurs nous quittent ; il ne nous reste d'ordinaire que ceux qui, soit par défaut de moyens intellectuels, soit par apathie, ne réussissent pas à se créer une position moins pénible. Nous n'avons donc, dans bien des cas, pour collaborateurs que des jeunes gens sans expérience, qu'il nous faut former, ou, ce qui est plus fâcheux encore, des hommes qui subissent une situation de laquelle ils ne se sentent pas la force de sortir. Ces fonctionnaires mécontents sont une véritable plaie dans les écoles normales.

Ce n'est pas sur eux que l'on peut compter pour relever le niveau des études de nos futurs instituteurs.

J'estime, en conséquence, qu'il convient de modifier au plus tôt la position actuelle du personnel enseignant des écoles normales. Attirer dans ces établissements les maîtres capables et intelligents me paraît être la véritable solution de la difficulté que l'on a cru résoudre, bien à tort selon moi, en confiant certains cours, dans les écoles normales, à des professeurs de l'enseignement secondaire.

Que l'on sache former et conserver dans le primaire de bons professeurs destinés à former des instituteurs primaires, et l'on ne verra plus passer par-dessus la tête de nos élèves-maîtres un enseignement qui leur est distribué par des hommes fort instruits sans doute, mais qui ont l'habitude de s'adresser à des jeunes gens dont la culture intellectuelle est notablement différente de celle qu'ont reçue les élèves des écoles normales.

Lorsque toutes les écoles normales auront un personnel primaire spécial, capable, la préparation s'y élèvera naturellement; l'éducation professionnelle y sera donnée par des hommes à la fois instruits et compétents. Nous pourrons former ainsi d'excellents sujets, et les aspirants instituteurs finiront par comprendre qu'on ne peut devenir bon maître primaire qu'en passant par les écoles normales.

Une dernière amélioration propre à attirer les candidats consiste à ne plus recevoir dans les écoles normales que des boursiers à bourse entière. Pour des familles peu aisées, sinon pauvres, une partie de pension, si faible qu'elle soit, est toujours une charge très lourde et capable d'écarter bon nombre de jeunes gens.

Au reste, l'amélioration dont il s'agit ne tardera pas à être réalisée, puisque le projet de loi déposé à la Chambre par M. le ministre de l'Instruction publique étend aux écoles normales la gratuité demandée pour les autres écoles primaires.

Passons à présent à la préparation des candidats. La préparation pour les écoles normales laisse généralement beaucoup à désirer. On ne s'attache pas assez à ouvrir l'esprit des candidats, à développer toutes leurs facultés, à les initier à toutes les matières d'enseignement que comportent nos programmes; en un mot, on ne s'applique.pas assez à former des sujets intelligents, capables de profiter des cours des écoles normales. Au contraire, il arrive presque toujours qu'une préparation mal entendue et mal dirigée nous donne des élèves sans ressort intellectuel, des élèves dont les facultés ont été émoussées par un travail inintelligent. Ils ont fait à satiété des dictées d'orthographe, des problèmes, etc.; ils ont appris et répété vingt fois un petit résumé d'histoire sainte et d'histoire de France. Tous leurs efforts ont été exclusivement concentrés sur les matières du programme du concours. On fait recevoir des candidats avec ce système. Mais on conçoit qu'un travail aussi monotone est loin d'aiguiser l'esprit du jeune homme et de lui donner le désir de s'instruire. Il ne peut manquer, au contraire, de lui faire prendre l'étude en dégoût et d'émousser en lui la sensibilité intellectuelle, la faculté de saisir et de concevoir. Il n'est malheureusement pas rare de voir arriver dans les écoles normales des élèves qui ont subi plusieurs années d'un tel régime, que vous me permettrez de qualifier d'abrutissant; ils possèdent à peu près le maximum des connaissances dont leur intelligence, qui a été si maltraitée, est capable. Avec de tels élèves, on ne peut rien faire de bon ; le mieux serait de les remettre à leurs familles, aussitôt leur manque d'aptitude constaté.

Fort heureusement que les natures bien douées résistent davantage ; il est possible, à l'aide de soins intelligents et avec de la patience, de réparer, jusqu'à un certain point du moins, le mal résultant d'une préparation défectueuse.

Et maintenant, rappelons que les candidats aux écoles normales viennent de deux sources différentes : les uns sont préparés dans des pensionnats, dans de grandes écoles urbaines, dont les directeurs ont la spécialité de préparer pour le brevet de capacité, pour les concours d'admission aux écoles normales, aux écoles d'arts et métiers, etc., etc.; c'est d'ordinaire de ces fabriques d'aspirants de toute sorte que nous arrivent nos plus mauvais élèves. Cela s'explique d'une manière fort simple : les chefs de ces établissements ne nous envoient que les sujets qu'ils ne peuvent pas écouler ailleurs, les intelligences médiocres. De plus, pour assurer le succès de jeunes gens peu aptes à profiter d'un enseignement méthodique et rationnel, ils les chauffent à outrance, comme l'on dit, et ils parviennent assez souvent à en affliger les écoles normales.

Il convient d'ajouter que ces jeunes gens, hors d'état de suivre utilement les cours de l'école, nous apportent avec eux des habitudes et des tendances fâcheuses : ils ont été élevés à la ville ; ils sortent d'une pension, d'une grande école primaire ; ce sont des messieurs. Inutile de dire qu'avec ces messieurs on a parfois de la peine à maintenir une bonne discipline dans l'établissement.

D'autres candidats nous sont fournis par les écoles de la campagne. Ce sont d'ordinaire nos meilleures recrues. Ces jeunes gens sont dociles ; ils ont des goûts simples ; ils n'ont pas subi une préparation chauffée à outrance, comme celle qui a été administrée à leurs concurrents, les citadins. De plus, ils sont, pour la plupart, bien doués ; car un directeur d'école rurale ne se détermine à s'imposer le surcroît de travail qu'exige toujours la préparation d'un candidat, que lorsqu'il se trouve en présence d'une nature d'élite, ou tout au moins d'une intelligence au-dessus de l'ordinaire.

Il y a donc lieu d'encourager cette préparation par les maîtres des écoles rurales.

Pourquoi n'accorderait-on pas à ces maîtres des indemnités de cinquante à cent francs par candidat admis? Il y aurait là un stimulant puissant, et je suis persuadé que beaucoup d'instituteurs, indifférents aujourd'hui, sauraient découvrir, développer et au besoin faire naître la vocation chez leurs élèves les plus intelligents.

Quant à la dépense qui en résulterait, elle paraîtra minime, si on la compare au chiffre total que coûte chaque année l'entretien d'une école normale.

Nos instituteurs manquent trop souvent de savoir pédagogique, d'habileté professionnelle ; ils devraient donc être aidés et dirigés dans le travail de préparation des candidats ; MM. les inspecteurs primaires seraient tout naturellement appelés à suivre de près les études des futurs élèves-maîtres ; ils donneraient des conseils et des directions aux personnes qui les préparent. Ils contribueraient ainsi largement à rendre la préparation meilleure, plus appropriée aux besoins du candidat.

Ils peuvent encore faire davantage au point de vue du bon recrutement des écoles normales : eux aussi peuvent encourager les vocations, déterminer les familles à s'imposer certains sacrifices pour amener leurs enfants à l'école normale.

J'estime que jusqu'à ce jour, dans beaucoup de départements du moins, on n'a pas assez fait appel au concours précieux de MM. les Inspecteurs primaires. Je suis persuadé que si on leur demande d'appliquer une partie de leur activité à assurer le bon recrutement de notre personnel primaire enseignant, ce recrutement se fera immédiatement dans de meilleures conditions.

D'ailleurs, MM. les Inspecteurs sont fortement intéressés à voir nos écoles normales fournir d'excellents sujets ; ils auront moins de peine à bien faire marcher leurs écoles le jour où nous pourrons leur donner des maîtres capables, possédant une bonne instruction et surtout une éducation pédagogique trop négligée jusqu'à ces derniers temps.

Je viens de donner ma préférence à la préparation des candidats par les instituteurs de la campagne, et, néanmoins, je crois cette préparation imparfaite, défectueuse et surtout insuffisante.

Je n'ignore pas que, non seulement nos maîtres des écoles rurales manquent de l'habileté pédagogique nécessaire pour nous préparer de bons sujets, mais encore qu'ils n'ont guère de temps à consacrer à cette préparation. Ils sont obligés de porter, pendant les heures de classe réglementaires, une partie des soins qu'ils doivent à toute la classe sur un ou deux jeunes gens hors d'âge scolaire. C'est une espèce de larcin commis au détriment de toute l'école et qui pourrait donner lieu à de graves abus.

Il est vrai que, par une sorte de compensation, le jeune candidat peut aider son maître à faire travailler la division inférieure; il remplira le rôle d'aide ou de moniteur, ce qui d'ailleurs aura l'avantage de l'initier utilement à la carrière à laquelle il se destine.

On pourra me faire remarquer encore que certains instituteurs plus zélés et plus dévoués préparent les candidats, non pendant les heures des classes, mais en dehors de ces heures. Cela peut être vrai pour un petit nombre; mais je suis convaincu que beaucoup de nos maîtres reculeront devant le surcroît de labeur qu'exige la préparation d'un candidat en dehors des heures consacrées à la classe ordinaire. Je pense donc qu'il faudrait, *tout en améliorant le plus possible le mode de préparation par les écoles rurales,* chercher un système qui nous assurât un recrutement meilleur encore.

Et d'abord il convient de remarquer qu'une fois que nos petits paysans sont arrivés à 12 ou 13 ans, les parents ont hâte de les voir exercer un métier et de ne plus les avoir à leur charge : tel élève qui aurait incliné vers la carrière d'instituteur prend une autre direction, poussé par la nécessité, par le besoin d'aider son père et sa mère à gagner le pain de la famille. Il ne peut attendre que l'âge de 16 ans arrive pour se présenter au concours d'admission. Il y a là (de 13 à 16 ans) un moment critique pour nos futurs candidats; la plupart nous échappent. Ne pourrait-on pas en sauver un certain nombre à l'aide de secours aux familles pauvres? La caisse des écoles pourrait intervenir fort à propos dans ces circonstances.

Ne pourrait-on pas aussi accorder un certain nombre de bourses aux sujets les plus intelligents ? Ces bourses devraient être données au concours. On pourait même exiger que les concurrents fussent déjà pourvus du certificat d'études primaires. — Et maintenant, les bourses concédées, où seront-elles entretenues? — Dans les départements qui ont déjà organisé des écoles primaires supérieures; il paraîtra tout naturel de placer dans ces écoles nos candidats boursiers. Une préparation convenable y serait certainement très facile à organiser. Mais dans beaucoup de départements il n'existe pas encore d'école primaire supérieure, et, en attendant que ces écoles soient créées, il importe d'aviser tout de suite. Il est d'autant plus urgent de bien recruter nos élèves-maîtres et d'élever le niveau des études dans nos écoles normales que ces établissements seront appelés

à fournir le personnel enseignant des écoles primaires supérieures,
dont la nécessité ne tardera pas à se faire sentir partout. Je
proposerai donc, pour suppléer les écoles primaires supérieures au point de vue de la préparation aux écoles normales, de
faire désigner, dans chaque département, deux ou trois des meilleures écoles où seraient reçus nos candidats boursiers, dont j'ai
parlé plus haut. Ces écoles seraient placées dans des chefs-
lieux de canton, ou simplement dans de gros villages, bien
choisis et situés sur les divers points du département : on
éviterait ainsi les dangers que peut présenter pour des jeunes
gens le séjour des villes.

Un maître actif, zélé et des plus habiles dans l'art d'enseigner, serait appelé à la tête de chacune de ces écoles. Il serait
secondé par de bons adjoints, dont le nombre serait naturellement en rapport avec le chiffre de la population scolaire.

De plus, comme il conviendrait de ne pas laisser adresser
à l'école le reproche de sacrifier les intérêts de la classe entière
à la préparation de quelques candidats, il serait accordé à
chacun de ces établissements un instituteur-adjoint surnumé-
raire. Ce nouvel adjoint serait payé soit par le département,
soit par l'État, et serait, cela va sans dire, mis, comme ses
collègues, à la disposition du directeur ; celui-ci l'emploierait à
son gré pour la classe ordinaire ou pour la préparation des
boursiers. Je pense même qu'il y aurait avantage à ce que les
différents maîtres de l'école fussent appelés à donner une partie
de l'enseignement à la division ou classe préparatoire à l'école
normale. Ils pourraient ainsi choisir chacun une spécialité, et
faire des cours capables d'intéresser leur petit auditoire et
d'ouvrir l'intelligence de nos futurs élèves.

De telles écoles ne manqueraient pas d'être recherchées des
familles. Dans nos départements méridionaux surtout, quantité de petits pensionnaires se présenteraient ; leurs parents
les caseraient, soit chez le chef de l'établissement, s'il dispo-
sait d'un local suffisant, soit chez des particuliers, qui les
accepteraient moyennant une bien faible rémunération, attendu que les parents se chargeraient de fournir eux-mêmes
une partie de la nourriture des jeunes pensionnaires. J'ai
connu des établissements de ce genre qui ont donné les
meilleurs résultats et qui ont joui d'une longue prospérité.

Ces écoles préparatoires ainsi organisées, MM. les Inspecteurs primaires leur devraient une sollicitude toute particulière. Ils devraient considérer comme une des parties les plus
importantes de leur mission de faire produire les meilleurs
fruits à l'enseignement qui y serait donné. Ils s'attacheraient

à introduire dans ces établissements les méthodes nouvelles, les procédés les plus intelligents; en un mot, on n'aurait pas seulement en vue le succès au concours, mais on s'appliquerait surtout à former des élèves-maîtres capables de profiter de tous les cours des Écoles normales.

Grâce à une semblable préparation, ne s'adressât-elle qu'à un nombre restreint d'enfants, nous arriverions certainement à élever d'une manière notable le niveau du concours d'entrée. Les élèves sortant des classes préparatoires donneraient le ton, et l'on verrait les concurrents redoubler d'efforts pour ne pas se montrer trop inférieurs dans la lutte.

Là aussi se trouverait, en grande partie, le point de départ d'un progrès, d'un relèvement des études bien désirable dans les Écoles normales. Les élèves, nous venant bien préparés, seraient aisément mis en état de conquérir le brevet élémentaire dès la fin de la première année du cours normal.

On pourrait, et l'on devrait ensuite consacrer la deuxième et la troisième année à l'étude des matières facultatives, mais on s'appliquerait surtout à approfondir des connaissances qui aujourd'hui restent forcément trop superficielles. Il y aurait la possibilité de réserver une place plus large, pendant la deuxième année notamment, à l'étude personnelle, au travail individuel, aux lectures instructives. Bien entendu que tout en laissant aux jeunes gens, dans une certaine mesure, le choix de leurs occupations pendant les heures consacrées au travail libre, on aurait l'œil sur eux, de manière à ne pas les laisser mal employer leur temps. Une bonne et intelligente direction serait peut-être plus nécessaire ici que dans les travaux des classes ordinaires.

Les études pédagogiques ne seraient pas oubliées non plus pendant cette deuxième année, ainsi allégée d'un bon nombre de classes qui ne reparaîtraient qu'en troisième année, pour préparer les élèves à l'examen définitif.

J'arrive enfin aux conditions d'admission, et en première ligne se place la question d'âge. Vous savez, Mesdames et Messieurs, qu'aucun candidat ne peut prendre part au concours s'il n'est âgé de 16 ans révolus au 1er octobre de l'année où il se présente. Je ne pense pas que cette limite d'âge puisse être de nouveau abaissée sans de graves inconvénients.

Il nous faut, en effet, des élèves au jugement déjà formé, et non des enfants. D'autre part, nous devons, après trois années d'études, donner à l'administration des maîtres sérieux, capables de gouverner une école, de distribuer sans doute l'ins-

truction à leurs jeunes disciples, mais aussi de s'occuper efficacement de leur éducation. Peut-être serait-ce un bien qu'on
ne délivrât qu'à 20 ans un titre qui confère le droit d'enseigner et de diriger la jeunesse. Mais une telle mesure, je le
reconnais, ne saurait être prise tant qu'il y aura pénurie d'instituteurs.

Quoi qu'il en soit, je crois pourtant qu'il serait équitable
d'élever à 19 ans au moins, dès aujourd'hui, l'âge d'admission
aux examens de capacité. En effet, que se passe-t-il tous les
jours ? Nos élèves-maîtres voient leurs camarades, qui ont
échoué à l'examen d'admission, obtenir le brevet généralement
plus tôt qu'eux, souvent huit à quinze jours après l'échec au
concours. Un aspirant libre peut être breveté à 18 ans, tandis
qu'en passant par l'école normale, on ne peut, dans le cas le
plus favorable, se présenter à l'examen de capacité qu'à 19
ans. La plupart du temps nos jeunes gens, en quittant l'école,
trouvent placés depuis deux ou trois ans déjà, comme instituteurs, adjoints ou titulaires, leurs concurrents malheureux au
concours d'entrée ; et, avec les droits à l'avancement que leur
donnent deux ou trois années de services, ces derniers arrivent
nécessairement à une classe supérieure avant les élèves-maîtres.

De telle manière que ceux-ci sont, en quelque sorte, punis
d'être passés par l'école normale pour conquérir un titre que
leurs rivaux attrapent parfois à force de persévérance ; car,
vous ne l'ignorez pas, un aspirant libre tente consciencieusement la fortune à chaque session d'examen.

Ceci m'amène à parler d'un abus qu'il conviendrait de faire
cesser tout de suite. Un candidat se fait inscrire à la fois
pour l'école normale et pour le brevet de capacité ; il tente
ainsi deux fois la fortune dans quelques jours, au mois de
juillet, quitte à recommencer l'année suivante, sans oublier,
bien entendu, la session de mars.

Eh bien ! ce qu'il y a de regrettable dans un pareil état de
choses, c'est que certains sujets arrivent ainsi dans nos écoles
normales ayant à leur passif une dizaine d'échecs.

De telles recrues m'effraient.

En interdisant à ces aspirants à outrance de se présenter
pour les deux ordres d'examen en même temps, je suis persuadé qu'on en préserverait les écoles normales ; ils opteraient
certainement pour les examens de capacité.

Avant de quitter la question d'admission au concours d'entrée, je vous proposerai, Mesdames et Messieurs, de demander
une innovation qui me semble présenter des avantages.

Pourquoi n'exigerait-on pas que les candidats aux bourses

des écoles normales fussent pourvus du certificat d'études primaires ? La possession de ce titre nous offrirait déjà la garantie d'une certaine culture intellectuelle Et, d'autre part, le certificat serait plus recherché des familles, puisqu'il conférerait un privilège. Il y aurait donc double profit à réaliser l'innovation dont il s'agit.

Mais, pour que le certificat d'études ait une valeur réelle, il importe, à mon sens, que les examens à la suite desquels il est délivré soient réglementés, qu'il soit établi des programmes, etc.

Certaines personnes pensent, en outre, qu'il y aurait avantage à établir deux sortes de certificats d'études ; et d'abord un certificat du deuxième degré, que pourraient obtenir les enfants qui possèderaient, d'une manière satisfaisante, toutes les matières comprises dans la partie obligatoire de l'enseignement primaire. Le jour, prochain je l'espère, où l'obligation de l'instruction sera votée par les Chambres, ce certificat serait l'un des moyens les plus naturels de constater que l'enfant a satisfait aux exigences de la loi.

Il faudrait donc, sans trop l'abaisser, ce qui lui ferait perdre toute sa valeur, le mettre néanmoins à la portée du plus grand nombre.

Mais, à côté de ce certificat accessible à toutes les intelligences et à toutes les aptitudes, il serait bon, je crois, de placer un titre plus élevé, un certificat de premier degré, qui ne serait accordé qu'à un nombre restreint d'enfants, aux meilleurs élèves de nos écoles primaires.

Naturellement certains privilèges devraient être spécialement réservés à ce second certificat ; celui de pouvoir être admis au concours d'entrée à l'école normale serait un de ces privilèges, et c'est à ce point de vue que j'ai jugé utile de parler des certificats d'études.

Passons au programme du concours. Ce programme, qui porte la date du 31 décembre 1867, me semble réclamer quelques modifications, que je vais indiquer en suivant l'ordre des matières, tel qu'il est établi dans l'arrêté.

1° Orthographe. — Je me contenterai, à propos de cette épreuve, de demander qu'il soit bien recommandé aux jurys d'examen d'apprécier les fautes d'orthographe, de manière à ne pas accorder la même importance à une faute d'inadvertance, ou même de simple ignorance, et à une faute qui dénote le manque d'intelligence chez le candidat. Nous pouvons habituer nos élèves à concentrer toute leur attention sur le passage qui leur est dicté, et leur faire éviter ainsi les fautes d'inadvertance ; nous pouvons encore, en les instruisant, les mettre à l'abri des fautes d'ignorance ; mais il nous est impossible de faire de bons élèves avec des têtes mal organisées.

J'insiste donc pour que les fautes d'orthographe soient *pesées* et non simplement *comptées*, comme cela se pratique d'ordinaire.

2° Style ou composition française.— Le sujet de cette épreuve consistera, dit le règlement, soit en un récit tiré de l'histoire sainte ou de l'histoire de France, soit en une narration très simple sur un sujet donné.

Le récit tiré de l'histoire sainte ou de l'histoire de France n'a que l'avantage de faire étudier l'histoire sainte et l'histoire de France aux candidats ; mais il ne sert nullement à constater leur talent littéraire.

En revanche, une pareille composition pourrait bien servir à donner une note de mémoire aux concurrents ; car la plupart d'entre eux reproduisent servilement une page du petit résumé d'histoire qu'ils ont appris, et qu'ils ont peut-être récité plus de vingt fois par cœur.

L'étude de l'histoire nationale me paraît suffisamment assurée par la part qui est réservée, dans les épreuves orales de l'examen, à cette branche du programme. Au surplus, rien n'empêcherait d'établir une épreuve écrite d'histoire, si on le jugeait utile.

J'estime, en conséquence, qu'il est nécessaire que l'épreuve de style soit une épreuve de pure composition française. On pourra ainsi distinguer les sujets qui auront été bien préparés, ceux dont l'imagination et le jugement auront été cultivés. Cette épreuve est incontestablement l'une de celles qui permettent le mieux d'apprécier la valeur réelle de l'aspirant ; de s'assurer qu'il sait trouver, combiner, coordonner et rendre convenablement quelques idées. Il convient donc de lui conserver son rôle et de lui accorder l'importance qu'elle a.

3° Arithmétique. — Aux termes du règlement, l'épreuve écrite, ainsi que l'épreuve orale de calcul, doit se borner à la pratique des quatre règles des nombres entiers, aux principales questions théoriques des quatre règles (des nombres entiers aussi sans doute?) et au système métrique, théorie et pratique.

Nous savons tous, Mesdames et Messieurs, que, dans les bonnes écoles primaires, le bagage mathématique d'un élève de 16 ans n'est jamais aussi léger que celui qui est exigé des candidats aux écoles normales. Et par le fait, il est assez rare que des jeunes-gens nous arrivent avec ce faible bagage : presque tous ont vu les opérations des nombres décimaux, des fractions décimales, des fractions ordinaires, etc. Pourquoi dès lors ne pas faire porter le concours sur ces parties de l'arithmétique?

4° Histoire et géographie. — L'examen, sur cette partie du programme, est limité au résumé de l'histoire et de la géographie de la France. Je veux bien qu'en fait d'histoire, on s'en tienne à l'histoire de France; mais je n'admets pas que l'épreuve de géographie soit restreinte à la géographie de la France.

Il ne me paraît pas possible qu'un enfant qui fréquente pendant sept ou huit années une bonne école primaire n'entende parler, pendant ces sept ou huit ans, que de la géographie de son pays. Evidemment un bon maître ne s'en tient pas là ; il donne toujours à ses élèves quelques notions de géographie générale; il leur fait plus particulièrement connaître les pays voisins, ceux avec lesquels la France est plus en rapport. Eh bien ! pourquoi ne pas étendre encore de ce côté le programme d'admission?

Et qu'on ne m'accuse pas de vouloir amener dans nos écoles normales des jeunes gens déjà en état d'obtenir le brevet de capacité, par conséquent des jeunes gens dont la préparation ne donnerait pas grand mal au personnel des écoles normales. On peut se rassurer sur ce point : nos programmes sont assez chargés pour que nous trouvions toujours de quoi nous occuper. Et ce n'est même qu'à la condition de recevoir des élèves bien préparés, que nous pourrons parcourir sérieusement ces programmes, donner un peu de profondeur et d'élévation à l'enseignement. Il ne faut pas qu'on nous réserve la tâche d'enseigner aux élèves-maîtres des éléments que l'école de leur village a pour rôle de faire apprendre et retenir à tous les enfants, même à ceux qui ne se destinent pas aux écoles normales.

Dans le même ordre d'idées, je demanderai qu'au concours d'admission il soit tenu compte aux concurrents de la connaissance de telle ou telle branche facultative du programme d'enseignement primaire.

L'admissibilité serait d'abord arrêtée à la suite de l'examen obligatoire; viendrait un second examen sur la partie facultative, et les notes obtenues dans ce second examen s'ajouteraient au total des points du premier, pour déterminer définitivement l'ordre de mérite des concurrents, déjà admissibles pour la partie obligatoire.

Pour arriver à choisir les meilleurs candidats, ceux dont l'esprit serait le plus ouvert et le jugement le plus sûr, je pense qu'il y aurait encore lieu d'affecter d'un coefficient la note de chacune des matières du concours. Cela permettrait de tenir compte de l'importance relative des diverses épreuves. On ne saurait équitablement, par exemple, attacher la même importance à huit points obtenus pour la page d'écriture réglementaire et à huit points mérités pour la composition française.

Le désir de voir écarter des écoles normales les sujets inintelligents me porte à demander en outre qu'une note spéciale d'aptitude soit donnée à chaque candidat.

Une fois l'examen complètement terminé pour un aspirant, le jury entier fixerait le chiffre de la note d'aptitude. Cette note serait le résultat de l'impression favorable ou défavorable produite par le candidat sur ses examinateurs. On voit souvent des candidats répondre aux questions qui leur sont posées, et laisser apercevoir néanmoins qu'ils sont peu intelligents. Une réponse exacte mérite une bonne note, mais cette bonne note pourrait être atténuée ou corrigée par la note d'aptitude; d'autant plus que je demanderai que cette note d'aptitude soit affectée d'un fort coefficient.

Durée des épreuves. — L'article 9 du règlement est ainsi conçu : un quart d'heure au plus sera consacré à chacune des cinq épreuves orales.

Je voudrais qu'au lieu de limiter ainsi le temps à consacrer à chaque épreuve, le règlement laissât l'examinateur entièrement libre. A lui de tenir un candidat au tableau autant qu'il le jugera nécessaire pour lui faire donner tout ce qu'il sait.

C'est surtout dans cette partie de l'examen qu'il est facile de juger de la valeur intellectuelle des concurrents, de leur portée d'esprit, de leur facilité à concevoir la vérité et à saisir un raisonnement.

Il serait par conséquent très regrettable que le manque de temps fît faire des examens superficiels et tronqués, qui laisseraient facilement beaucoup de place au hasard, à la chance, comme disent les aspirants.

L'examen d'admission entraînant un travail fort laborieux pour le jury, n'y aurait-il pas lieu d'appeler à faire partie de la commission MM. les maîtres-adjoints des écoles normales? Ils sont plus intéressés que personne à faire de bons choix. Je suis persuadé qu'ils nous prêteraient un précieux concours. La mesure que je propose, et qui ne serait pas une innovation dans beaucoup d'écoles normales, permettrait d'accabler un peu moins certains fonctionnaires naturellement désignés pour faire partie de toutes les commissions d'instruction.

Quand je demande que le temps ne soit pas marchandé au concours d'entrée, on peut m'objecter qu'il ne faut pas non plus retenir trop longtemps les candidats au chef-lieu du département, ce qui entraînerait des frais de séjour considérables pour des jeunes gens peu aisés. A cela je répondrai qu'il me semble possible de reporter l'époque des examens d'entrée vers la fin du mois d'août, c'est-à-dire à l'époque des vacances des élèves-maîtres. De cette manière, les candidats admis aux épreuves orales pourraient être logés et nourris à l'école normale pendant toute la durée de l'examen.

On me fera une nouvelle objection : les conseils généraux sont appelés, dans leur session d'août, à concéder aux élèves-maîtres, nommés par le préfet, les bourses entretenues à l'école normale par le département. A cette nouvelle objection, je répondrai d'abord que rien n'empêcherait le conseil général de donner une délégation spéciale à sa commission départementale, pour que celle-ci pût, en août ou septembre, procéder à la répartition dont il s'agit. J'ajouterai que, vraisemblablement, avant peu, la gratuité sera votée pour les écoles normales aussi bien que pour les autres écoles primaires. De sorte que l'attribution des bourses départementales à tels ou tels élèves aurait beaucoup moins d'importance, tous nos jeunes gens étant boursiers à bourse entière ; et les conseils généraux n'hésiteraient pas du tout, je pense, à donner à leurs commissions départementales la délégation dont j'ai parlé plus haut.

Dans tout ce que je viens de dire je n'ai eu en vue que les écoles normales d'instituteurs. Mesdames les directrices qui sont ici présentes voudront bien nous indiquer celles des améliorations qui pourront être demandées pour leurs écoles, aussi bien que pour les écoles normales d'instituteurs.

Il peut y avoir lieu aussi de demander des réformes ou des innovations spéciales pour les écoles normales d'institutrices.

Quoi qu'il en soit, un point me paraît hors de doute : c'est que le recrutement dans ces écoles doit être actuellement très difficile, et qu'il le sera sans doute longtemps encore.

La raison en est fort simple : à part quelques rares exceptions, les écoles normales d'institutrices datent d'aujourd'hui.

Par suite, la préparation pour ces établissements est complètement à organiser, comme les écoles normales elles-mêmes.

Ici encore, d'ailleurs, la faculté pour une jeune personne de pouvoir se présenter aussitôt pour le brevet de capacité que pour l'école normale fera le plus grand tort au recrutement des élèves-maîtresses.

Une famille, fût-elle peu aisée, préférera toujours, même au prix de certains sacrifices, amener directement au brevet une jeune fille de 16 ans, plutôt que de la faire entrer à l'école normale.

Elle aura effectivement raison, attendu que la jeune personne arrivera ainsi trois ans plus tôt au but qu'on s'était proposé, c'est-à-dire à la conquête du brevet.

D'autre part, une fois brevetée, la jeune fille pourra recevoir un emploi dans une école primaire, tandis que les élèves-maîtresses de son âge seront encore à l'école normale.

Ce n'est pas tout: l'aspirante libre pourra quitter l'enseignement dès qu'une circonstance l'appellera ailleurs; alors que l'élève-maîtresse ne pourra rompre son engagement décennal sans se voir mettre immédiatement en demeure de payer le prix de la bourse ou fraction de bourse dont elle aura joui à l'école normale.

Enfin, nous ne trouvons, pour les écoles normales de femmes, aucune immunité capable d'attirer les jeunes personnes vers ces établissements, comme le privilège de la dispense du service militaire amène nombre de jeunes gens dans nos écoles normales d'instituteurs.

Et, à ce propos, je m'empresse de déclarer, Messieurs, qu'en constatant un pareil fait il n'entre nullement dans mon esprit d'accuser les élèves-maîtres de manquer de courage, de dévouement au pays. Je n'admets pas que, généralement, ce soit la crainte du service militaire qui pousse des enfants vers les écoles normales: à cet âge l'esprit de prévoyance n'est pas si développé chez le jeune homme; et d'ailleurs à 16 ans on a des sentiments généreux; pour peu qu'on lui ait parlé de patriotisme, l'adolescent est prêt à tous les sacrifices que le danger de la patrie pourrait lui demander.

Ce n'est donc pas lui, en règle générale, qui redoute le service militaire.

Mais si l'enfant de 16 ans manque de prévoyance, il y a des parents à côté de lui; il y a surtout une mère dont la tendresse inquiète voit déjà l'horrible guerre lui ravir son enfant.

C'est elle qui, effrayée des dangers que l'avenir peut réserver à son fils, cherche à le soustraire à ces dangers en le poussant dans la carrière de l'enseignement.

Soyez persuadés que les larmes d'une mère ont déterminé plus d'une vocation.

Revenons au recrutement des élèves-maîtresses, et remarquons que l'industrie et le commerce, qui attirent la majeure partie de nos jeunes gens intelligents et actifs, attirent beaucoup moins de jeunes filles ; évidemment cette circonstance ne peut qu'être favorable au recrutement des écoles normales d'institutrices.

Et maintenant, où et comment la préparation se fera-t-elle? Quelle sera la provenance des recrues de chaque année? Faudra-t-il les recruter dans les villes ou dans les campagnes ?

Je pense que la préparation doit se faire à la campagne, à peu près dans les mêmes conditions que celle des garçons.

J'estime aussi qu'il faut s'attacher à recruter les élèves-maîtresses, autant que possible, parmi les jeunes filles de la campagne : elles seules, en général, seront aptes, à leur sortie de l'école normale, à aller diriger une école de village ; elles seules pourront s'accommoder de l'existence très simple et très modeste qui les attend au milieu des braves populations rurales, dont elles auront à élever les enfants et à gagner la confiance.

Une jeune personne élevée à la ville consentira toujours difficilement à accepter une pareille position.

J'ai fini, et il ne me reste qu'à vous remercier, Mesdames et Messieurs, de la bienveillance avec laquelle vous avez eu la bonté d'écouter la lecture d'un rapport que j'eusse voulu pouvoir faire beaucoup plus court.

Un dernier mot en terminant. J'ai l'honneur de vous proposer d'adresser ici, de nouveau, nos remerciements les plus sincères à notre vaillant ministre de l'Instruction publique, qui défend si énergiquement l'Université et à notre actif et dévoué Directeur, qui, lui aussi, a pris vigoureusement en main les intérêts de l'Enseignement primaire.

Remercions-les l'un et l'autre de nous avoir fourni non seulement l'occasion d'échanger utilement nos idées pédagogiques sur les deux importantes questions soumises à notre examen, mais encore l'occasion de nous mieux connaître,

De semblables réunions, dont, il faut l'espérer, l'usage s'établira, grâce à la bonne volonté de notre gouvernement libéral, ne manqueront pas, j'en suis persuadé, d'affermir ou de resserrer les liens d'une bonne confraternité et d'une solidarité si nécessaires à notre corps enseignant primaire.

1er avril 1880.

BOUSQUET,
Directeur de l'école normale d'Agen.

PROCÈS-VERBAL

Séance du jeudi 1er avril 1880

Question à traiter :
Des moyens d'assurer le meilleur recrutement des écoles normales. Conditions de préparation et d'admission.

La séance est ouverte à 8 heures du matin sous la présidence de M. Adrien, inspecteur primaire à Versailles.

M. Bousquet, directeur de l'école normale d'Agen, donne lecture de son rapport sur les moyens d'assurer le recrutement des écoles normales.

Après la lecture du rapport de M. Bousquet, la discussion est ouverte sur les conclusions proposées par le rapporteur.

1re Proposition.

Élever le traitement des instituteurs et des institutrices au fur et à mesure que les finances du pays le permettront.

L'Assemblée, après en avoir délibéré,

Considérant que, malgré tous les sacrifices que le pays s'est imposés afin de mieux rémunérer les services si importants rendus par les instituteurs et les institutrices, il reste encore beaucoup à faire pour que les traitements de ces modestes, mais si utiles fonctionnaires, soient élevés à un taux convenable ;

Considérant, d'autre part, que la situation des instituteurs et des institutrices ne leur offre actuellement que peu de stabilité et de sécurité ;

Considérant que l'industrie et le commerce absorbent la plus grande partie des intelligences de chaque commune, parce qu'ils offrent aux jeunes gens pourvus d'une certaine instruction, un avenir plus lucratif,

Émet le vœu :

Que le traitement des instituteurs et des institutrices soit
élevé au fur et à mesure que les finances du pays le permettront.

2° *Proposition.*

Remettre les instituteurs et les institutrices entre les mains
de l'autorité universitaire.

L'Assemblée, après en avoir délibéré,

Considérant que, remise aux préfets, la nomination des
instituteurs n'est souvent déterminée que par des considérations ou des influences politiques et électorales ;

Considérant, d'autre part, que l'immixtion d'un grand
nombre de personnes dans la surveillance de l'école, si elle
peut avoir quelque avantage au point de vue des libéralités
que l'école en recueille, peut, d'un autre côté, être nuisible
à la considération de l'instituteur, qu'elle met dans la dépen-
dance d'un trop grand nombre de personnes ;

Considérant que la surveillance exercée par ces nombreuses
autorités, qui ont trop de penchant à vouloir se mêler de la
direction de l'école, est un embarras très grave pour
l'administration, qui est obligée de ménager leurs suscep-
tibilités ;

Considérant que ces autorités sont avant tout guidées, dans
l'accomplissement de leurs devoirs et l'exercice de leurs droits,
par des préoccupations étrangères à l'enseignement ;

Que leur influence est plus nuisible qu'utile à l'école,

Émet le vœu :

Que la surveillance comme la nomination des instituteurs
et des institutrices appartiennent exclusivement aux autorités
universitaires.

3° *Proposition.*

Améliorer le régime économique et disciplinaire des écoles
normales.

L'Assemblée, après en avoir délibéré,

Considérant que les élèves-maîtres sont à l'âge où le corps
achève de se développer ;

Que pour fournir au corps les éléments nécessaires à ce

développement, il faut une nourriture abondante et substantielle, sans laquelle d'ailleurs il serait impossible à des jeunes gens de supporter le travail pénible des écoles normales ;

Considérant que le décret du 26 décembre 1855 fixe un maximum de nourriture à donner aux élèves, sans fixer de minimum ;

Que la latitude laissée, sur ce point, aux directeurs d'école normale est la cause certaine de plaintes nombreuses, qui ne sont pas justifiées, sans doute, mais qu'il est regrettable de voir se produire, parce qu'elles déconsidèrent les écoles normales aux yeux des familles qui hésitent à y envoyer leurs enfants ;

Considérant, d'ailleurs, que les dispositions du décret susvisé sont insuffisantes, puisque, dans la pratique, MM. les directeurs des écoles normales, toujours soucieux du bien-être de leurs élèves, dépassent généralement les crédits qui leur sont alloués ;

Considérant qu'une réglementation plus claire et déterminant plus exactement le régime alimentaire des élèves, si elle restreint sur ce point la liberté d'action des directeurs et des directrices d'école normale, a le grand avantage de diminuer d'autant leur responsabilité,

Émet le vœu :

Que le décret du 26 décembre 1855 soit modifié de manière à assurer *partout* et *toujours* aux élèves des écoles normales d'instituteurs et d'institutrices un régime alimentaire convenable.

Sur le second point de la troisième proposition : « l'amélioration du régime disciplinaire »,

L'Assemblée,

Considérant que les élèves sont astreints dans les écoles normales à un internat quasi monacal ;

Que l'apprentissage de la vie doit se faire à l'école normale ;

Qu'il y a même danger à donner une position à un jeune homme sortant de l'école normale sans aucune connaissance de la vie ;

Qu'il serait utile d'habituer les élèves-maîtres de bonne heure, et dans une certaine mesure, à ne pas abuser de la liberté ;

Qu'il serait utile aussi de leur permettre d'acquérir le plus tôt possible, par l'usage de cette liberté, le sentiment de la responsabilité de leurs actes ;

Considérant que les élèves des écoles normales sont à un

âge où il importe de les traiter comme des hommes, si l'on désire en faire des hommes ;

Considérant que le règlement ne permet actuellement aux directeurs d'écoles normales d'autoriser les sorties des élèves que dans des cas exceptionnels ;

Qu'un directeur ou une directrice ne peut permettre une sortie générale qu'en engageant sa responsabilité ;

Que, d'ailleurs, si au début l'usage d'une liberté inaccoutumée peut entraîner quelques abus, une discipline ferme, et au besoin quelques exemples, y mettront fin sans difficulté,

Émet le vœu,

Qu'il soit accordé aux élèves-maîtres, comme aux élèves des lycées, des sorties libres et que l'usage d'excursions et de promenades instructives soit établi.

L'Assemblée estime qu'il y aurait là un puissant stimulant pour le travail.

Toutefois, dans les écoles normales d'institutrices, les jeunes filles ne pourraient sortir que sous la surveillance directe de leurs parents.

4e Proposition.

Ne plus laisser des bourses ou fractions de bourse à la charge des familles.

L'Assemblée,

Considérant que les élèves des écoles normales se recrutent ordinairement dans la classe peu aisée, et qu'une fraction de bourse à payer peut constituer pour beaucoup de familles une charge trop lourde,

Admet cette proposition, sans discussion, à l'unanimité.

5e Proposition.

Aider les enfants pauvres à se préparer pour les écoles normales ; leur accorder des secours ; créer des bourses qui seraient entretenues soit dans des écoles primaires supérieures, soit dans des écoles préparatoires spéciales.

L'Assemblée, après une longue délibération,

Considérant, d'une part, que la nécessité d'être utile à la famille oblige souvent un enfant pauvre à abandonner de bonne heure les bancs de l'école primaire ;

Considérant qu'il y a d'ailleurs souvent aussi impossibilité matérielle pour beaucoup d'enfants de suivre jusqu'à 16 ans les cours d'une école primaire,

Émet le vœu :

Qu'il soit venu en aide aux jeunes gens pauvres qui manifesteraient l'intention d'entrer à l'école normale, et dont l'aptitude paraîtrait reconnue ;

La caisse des écoles pourrait, dans ce cas, intervenir d'une manière efficace, et le département et l'État pourraient accorder des indemnités et des secours.

Considérant que les écoles préparatoires spéciales annexées aux écoles normales présentent des inconvénients ;

Que les maîtres et directeurs pourraient être soupçonnés de favoriser l'admission de leurs élèves ;

. Que, d'autre part, des écoles préparatoires spéciales, qui ne sont pas annexées aux Écoles normales, ne donnent pas de meilleurs résultats ;

Qu'elles ne fournissent guère que des candidats dont l'instruction laisse à désirer au point de vue du développement intellectuel, alors même qu'elle est complète (grâce à ces préparations spéciales), du côté de la mémoire ;

Que les élèves reçus dans ces écoles, et perdant de bonne heure l'habitude de la vie à la campagne, sont à l'École normale moins dociles et moins disciplinés ;

Que, plus tard, ils se résignent plus difficilement à la vie simple de l'instituteur de village,

L'Assemblée

Rejette la seconde partie du vœu formulé par le Rapporteur tendant à la création d'écoles préparatoires spéciales dans chaque région ;

Estime qu'il y a lieu de laisser les préparations se faire dans les écoles rurales, où seront distribués les secours ou les bourses proposés dans les premières parties de ce paragraphe.

6° *Proposition.*

Améliorer la position des maîtres-adjoints, de manière à attirer les bons sujets dans nos Écoles normales et à les conserver le plus longtemps possible.

Considérant que le plus grand obstacle au long séjour des maîtres-adjoints dans les Écoles normales est l'obligation de la surveillance intérieure qui leur rend, sinon impossible, du moins fort difficile la vie de famille;

L'Assemblée

Adopte cette proposition à l'unanimité.

7e *Proposition.*

Faire prendre aussitôt que possible, s'il se peut, dès la fin de la première année du cours normal, le brevet obligatoire aux élèves-maîtres, afin qu'ils puissent consacrer les deux dernières années à l'étude des matières facultatives.

L'Assemblée,

Considérant que l'enseignement donné dans les Écoles normales pèche généralement en ce sens que les élèves, obligés pendant trois ans de s'occuper uniquement de la préparation de leur examen, n'ont pas le temps de se livrer à la lecture et aux études particulières, si utiles au développement de leur intelligence;

Que l'étude des matières facultatives en souffre nécessairement,

Émet le vœu:

Qu'il soit permis aux élèves de l'École normale de se présenter au brevet obligatoire *sans réserve d'aucune matière*, à la fin de la deuxième année.

8e *Proposition.*

Reporter à 19 ans au moins l'âge d'admission aux examens du brevet de capacité, et ne plus permettre à un aspirant de se présenter à la fois à l'examen d'admission à l'École normale et à celui du brevet.

L'Assemblée,

Considérant que, par suite de la réglementation actuelle des examens du brevet de capacité et des examens d'admission aux Écoles normales, les aspirants libres peuvent arriver au brevet deux ou trois ans avant les élèves de l'École normale;

Que par suite ils peuvent être et sont, le plus souvent, nommés instituteurs avant leurs concurrents sortis de l'École;

Que cette situation constitue un préjudice sérieux pour les élèves de l'École normale, puisque les instituteurs passent à l'ancienneté dans une classe supérieure,

Émet le vœu :

Que, pour remédier aux inconvénients signalés, l'âge d'admission aux examens du brevet de capacité soit fixé à 19 ans.

Considérant, d'autre part,

Que nombre de jeunes gens se font inscrire à la fois pour les examens d'admission à l'école normale et pour les examens du brevet ;

Que ces jeunes gens peuvent ainsi subir trois examens par an, et, à force de persévérance, devoir leur succès en partie au hasard, et entrer à l'école normale après de nombreux échecs qui dénotent une intelligence médiocre et peu d'aptitude à suivre utilement les cours de l'école,

L'Assemblée

Émet le vœu :

Qu'il soit interdit de se présenter à la fois à l'école normale et au brevet de capacité.

9e *Proposition.*

Exiger que les candidats aux écoles normales soient pourvus du certificat d'études primaires.

Considérant que le certificat d'études primaires est déjà une garantie d'instruction ;

Que son établissement est facile dans les rares départements où il n'existe pas encore,

L'Assemblée

Émet le vœu :

Que le certificat d'études primaires soit exigé de tout aspirant à l'école normale et joint à son dossier.

10e *Proposition.*

Modifier l'examen de façon que l'intelligence du candidat et son aptitude à profiter des cours de l'école normale déterminent surtout son admission.

L'Assemblée,

Considérant que dans une composition d'orthographe, il peut échapper à un candidat des fautes, telles que les fautes d'inattention, qui ne peuvent faire préjuger en rien de son inintelligence et de son peu d'aptitude ;

Que même une faute d'usage prouvant l'ignorance du can-

8

didat ne devrait pas être un motif d'exclusion pour un aspirant intelligent, capable de devenir un bon maître, et dont l'éducation serait bientôt fortifiée et complétée à l'école normale ;

Considérant que, pour attribuer à une composition d'orthographe une note équitable, il importe plus de peser les fautes que de les compter,

Considérant, d'autre part,

Que donner pour sujet de composition française un récit tiré de l'Histoire sainte ou de l'Histoire de France ne permet pas toujours de pouvoir juger d'une manière certaine les qualités du candidat ;

Que cette manière de procéder offre l'inconvénient de fournir aux candidats l'occasion de reproduire servilement un passage du petit résumé qu'ils ont appris par cœur et peut-être récité vingt fois ;

Considérant que l'étude de l'histoire est suffisamment assurée par la part qui lui est réservée dans les épreuves orales de l'examen ;

Considérant en troisième lieu que, pour la partie arithmétique, la science d'un élève de 16 ans ne se borne jamais à la connaissance des quatre règles et du système métrique ;

Que tous ont appris les fractions décimales et les fractions ordinaires, et beaucoup l'arithmétique complète ;

Considérant ensuite qu'un bon maître ne peut se contenter, pendant les sept ou huit ans qu'il conserve un élève candidat à l'école normale, de lui parler uniquement de la géographie de la France, mais qu'il lui fait certainement connaître les peuples voisins de la France et ceux avec lesquels nous nous trouvons le plus en rapport ;

Qu'en un mot la géographie générale est enseignée à tous les élèves au moins d'une manière sommaire ;

Considérant que les candidats ont presque tous des notions sur l'ensemble des matières des programmes primaires ;

Que plusieurs ont abordé à l'école l'étude d'une ou de plusieurs matières facultatives ;

Considérant enfin que toutes les épreuves n'ont pas la même importance ;

Qu'une bonne composition d'écriture ne saurait être comptée à l'égal d'une bonne composition de français,

Après en avoir délibéré,

Émet le vœu :

Que les réformes suivantes soient introduites dans la réglementation des examens d'admission aux écoles normales :

1° Que la note d'orthographe soit le résultat de l'appréciation générale de la composition et non le résultat d'une brutale opération d'arithmétique;

2° Que désormais l'épreuve de style ne porte pas sur une question d'histoire, mais sur un sujet exclusivement littéraire, et soit ainsi une épreuve de pure composition française;

3° Que l'épreuve d'arithmétique soit étendue aux fractions décimales et aux fractions ordinaires (théorie et application);

4° Que l'épreuve de la géographie comprenne la géographie générale élémentaire;

5° Que les candidats puissent être, s'ils le désirent, interrogés sur une ou plusieurs matières facultatives, et qu'il soit tenu compte, dans le résultat final de l'examen, des notes de ces interrogations spéciales;

6° Qu'il y a lieu de donner à chaque épreuve l'importance qu'elle mérite en affectant les notes, jusqu'ici égales, d'un coefficient qui attribue à chacune des matières sa juste valeur.

Sur la dernière partie de la proposition faite par le Rapporteur au sujet des réformes à introduire dans les examens d'admission, et qui tendait à faire admettre une note spéciale d'aptitude, note donnée par toute la commission, et qui serait comme la résultante des impressions de chaque examinateur en particulier,

L'Assemblée a délibéré, et considérant,

Que l'appréciation de l'aptitude du candidat pendant le temps si court de chaque partie de l'examen oral est très délicate et très difficile;

Que demander l'introduction de cette note serait s'exposer à faire naître des erreurs graves ;

Qu'elle aurait une trop large part à des jugements erronés;

Que d'ailleurs, l'examinateur, posant la question de manière que l'enfant, forcé de répondre autrement que par oui et par non, doit nécessairement faire preuve d'intelligence, et que, par conséquent, il est déjà tenu compte de l'intelligence de l'enfant dans chaque note particulière donnée pour chaque faculté,

Rejette la dernière partie de la proposition, et estime qu'il n'y a pas lieu d'introduire dans les examens une note spéciale d'aptitude.

Dans le cours de ces débats, une nouvelle proposition a été soulevée, mise aux voix et adoptée, à savoir :

Qu'il serait utile qu'un programme détaillé des conditions d'admission aux écoles normales fût rédigé, qui permît aux instituteurs de le considérer comme un guide sûr à la préparation à ces examens.

11ᵉ *Proposition.*

Cette proposition a été scindée et discutée en trois parties distinctes :

1ʳᵉ *Partie.*

Consacrer assez de temps à l'examen oral pour pouvoir bien s'assurer de l'aptitude des candidats les mieux doués, les plus aptes à bien profiter de l'enseignement de l'école.

L'Assemblée,

Considérant que les épreuves orales permettent mieux que les épreuves écrites d'apprécier la valeur réelle d'un candidat ;

Que la durée réglementaire d'un quart d'heure peut ne pas être suffisante pour arriver à ce résultat,

Adopte la première partie de la proposition et émet le vœu qu'il n'y ait pas de limite de temps fixée pour l'examen oral.

2ᵉ *Partie.*

Pour ne pas occasionner aux candidats de trop grandes dépenses de séjour au siège de l'examen, l'examen pourra être passé en deux fois, et les candidats admis à la seconde épreuve seraient, pendant le temps de l'examen, logés et nourris à l'école normale du lieu de l'examen.

L'Assemblée,

Considérant que l'examen au chef-lieu d'arrondissement pourrait être confié à l'inspecteur primaire ;

Que ce déplacement fort court éviterait à tous ceux qui n'auraient aucune chance de réussir un voyage et le séjour au chef-lieu du département ;

Que cet examen préliminaire serait exclusivement écrit, et que les compositions seraient envoyées immédiatement à la commission afin d'établir une correction et une appréciation uniques ;

Que les candidats admis à la seconde partie des épreuves seraient appelés par section,

Émet le vœu :

Que l'examen soit divisé en deux parties, savoir :

1º Un examen écrit fait au chef-lieu d'arrondissement sous la surveillance de l'inspecteur primaire, qui recevra les textes de l'inspecteur d'académie, auquel il renverra les copies dans des plis cachetés en présence des candidats, pour qu'elles soient corrigées par la commission;

2° Un examen oral, au chef-lieu du département, pour les seuls candidats ayant satisfait à la première partie des épreuves.

Considérant, d'autre part, que, dans certains départements, l'école normale n'est pas au chef-lieu,

Rejette la proposition tendant à faire loger et nourrir les candidats à l'école normale et émet le vœu :

Que des allocations soient accordées aux élèves qui en auraient réellement besoin.

3e *Partie.*

Appeler les maîtres-adjoints à faire partie du jury d'examen, pour ne pas trop fatiguer les personnes qui procèdent d'ordinaire à l'examen.

L'Assemblée,

Considérant que les maîtres-adjoints sont les plus intéressés au bon recrutement des écoles normales,

Estime qu'ils pourront faire partie du jury d'examen.

Au moment où la discussion allait être close sur cette dernière partie du rapport, un nouveau vœu s'est produit, à savoir :

Que, dans un avenir limité, tous les instituteurs sans exception sortissent de l'école normale.

L'Assemblée,

Considérant qu'il est à désirer que le plus grand nombre des instituteurs sortent des écoles normales;

Considérant d'un autre côté que l'enseignement ne doit pas être un corps fermé,

Rejette la proposition.

Enfin, M. Mariotti, directeur de l'école normale de Versailles, membre de la quatrième section, vient proposer aux membres de la première section d'adopter la résolution suivante :

Demander aux pouvoirs législatifs la création, dans la loi, d'une catégorie de *non disponibles* visant les élèves-maîtres des écoles normales primaires, et les astreignant, jusqu'à l'âge de 25 ans, soit en temps de guerre, soit pendant les grandes manœuvres annuelles, à rejoindre l'armée, pour être placés, sans passer par le régiment, dans les divers services pour lesquels leurs connaissances professionnelles sembleraient spécialement les désigner.

M. Mariotti lit la partie de son rapport dans laquelle il énumère les raisons à l'appui de sa proposition.

L'Assemblée, après en avoir délibéré,

Considérant que la proposition faite par M. Mariotti aurait pour effet de nuire au recrutement des écoles normales plutôt que de l'assurer ;

Considérant que ce privilège, s'il y avait lieu de l'adopter, ne devrait pas être restreint aux élèves de l'école normale, mais étendu à tous les instituteurs ;

Considérant que ce moyen peut assurer un nombre suffisant d'élèves aux écoles normales, mais non peut-être les meilleurs élèves ;

Considérant que tous les citoyens doivent être égaux devant cette dette du sang à payer à la patrie, et qu'il n'y a pas lieu de réclamer une exemption du service militaire pour aucune classe de citoyens, si l'on supprime l'engagement décennal,

Rejette la proposition.

L'ordre du jour étant épuisé et la discussion terminée, la séance, qui a été suspendue à 11 heures et reprise à 2 heures, est levée à 5 heures et demie du soir.

Fait à Paris, le 2 avril 1880.

Et ont signé les membres présents du bureau :

Le président,
ADRIEN.

Les vice-présidents,

BOULET.
J. BONY.

Les secrétaires,

A. ARMBRUSTER.
MAX. BOÉ.

DEUXIÈME SECTION

RAPPORT

Présenté par M. FRADET, directeur de l'école normale de Châteauroux.

MESDAMES, MESSIEURS,

Ce n'est pas sans un grand sentiment de défiance en mes propres forces que j'ose (aborder le grave sujet d'études auquel M. le Ministre nous a tous invités dans le congrès qui nous réunit. Plus accoutumé à vivre au milieu de mes chers élèves, à les encourager, à les soutenir dans leurs modestes et utiles travaux qu'à venir exposer mes idées en public, je crains d'être au-dessous de la tâche qui m'a été donnée. Cependant, puisque l'Administration supérieure a daigné m'honorer de sa confiance, qu'il me soit permis ici de lui en exprimer toute ma gratitude et de lui promettre de faire les plus grands efforts pour justifier, au moins en partie, la bonne opinion qu'elle a conçue de moi. Quant à vous, Messieurs, je vous prie de vouloir bien m'accorder toute votre indulgence et de ne considérer, sous le rôle que je remplis, qu'un collègue animé du désir ardent de voir sortir de nos discussions quelque chose d'utile pour la grande cause de l'enseignement populaire à laquelle nous avons voué toutes nos forces et toutes nos facultés.

Mes chers collègues, les questions que nous avons à étudier ensemble sont, malgré leur titre restreint, multiples et délicates; néanmoins, le temps qui nous est départi pour les examiner à fond est bien court; tous nos instants sont donc précieux, aussi vais-je entrer immédiatement en matière.

« *Des moyens d'assurer le meilleur recrutement des écoles normales. — Conditions de préparation et d'admission.* »

Tel est le programme qui est soumis à nos réflexions et pour l'examen duquel je suis appelé à exposer les premiers éléments qui serviront de base à une discussion sérieuse et approfondie.

Nous n'avons point à démontrer ici la nécessité des écoles normales. En France, comme en Suisse, en Allemagne, en Belgique, en Angleterre, partout enfin où l'on a souci de l'éducation nationale, on a compris depuis longues années que c'est seulement dans des écoles spéciales que le professeur peut apprendre, par des études et des méditations profondes, l'art si difficile de transmettre aux autres les connaissances qu'il a acquises lui-même au prix de pénibles travaux. Au reste, le Gouvernement et les Chambres, toujours pleins de sollicitude pour le bonheur du peuple, ont si bien compris cette vérité, qu'ils viennent d'édicter une loi prescrivant la fondation de deux écoles normales par département. Mais ce n'est pas tout de créer des écoles, il faut aussi pourvoir à leur recrutement, ce qui n'est pas toujours chose facile pour les établissements spéciaux qui nous occupent. Dans les régions éloignées des grands centres, dans les départements où le sol est pauvre et la culture pénible, les aspirants aux écoles normales sont généralement nombreux et le choix des élèves s'opère dans de bonnes conditions, parce que la position de l'instituteur, relativement heureuse, est fort recherchée. Mais il en est tout autrement dans les contrées où l'industrie domine et dans celles où l'agriculture est prospère. Là, les vocations sont rares, car les jeunes gens fuient, plutôt qu'ils ne recherchent, la carrière ingrate et laborieuse de l'instruction primaire.

Si donc vous ne donnez pas à l'instituteur les moyens de vivre au moins dans une honnête médiocrité, soyez sûrs que vous tarirez à jamais la source du recrutement, car ils sont bien rares les hommes qui se sentent invinciblement entraînés par la passion d'instruire leurs semblables. Déjà cependant, la situation matérielle et morale des instituteurs a été sensiblement améliorée, grâce à l'attention bienveillante des pouvoirs publics qui ont peu à peu élevé leur traitement. Il est certain, d'ailleurs, que la fondation d'écoles primaires supérieures projetée par M. le Ministre sera un stimulant énergique pour pousser vers la carrière de l'enseignement primaire bon nombre de jeunes gens qui en étaient éloignés par la modicité du traitement. Il y a donc tout lieu de croire que le nombre des aspirants à la direction de nos écoles ira en augmentant de plus en plus.

Mais j'ai hâte de revenir au sujet qui doit nous occuper plus spécialement. S'il est de toute évidence que les meilleurs instituteurs se forment dans les écoles normales, il faut employer les moyens nécessaires pour que tous, ou au moins la plupart d'entre eux, trouvent leur intérêt à venir s'y préparer à leurs futures fonctions. Vous savez aussi bien que moi, Messieurs, combien la loi de 1850, avec ses annexes, a été fatale à l'enseignement primaire. Or, parmi ses dispositions les plus funestes, on doit ranger celles qui tendaient à faire le vide dans les écoles normales. Toutes les mesures semblent avoir été prises pour atteindre ce résultat, et il faut que l'institution soit bien vivace pour avoir survécu à toutes les atteintes dont elle a été l'objet. Ainsi, tandis que le premier venu pouvait obtenir son brevet à 18 ans et être immédiatement placé comme adjoint, le normalien, entrant à l'école au même âge et n'en sortant que trois années plus tard, ne devait profiter des mêmes avantages qu'à 21 ans. Nous avons tous assisté aux désastreux effets de cette disposition; je n'insisterai donc pas. Aussi bien les remarques que je pourrais faire à ce sujet n'auraient plus qu'un intérêt rétrospectif, puisque, depuis 1866, grâce à l'initiative d'un de nos meilleurs ministres, l'âge d'admission dans les écoles normales a été abaissé à 16 ans. C'est une grande amélioration; mais ce n'est pas assez, puisque le candidat libre gagne encore une année sur l'élève-maître. Or, pourquoi le jeune homme qui aspire à devenir instituteur consentirait-il à entrer dans une école où il serait soumis pendant trois années consécutives à la réclusion et au joug de la discipline, quand il peut, avec moins de dépenses et surtout en jouissant d'une entière liberté, arriver à conquérir un an plus tôt le titre qui lui conférera les mêmes droits qu'au normalien? Cette inégalité choquante produit les effets suivants : tous les jeunes gens qui se destinent à la carrière d'instituteur et qui sont ou se croient assez instruits pour affronter les périls de l'examen se gardent bien de se diriger vers l'école normale, et il ne nous reste plus que les timides ou les incapables, ceux enfin qui éprouvent absolument le besoin de passer par nos mains pour obtenir leur brevet. Comment s'étonner après cela des efforts inouïs qu'il nous faut faire pendant trois années pour mener au but de pareilles recrues?

Si nous avons à nous plaindre de la situation qui nous est faite, les écoles normales de filles sont encore plus mal partagées. Vous savez en effet que depuis le décret du 2 mai 1870 les jeunes filles peuvent subir l'examen du brevet dès l'âge de 16 ans; mais c'est aussi à 16 ans que l'aspirante entre à l'école normale; donc l'élève-maîtresse perd trois longues années sur sa concurrente libre. On me dira peut-être que la jeune personne qui a subi avec succès son examen à 16 ans n'a pas l'intention d'exercer les fonctions d'institutrice, qu'elle est venue conquérir un titre comme sanction de ses études. Qu'en savez-vous? Qui vous dit que le lendemain de cette épreuve elle ne viendra pas, armée de son brevet, demander un poste à l'administration? En vain la question d'âge pourrait-elle être invoquée; la pénurie d'institutrices laïques et un peu de protection aidant, la nouvelle brevetée sera installée bientôt comme adjointe, peut-être même la placera-t-on à la tête d'une école. J'ai été souvent témoin de pareils faits et comme moi vous les avez vus se produire. La loi ne permet pas, il est vrai, de nommer cette jeune fille institutrice titulaire, mais on la nommera provisoire; peu lui importe, pourvu qu'elle soit casée. Elle jouira donc dès maintenant de tous les avantages accordés au titre d'institutrice, tandis que sa camarade de pension, qui a été assez mal avisée pour entrer à l'école normale, va s'y morfondre pendant trois années, dépensant peut-être les dernières ressources de la famille. Une inégalité aussi choquante doit disparaître, surtout en présence de l'intérêt général de l'enseignement qui s'y trouve gravement compromis.

Deux moyens se présentent pour obvier à cet inconvénient:

1° Abaisser jusqu'à 15 ans l'âge d'admission des élèves-maîtres;

2° Élever au contraire à 19 ans l'âge exigé pour se présenter au brevet.

Le premier de ces expédients offrirait l'avantage de faire disparaître le temps qui s'écoule entre la sortie de l'école primaire et l'entrée à l'école normale; mais il aurait le grave défaut d'introduire dans nos cours des élèves trop jeunes, des enfants, pour ainsi dire, dont les facultés physiques, intellectuelles et morales n'auraient pas encore acquis le degré de développement et de force dont ils ont besoin pour le régime auquel nous devons les astreindre. D'ailleurs, en ce qui concerne les élèves-maîtresses, nous ne gagnerions qu'une année, ce qui laisserait encore un avantage de deux ans aux étrangères à l'école. Pour ces diverses raisons, je crois que le second moyen est seul applicable. Vous voudrez bien, Messieurs, l'examiner et décider s'il y a lieu d'en demander l'application à M. le Ministre.

Une autre circonstance qui nuit beaucoup au recrutement des écoles normales, c'est la facilité que les examens du brevet offrent aux candidats libres. La session de mars surtout est

pernicieuse à cet égard, car beaucoup de jeunes gens qui ont
échoué au concours du mois de juillet pour l'entrée à l'école
se présentent au mois de mars suivant et réussissent à se faire
breveter. Dieu sait, et l'Administration aussi, quels instituteurs
on obtient dans ces conditions; mais enfin ils ont le titre indispensable pour exercer, et ils trouveront bien le moyen de se
faire donner un poste, devançant ainsi de deux ans et demi
le candidat heureux ou plutôt malheureux qui est entré à
l'école.

Ce double résultat, échec d'un côté et réussite de l'autre,
peut paraître étrange à l'observateur superficiel; cependant il
s'explique tout naturellement. D'abord les épreuves de l'aspirant à l'école constituent un véritable concours, puisqu'il y a
toujours plus de candidats que de places à donner; il faut donc
non seulement posséder les connaissances exigées, mais encore
il faut mieux savoir que ses concurrents. Il n'en est pas de
même pour l'examen du brevet, car on délivre autant de diplômes qu'il y a de sujets jugés capables par le jury. D'autre part,
malgré tous les efforts faits jusqu'ici pour obtenir une égalité
absolue de niveau entre les deux sessions, la première, celle de
mars, est toujours d'un abord plus facile que l'autre pour les
candidats. Cela tient à ce que les aspirants de cette époque
sont généralement moins bien préparés que ceux de juillet, et
que le jury, sans même s'en rendre compte, baisse le niveau
de ses questions. C'est une tendance naturelle qui ne peut être
évitée et qui est tout à fait inconsciente. Le seul remède que
je connaisse à ce mal est la suppression de cette session. Qu'on
ne craigne pas d'amener ainsi la pénurie parmi les instituteurs:
la session de juillet aura le double de candidats et ce sera un
bien, parce qu'on ne recevra que ceux qui mériteront vraiment
de l'être. En tout état de cause, que l'on supprime ou non la
session de mars, il est indispensable d'élever le niveau des
examens, et, puisqu'on est en train de remanier les programmes,
mon humble avis est qu'on pourrait ajouter aux matières actuelles du brevet simple: 1° une épreuve de pédagogie, 2° les
éléments de la géométrie plane, 3° l'arpentage, 4° le dessin
linéaire, 5° des préceptes d'hygiène, 6° le chant, 7° donner
plus d'extension à l'arithmétique, en l'augmentant de l'étude
des racines carrées et cubiques. Je ne parlerai que pour mémoire de l'agriculture et de la gymnastique, parce qu'elles deviennent obligatoires de par les lois récemment promulguées.

Enfin il me paraît nécessaire que le sujet de style ne soit
jamais emprunté à l'histoire de France. Il y a tout lieu d'espérer qu'avec ce programme sérieusement appliqué, surtout

en ce qui concerne l'épreuve pédagogique à laquelle les jurys devront apporter un soin tout particulier, on parviendra à éliminer des examens tous les candidats faibles ou même médiocres. La conséquence inévitable sera d'amener à l'école normale bon nombre de jeunes gens qui nous échappent, parce que leur préparation se fait assez facilement ailleurs et que désormais la chose deviendra sinon impossible, du moins bien plus difficile.

Si nous désirons une extension du programme d'examen, nous réclamons avec plus d'instance encore la suppression du privilège accordé à certains titres considérés par la loi de 1850 comme les équivalents du brevet. Ainsi les lettres d'obédience, les certificats de stage, les diplômes de bachelier, etc., ne conféreraient plus au titulaire le droit de diriger une école. Loin de nous la prétention de croire que certains de ces titres ne sont pas supérieurs au brevet ; mais ce qu'il nous faut exiger de l'instituteur, c'est une sérieuse préparation pédagogique, et l'on peut, dans un examen de baccalauréat, de licence même, avoir fait preuve d'une instruction étendue et solide sans que pour cela on soit apte à enseigner les premiers éléments de l'instruction primaire, sans que surtout on soit capable de bien organiser la marche d'une école.

Il est encore des mesures importantes grâce auxquelles on pourrait pousser vers les écoles normales un plus grand nombre de sujets. On pourrait par exemple intéresser les instituteurs à déterminer des vocations parmi leurs élèves, en accordant des primes annuelles à ceux qui auraient obtenu les meilleurs résultats dans les concours d'entrée. Cette mesure, qu'il serait désirable de voir généraliser, est déjà adoptée dans plusieurs départements, où elle produit les meilleurs effets, sans occasionner des dépenses bien considérables.

Je ne dirai rien des conditions pécuniaires auxquelles l'élève doit être reçu à l'école normale. M. le Ministre vient en effet d'élaborer un projet de loi en exécution duquel l'entretien et l'instruction des élèves-maîtres seraient complètement gratuits. Nous avons le ferme espoir que les Chambres n'hésiteront pas à nous accorder ce bienfait ; cette mesure est d'autant plus utile que les jeunes gens parmi lesquels se recrutent nos instituteurs sont généralement peu fortunés. Aussi, bon nombre de vocations se trouvent-elles arrêtées par l'impossibilité où sont les familles de payer les frais qui resteraient à leur charge, si leurs fils étaient admis à l'école. Le trousseau lui-même ne laisse pas quelquefois d'être fort dispendieux pour la famille, et peut-être serait-il bon de l'accorder gratuitement aux élèves les plus nécessiteux. Quoi qu'il en soit, si la loi proposée par M. le Ministre est adoptée, nul doute que le nombre des aspirants ne se trouve considérablement augmenté. Nous devons donc faire les vœux les plus ardents pour la réussite de ce projet.

Enfin, puisqu'il est établi que l'école normale forme des maîtres qui, à tous égards, sont supérieurs à ceux qui vont puiser leur savoir à d'autres sources, il nous paraît que le devoir d'une administration prévoyante est de favoriser nos élèves reçus instituteurs, en leur attribuant les meilleurs postes disponibles, et en ne donnant de place aux autres jeunes maîtres qu'autant que les normaliens seront tous casés. En outre, plus tard, quand le temps viendra de donner de l'avancement à ces deux catégories d'instituteurs, à mérite égal on devra toujours prendre en grande considération la qualité d'ancien élève-maître. Je sais que plusieurs administrations départementales sont, depuis un certain temps, entrées dans cette voie; mais il importe de généraliser la mesure, de lui donner toute l'ampleur nécessaire, de la sanctionner enfin par un règlement. Ce n'est pas le désir d'obtenir un privilège exclusif qui nous fait parler ainsi, je n'ai en vue que l'avenir de l'enseignement populaire, que l'intérêt général de notre chère patrie. Il n'y a d'ailleurs aucune injustice à laisser se tirer d'affaire comme il l'entendra le jeune maître qui n'a pas voulu s'astreindre au régime austère du noviciat normal. La loi lui ouvre la carrière de l'enseignement libre, qu'il en profite, nous n'avons pas à nous en occuper. Mais s'il tient à entrer dans l'enseignement public, je voudrais qu'on l'obligeât à faire de plus que nos élèves trois années comme adjoint; alors seulement il pourrait être considéré comme l'égal du normalien et bénéficier des mêmes avantages. Serait-ce trop exiger? Je ne le crois pas, car j'estime qu'il faut ce temps pour acquérir la pratique de l'enseignement que nos élèves s'assimilent à l'école annexe.

Il va sans dire que les prérogatives que je réclame pour l'élève-maître doivent aussi être accordées à l'élève-maîtresse, puisque les situations sont absolument identiques.

Il me reste, Messieurs, pour terminer cette partie de mon travail, à examiner encore une question fort importante. Certains bons esprits croient qu'à l'imitation de nos voisins d'Outre-Rhin, il conviendrait de ne pas dispenser entièrement l'instituteur du service militaire ; qu'on pourrait, par exemple, l'astreindre à une année de présence sous les drapeaux, ou même l'obliger à faire, comme tout autre citoyen, le service de la réserve territoriale. Je connais un certain nombre des arguments invoqués en faveur de ce principe ; néanmoins j'y suis absolument opposé, parce que je crois que cette mesure porterait un coup mortel à notre recrutement, au moins dans la plus grande partie de la France. Je n'insisterai pas sur ce point ; je crois que mon opinion est partagée par la plupart d'entre vous ; qu'il me suffise de dire que nos mœurs ne ressemblent en rien à celles des Allemands, et que chez nous l'amour de la patrie ne se manifeste jamais par une tendance au militarisme. Attachés au sol qui nous a vus naître, nous aimons à ne pas le quitter.

Je crois, Messieurs, que, par les divers moyens que je viens de vous exposer, nous pouvons acheminer vers l'école normale un nombre assez considérable d'aspirants ; mais ce n'est que la moitié de la tâche. Il faut encore exiger des jeunes gens que nous venons de gagner à notre cause une instruction suffisante pour qu'ils puissent profiter de la nourriture intellectuelle que nous allons leur dispenser. Les établissements dans lesquels nous formons nos instituteurs ne sont pas, en effet, des écoles proprement dites ; elles n'ont pas pour but de donner aux enfants l'enseignement élémentaire. Elles doivent, en conséquence, se recruter de jeunes gens possédant déjà un fonds d'instruction assez solide pour leur permettre de suivre avec fruit les cours spéciaux qui vont leur être faits. C'est à quoi l'administration supérieure a voulu pourvoir au moyen de l'arrêté du 31 décembre 1867 qui établit le programme de l'examen auquel les aspirants sont assujettis. N'avons-nous rien à faire pour seconder ces dispositions légales ? Je crois que si.

Vous savez, Messieurs, que la plupart de nos élèves-maîtres sont des jeunes gens sortant de la campagne et formés par l'instituteur primaire de leur commune. Je suis loin de m'en plaindre, car les recrues qui nous arrivent par cette voie ont généralement conservé toute leur énergie native ainsi que leurs qualités du cœur et de l'esprit, tandis que les enfants placés dans certaines pensions de nos villes, sous prétexte d'y compléter leur éducation, n'ont le plus souvent fait qu'y contracter des habitudes d'indiscipline et de désordre. Est-ce à dire que les aspirants formés par nos instituteurs sont parfaits à tous égards ? Assurément non. Souvent ils ont reçu une fausse direction dans leurs études préliminaires, et leur maître les croit suffisamment bien préparés pour l'école normale quand il s'est assuré que leurs connaissances ont dépassé les limites habituelles de l'enseignement élémentaire. Il oublie trop souvent que le but le plus important de l'instruction est d'ennoblir le caractère de l'homme, d'éveiller en lui les forces de son âme et de le rendre par là capable de remplir tous ses devoirs. On ne saurait, d'ailleurs, faire à l'instituteur un crime de porter son attention vers l'instruction proprement dite plutôt que vers l'éducation du futur élève-maître ; il pense que c'est à l'école normale qu'incombe cette tâche et d'ailleurs le temps lui fait défaut. En effet, le jeune aspirant. ne peut plus se contenter des leçons ordinaires de la classe ; il lui faut un cours à part, des soins spéciaux que le maître ne peut lui prodiguer qu'en dehors des heures de travail réclamées par la direction de son école. Il est donc obligé de sacrifier à cette tâche supplémentaire les courts instants de loisir dont il a si grand besoin pour son repos. Heureux encore s'il réussit à faire admettre son élève à l'école normale, car s'il échoue, il court le risque d'y perdre toute la considération dont il avait joui jusqu'alors. Aussi, comme le disait dans un rapport qu'il a bien voulu m'adresser un de nos honorables inspecteurs ici présent, bon mombre d'instituteurs renoncent aujourd'hui à la préparation des aspirants, et plutôt que de chercher à éveiller des vocations, ils font ce qu'ils peuvent pour les écarter, parce qu'ils veulent éviter cette alternative humiliante pour eux, ou de se déclarer incompétents ou d'accepter une responsabilité qui menace de compromettre leur situation.

Le remède à ce mal existe depuis longtemps en Allemagne où il produit les plus heureux résultats. Nos voisins possèdent en effet, comme annexes de l'école normale, des sections préparatoires où l'on reçoit, à la sortie de l'école primaire, les jeunes gens chez lesquels on a reconnu de bonne heure de la vocation pour l'enseignement. Là ils subissent un noviciat d'une année ou plus, pendant lequel on défriche leur intelligence et on s'assure s'ils ont réellement le goût et l'aptitude nécessaires pour suivre avec fruit les cours de l'école normale.

Peut-être serait-il difficile en France de généraliser ce système, qui d'ailleurs a des adversaires convaincus; mais ce que l'on peut très bien faire, c'est de désigner administrativement dans chaque canton une école spéciale dont la première division serait uniquement, ou à peu près, composée d'aspirants à l'école normale. Ces bourses communales, départementales ou de l'État seraient attribuées aux futurs élèves-maîtres, qui recevraient là un enseignement en harmonie avec leur destination et qui y seraient visités et surveillés d'une façon toute particulière par l'inspecteur de l'arrondissement. Grâce à cette organisation, l'enquête réglementaire exigée de MM. les inspecteurs deviendrait facile et fructueuse, car, il faut bien l'avouer, les conditions dans lesquelles elle se fait actuellement laissent fort à désirer.

Les fonctionnaires chargés d'y procéder ne savent que ce que les instituteurs et les autorités locales veulent bien leur dire, souvent le contraire de la vérité.

Les établissements tout naturellement indiqués pour cette destination seraient les écoles supérieures qui vont être créées au chef-lieu de chaque canton ; on trouverait là tous les éléments désirables de succès. Il est bien entendu qu'aucun aspirant ne serait contraint d'aller se préparer dans ces écoles ; la liberté la plus absolue existerait à ce sujet. J'ajouterai qu'en principe mieux vaudrait pour ces jeunes gens l'externat que l'internat, et je crois qu'il serait facile de réaliser cette condition. Si, en effet, l'école n'était pas assez rapprochée du domicile de l'élève pour qu'il pût rentrer chaque soir au foyer paternel, on le placerait soit chez un parent, soit chez un ami de la famille.

Voyons maintenant quelles conditions devraient remplir les jeunes gens pour être reçus à l'école normale.

D'abord, pour les raisons que j'ai établies précédemment, il convient de maintenir à 16 ans l'âge minimum d'entrée ; quant à l'âge maximum, il ne devrait pas dépasser 18 ans, car au delà nous courons risque de ne plus trouver que des intelligences ingrates, rétives ou alourdies, qui se sont dirigées vers l'école comme un pis aller parce qu'elles n'ont pu réussir dans une autre carrière. Mieux vaut avoir moins d'aspirants que d'être exposé à admettre ceux-ci.

Au point de vue des qualités morales, nous devons être sévères. Il est donc important que les antécédents des candidats soient bien connus, ce qui sera facile quand ces jeunes gens auront été admis, comme nous le désirons, dans les écoles supérieures cantonales. En tout cas, l'enquête réglementaire devra toujours être l'objet d'un soin particulier et nous n'avons aucun doute sur le zèle que MM. les inspecteurs y apporteront.

En ce qui concerne les connaissances exigées des aspirants, il est une première garantie que nous devons absolument réclamer. Presque partout aujourd'hui, on a établi l'institution des certificats d'études primaires, et les quelques départements qui ne l'ont pas encore adoptée ne tarderont pas à suivre l'impulsion donnée. Or, les enfants munis de ce diplôme ont déjà fait preuve d'une supériorité relative qui n'est pas à dédaigner; pour cette raison, nous ne devrons admettre sur la liste des aspirants que les jeunes gens qui pourront justifier de la possession de ce titre. Tous les autres devront être impitoyablement rejetés, à moins qu'il ne soit prouvé par des raisons péremptoires qu'ils n'ont pu subir cet examen.

Les pièces à produire pour l'inscription sont énumérées dans l'arrêté du 2 juillet 1866, il suffit d'ajouter à la liste le certificat d'études et tout sera complet.

Quant à l'examen institué par l'arrêté du 31 décembre 1867, je crois, Messieurs, que pas un de nous ne consentirait à en faire l'abandon. Il doit donc être maintenu ; mais il me paraît nécessaire de donner un peu plus d'extension au programme. Ainsi on devrait ajouter aux épreuves écrites le dessin linéaire comme matière obligatoire et décider que la composition française ne porterait jamais sur un récit tiré de l'histoire sainte ou de l'histoire nationale. Sans cette condition, en effet, nous aurons toujours des candidats qui feront preuve de leur plus ou moins de mémoire, mais non de leur culture intellectuelle.

Pour les épreuves orales, je voudrais qu'on ajoutât le chant et les principes élémentaires de la musique vocale, puis qu'on élargît le programme de l'arithmétique en l'augmentant de la divisibilité, des fractions ordinaires et des règles de trois. Enfin la géographie devrait comprendre l'étude sommaire du globe entier, mais avec des détails circonstanciés en ce qui concerne la France. Les autres matières resteraient telles qu'elles ont été établies par les règlements. On courrait risque, en effet, en élevant trop cet examen, de le rendre plus difficile que celui du brevet et par conséquent d'éloigner de nos écoles bon nombre de candidats sérieux.

Pour les aspirantes, le programme serait le même, en y ajoutant les travaux à l'aiguille; les autres conditions d'admissibilité seraient identiques à celles exigées des aspirants. Enfin, il est entendu que, pour être inscrit sur la liste d'admissibilité, le candidat devroit avoir obtenu une note moyenne d'au moins cinq points sur l'ensemble des matières, et que la nullité d'une épreuve entraînerait l'ajournement. Cette double clause existe déjà et doit être maintenue.

Terminons ce long exposé par une observation importante. Vous savez, Messieurs, combien les concours peuvent produire de surprises. Nous avons tous été frappés de cette anomalie, qu'un aspirant qui avait brillé dans l'examen et qui, pour cette raison, avait été classé dans un bon rang à son entrée à l'école, se montre quelquefois insuffisant dans les cours et descend bientôt à la queue de sa division. Aussi ai-je pu me dire assez souvent avec une certaine inquiétude : peut-être avons-nous rejeté quelques sujets mieux doués que ceux que nous avons reçus. Il me paraît bien difficile d'obvier à cet inconvénient. Un de nos honorables collègues me proposait un moyen qui serait efficace, mais qui malheureusement n'est pas pratique. Ce serait d'admettre à l'entrée le double des aspirants nécessaires pour le contingent, de les garder tous pendant trois mois à l'école ; puis, après ce temps d'épreuves, de réduire le nombre au chiffre normal en excluant ceux qui auraient montré le moins d'aptitude. Il est vrai qu'ainsi le choix serait le meilleur possible ; mais que de difficultés dans l'exécution ! Je n'en signalerai que deux : la rupture d'équilibre du budget de l'école et l'impossibilité où sont la plupart de nos établissements de recevoir ce surcroît d'élèves, tant à cause du manque d'étendue des pièces réservées aux divers services qu'à cause de l'insuffisance de notre mobilier. Nos écoles sont organisées pour un nombre déterminé d'élèves et ne peuvent guère en recevoir davantage.

Si cet expédient me semble absolument impraticable, il est un autre moyen que je me permettrai de vous proposer et que je vous prie de vouloir bien examiner avec soin. Voici en quoi il consisterait :

L'époque du concours serait fixée après l'ouverture des vacances ; on réunirait alors à l'école tous les aspirants ; on les y garderait cinq à six jours, les soumettant, sous la direction des professeurs de l'établissement, au même régime que les élèves-maîtres ; leur faisant faire pendant ce temps les compositions écrites, ainsi que les autres épreuves de l'examen. On aurait ainsi tout le loisir pour étudier leurs goûts, leur caractère et leurs aptitudes. Les notes données avec soin sur ces divers éléments, jointes à celles qui résulteraient des épreuves techniques, permettraient d'obtenir un bon classement. Nul doute que cette manière d'opérer ne donne sur les candidats une appréciation, sinon absolue, du moins bien plus exacte que celle que nous obtenons par le système actuel. Ce serait de la peine ajoutée aux labeurs déjà pénibles du directeur et de ses adjoints ; mais je suis convaincu qu'en présence des bons résultats qu'on en devrait tirer, pas un seul ne reculerait devant ce surcroît de travail.

Enfin, malgré toutes les précautions dont nous nous sommes entourés, nous pouvons avoir été trompés, et peut-être avons-nous admis avec les bons élèves une nature vicieuse ou indisciplinée. Si ce cas, qui deviendra certainement fort rare, se présente, il n'y a pas à hésiter, l'école doit chasser cette brebis galeuse. Mais voyez la conséquence : cet élève, qui, après tout, peut être intelligent, se présentera dès la session suivante devant le jury d'examen et pourra obtenir le brevet. Pour ses anciens camarades, et même pour le public, c'est un pernicieux exemple qu'il faut éviter à tout prix. Il conviendrait donc, je crois, d'interdire à ce jeune homme le droit de se présenter avant l'époque où il aurait dû régulièrement quitter l'école. Ne vous apitoyez pas sur son sort : il retournera à la culture du sol ou embrassera toute autre profession dans laquelle il réussira peut-être. Quant à vous, vous aurez rendu un grand service à la société en débarrassant le corps de l'enseignement de ce membre gangrené.

Voilà, Messieurs, ma tâche à peu près terminée. J'ai passé successivement en revue les moyens que je crois propres à assurer à nos écoles un recrutement d'élèves offrant de solides garanties de moralité, d'instruction et d'aptitudes spéciales pour les fonctions délicates auxquelles ils seront appelés plus tard. Il me reste à résumer ce travail, à le condenser en quelques propositions que vous voudrez bien examiner, et sur lesquelles vous aurez à donner votre avis, soit en les adoptant telles quelles, soit en les modifiant, soit enfin en les complétant par d'autres dispositions qui vous paraîtraient devoir atteindre le but vers lequel nous marchons en commun, savoir : l'amélioration du personnel si modeste, mais si utile des instituteurs publics, et par suite le développement progressif et rapide de l'éducation populaire.

Et maintenant, Messieurs, que mes dernières paroles soient un acte de reconnaissance à l'adresse de M. le Ministre et de notre éminent Directeur du personnel, qui ont déjà tant fait pour l'enseignement public. Remercions-les d'avoir bien voulu nous appeler de tous les points de la France pour nous permettre de nous connaître, de nous apprécier, d'échanger nos idées et d'émettre en pleine et entière liberté nos opinions sur les réformes qu'appellent de tous leurs vœux les vrais amis de l'instruction primaire.

CONCLUSIONS ET PROPOSITIONS

1º Élever à 19 ans l'âge auquel les aspirants et aspirantes peuvent se présenter à l'examen du brevet.

2º N'y aurait-il pas lieu de supprimer la session d'examens du mois de Mars?

3º Modifier et élever le programme d'examen du brevet simple en y ajoutant : 1º une épreuve de pédagogie, 2º la géométrie plane, 3º l'arpentage, 4º le dessin linéaire, 5º des principes d'hygiène, 6º le chant et la musique vocale, 7º l'agriculture et la gymnastique rendues d'ailleurs obligatoires en vertu de lois récentes, 8º enfin, augmenter le programme de l'arithmétique en y ajoutant l'étude des racines carrées et cubiques. Décider en outre que le sujet de style ne sera jamais puisé dans l'histoire de France.

4º Supprimer l'équivalence établie par la loi entre le brevet et certains autres titres, comme certificat de stage, lettres d'obédience, diplôme de bachelier, etc. Le brevet serait désormais obligatoire pour exercer la profession d'instituteur.

5º Accorder des primes annuelles aux instituteurs qui feraient recevoir le plus de candidats à l'école normale.

6º Établir la gratuité absolue des écoles normales. (Cet article est ici inséré pour mémoire, M. le ministre ayant déjà proposé un projet de loi dans ce sens.)

7º Placer les élèves-maîtres reçus instituteurs avant tous les autres jeunes gens brevetés, à qui on ne donnerait de postes qu'à défaut d'élèves sortant de l'école normale. Quand il faudra donner de l'avancement aux instituteurs, prendre en grande considération le titre d'ancien élève-maître.

8º Nommer titulaires les étrangers aux écoles normales trois ans plus tard que l'ancien élève-maître.

9º Maintenir pour les instituteurs la dispense militaire avec toutes ses conséquences actuelles.

10º Créer dans les écoles supérieures cantonales des bourses en faveur des jeunes gens qui se destinent à l'école normale.

11º Exiger de tout aspirant à l'école normale le certificat d'études primaires.

12º Conserver le minimum de 16 ans et établir le maximum de 18 ans pour l'âge des aspirants à admettre à l'école.

13º Conserver le concours pour déterminer l'admission et ajouter au programme : 1º le dessin linéaire, 2º le chant, les

principes élémentaires de musique vocale, 3° étendre le programme d'arithmétique en y ajoutant les principes de divisibilité et les fractions ordinaires, 4° à l'étude de la géographie
de la France ajouter l'étude sommaire de la géographie des
cinq parties du monde, 5° décider enfin que le sujet de composition française ne portera ni sur l'histoire sainte ni sur
l'histoire de France.

Pour les aspirantes, ajouter au programme précédent les
travaux à l'aiguille.

Une note moyenne de 5 sera, comme par le passé, exigible
dans l'ensemble des matières d'examen pour que l'admissibilité puisse être prononcée.

La nullité d'une épreuve entraîne l'ajournement.

14° Décider que les aspirants, lors du concours, seront
astreints pendant 5 ou 6 jours à suivre le régime de l'école
normale, afin qu'il soit possible, tout en leur faisant subir
l'examen, d'étudier leur caractère et leurs aptitudes.

15° Tout élève exclu de l'école normale ne pourra se présenter devant aucune commission d'examen pour le brevet
avant l'époque où il aurait dû sortir régulièrement de
l'école.

16° Toutes les dispositions ci-dessus sont applicables aux
aspirants comme aux aspirantes, sauf en ce qui concerne la
gymnastique et l'agriculture.

FRADET,
Directeur de l'École Normale de Châteauroux.

PROCÈS-VERBAL

Le jeudi 1er avril 1880, à 8 heures et demie du matin, dans une des salles du Lycée Saint-Louis, la 2e section des conférences pédagogiques instituées à Paris par M. le ministre de l'Instruction publique et des Beaux-Arts, s'est réunie sous la présidence de M. Chopinet, élu président par les membres de la section.

Tous les membres étaient présents, à l'exception de M. Dupaigne, inspecteur primaire à Paris, et Mme Guy, directrice de l'école normale de Besançon.

Aussitôt la séance ouverte, M. le Président a donné la parole à M. Fradet, directeur de l'école normale de Châteauroux, rapporteur de la 2e question de pédagogie posée par M. le Ministre.

Les différentes questions résultant du rapport ont été immédiatement mises en discussion. Chacune d'elles a été examinée dans l'ordre énoncé ci-après, et les membres composant la section ont adopté les réponses consignées à la place qui leur appartient :

1° Faut-il élever à dix-neuf ans l'âge auquel les aspirants et les aspirantes peuvent se présenter à l'examen du brevet ?

R. — L'âge d'entrée à l'école normale devra être fixé à quinze ans, et celui de l'examen du brevet de capacité à dix-huit ans, en ce qui concerne les jeunes filles. — Les jeunes gens devront avoir 16 ans au moins et 18 ans au plus à l'époque de leur examen d'entrée à l'école normale ; ils devront avoir dix-neuf ans au moins quand ils subiront les épreuves de l'examen du brevet de capacité.

M. le Directeur de l'école normale d'Alger émet le vœu qu'une exception soit faite en faveur de la région qu'il représente et que l'âge d'admission des élèves-maîtres fixé à quinze ans leur permette de subir à dix-huit ans l'examen du brevet de capacité.

Un examen professionnel devra toujours s'ajouter aux matières du programme quand il s'agira de jeunes gens qui tous se destinent à l'enseignement. — Cette épreuve ne viendra s'ajouter à l'examen des aspirantes qu'autant qu'elles voudront se consacrer à la carrière de l'enseignement.

2° N'y aurait-il pas lieu de supprimer la session du mois de mars ?

R. — Il faut conserver les deux sessions de mars et de juillet.

3° Faut-il modifier et élever le programme d'examen du brevet simple en y ajoutant : 1° une épreuve de pédagogie ; 2° la géométrie plane ; 3° l'arpentage ; 4° le dessin linéaire ; 5° des notions d'hygiène ; 6° le chant et la musique vocale ; 7° l'agriculture et la gymnastique rendues d'ailleurs obligatoires en vertu de lois récentes ; 8° enfin, augmenter le programme de l'arithmétique en y ajoutant l'étude des racines carrées et cubiques, et décider en outre que le sujet de style ne sera jamais puisé dans l'histoire de France ?

R. — Élever le programme de manière à faire comprendre aux candidats la nécessité de suivre les cours de l'école normale avant de subir les épreuves de l'examen du brevet de capacité.

4° Faut-il supprimer l'équivalence établie par la loi entre le brevet et certains autres titres comme les lettres d'obédience, le certificat de stage, le diplôme de bachelier, etc., et rendre le brevet obligatoire pour permettre d'exercer les fonctions d'instituteur ou d'institutrice ?

R. — Oui.

5° Faut-il accorder des primes annuelles aux instituteurs qui feraient recevoir le plus de candidats à l'école normale ?

R. — Oui ; des primes devront être accordées aux insti-tuteurs et aux institutrices, publics et libres, qui se seront le plus distingués dans la préparation des candidats à l'école normale.

6° Faut-il établir la gratuité absolue des écoles normales ?

R. — Oui.

7° N'est-il pas convenable de placer les élèves-maîtres reçus instituteurs avant tous les autres jeunes gens brevetés, à qui l'on ne donnerait des postes qu'à défaut d'élèves sortant de l'école normale, et, quand il s'agit de donner de l'avancement aux instituteurs, ne faut-il pas prendre en grande considération le titre d'ancien élève-maître ?

R. — Oui. On devra faire entrer en ligne de compte, pour le classement des instituteurs, les trois années qu'ils auront passées à l'école normale.

8° Faut-il maintenir pour les instituteurs la dispense du service militaire avec toutes ses conséquences actuelles ?

R.. — La section exprime le vœu que les jeunes instituteurs soient astreints à une année de service militaire.

9°. Doit-on créer dans les écoles supérieures cantonales des bourses en faveur des jeunes gens qui se destinent aux écoles normales ?

R. — Non.

10° Créera-t-on des écoles préparatoires ?

R. —. Non, pour le recrutement des élèves-maîtres. Mais il pourra y avoir dans chaque école normale de filles une division spéciale préparant les élèves-maîtresses à subir les examens d'entrée à l'école normale.

11° Faut-il exiger de tout aspirant à l'école normale le certificat d'études primaires ?

R. — Oui.

12° Doit-on conserver le concours pour déterminer l'admission et ajouter au programme : 1° le dessin linéaire ; 2° le chant et les principes élémentaires de musique vocale ; 3° étendre le programme d'arithmétique en y ajoutant les principes de la divisibilité et les fractions ordinaires ; 4° à l'étude de la géographie de la France ajouter l'étude sommaire des cinq parties du monde ; 5° décider enfin que le sujet de composition française ne portera ni sur l'histoire sainte, ni sur l'histoire de France ?

Faut-il, pour les aspirantes, ajouter au programme précédent les travaux à l'aiguille ?

La note moyenne 5 sera-t-elle, comme par le passé, exigible dans l'ensemble des matières d'examen pour que l'admissibilité puisse être prononcée, et la nullité d'une épreuve entraînera-t-elle l'ajournement ?

R. — Oui. L'épreuve de style devra toujours être choisie de manière que le candidat ne puisse pas en faire un travail exclusif de mémoire.

Les travaux à l'aiguille devront, pour les aspirantes, être introduits dans les épreuves du concours.

Il sera tenu compte, pour l'admission, de la valeur morale du candidat.

La commission d'examen sera composée de l'Inspecteur d'Académie, président, de tous les Inspecteurs primaires du département et du Directeur et de la Directrice de l'école normale.

Pour le jugement des épreuves, il sera attaché des coefficients aux différentes matières suivant leur importance.

13° Doit-on décider que les aspirants, lors du concours, seront astreints pendant cinq ou six jours à suivre le régime de l'école normale, afin qu'il soit possible, tout en leur faisant subir l'examen, d'étudier leur caractère et leurs aptitudes ?

R. — Non.

14° Ne faudrait-il pas que tout élève exclu de l'école normale ne puisse se présenter devant une commission d'examen pour le brevet avant l'époque où il aurait dû régulièrement sortir de l'école ?

R. — Tout élève exclu de l'école ne pourra être pourvu d'un emploi dans un établissement public qu'après tous les élèves de sa promotion.

15° Toutes les dispositions qui précèdent seront-elles applicables aux jeunes filles comme aux jeunes gens, sauf en ce qui concerne l'agriculture et la gymnastique ?

R. — Toutes ces dispositions sont applicables aux aspirants comme aux aspirantes, sauf en ce qui concerne l'agriculture. Pour ces dernières, l'agriculture proprement dite sera remplacée par des notions d'économie domestique.

Sur la proposition de Mmes les Directrices d'école normale, la section émet le vœu que pour les jeunes filles les trois années passées comme élèves-maîtresses entrent en ligne de compte dans l'engagement décennal qu'elles contractent vis-à-vis du département.

La séance, qui avait été interrompue à onze heures et demie, après le vote de la 10e proposition, a été reprise à deux heures et demie et définitivement levée à cinq heures et demie du soir.

Fait à Paris, au lycée Saint-Louis, le 2 avril 1880.

Les Secrétaires,	*Le Président,*
DUBOIS,	CHOPINET.
CADORET.	

Les Vice-Présidents :

CREUTZER,
CHAUMEIL.

TROISIÈME SECTION

RAPPORT

Présenté par M. Jadot, directeur de l'école normale de
Châlons-sur-Marne.

Messieurs,

L'avenir de l'instruction primaire dépend en grande partie
de la question qui nous occupe. Pour avoir de bonnes écoles,
il faut de bons maîtres, c'est-à-dire des maîtres *suffisamment* instruits, honnêtes et dévoués, dont l'aptitude professionnelle ait
été développée avec méthode. Les écoles normales seules don-
neront à la société des instituteurs remplissant ces conditions :
on acquiert ailleurs les connaissances exigées pour un diplôme,
on n'y reçoit pas l'éducation sérieuse que nous demandons
aux maîtres de l'enfance.

Jusqu'ici les écoles normales ont-elles atteint ce but? Ce qui
est certain, c'est que les meilleurs instituteurs en sont sortis,
et elles ont rendu des services inappréciables; mais nous ne
pouvons prétendre qu'elles aient réalisé tout ce qu'on est en
droit d'en attendre. S'il n'y avait qu'à perfectionner leur organisation au point de vue de la discipline ou de l'enseignement,
le progrès serait facile, et d'ailleurs, sous ce rapport,
nos écoles normales sont beaucoup moins défectueuses qu'on
ne l'a dit souvent. Ce qui paralyse les efforts des directeurs
et des maîtres, c'est l'insuffisance de la préparation première.
Cette question est donc de la plus haute importance, et je vais
essayer de l'examiner sous ses différents points de vue.

1º Des études qui doivent précéder l'entrée à l'école normale.

Aujourd'hui l'élève-maître ne vient pas précisément compléter
à l'école normale un enseignement commencé ailleurs : pas de
relation entre les programmes qu'on lui développe et ceux

sur lesquels a été basé le premier enseignement ; les méthodes
diffèrent ; les livres ne se ressemblent guère non plus.
L'instruction donnée aux jeunes aspirants à l'école normale n'ayant pas été la préparation à ce qu'ils étudieront
plus tard, ils sont six mois, souvent un an, avant de profiter
sérieusement, quand ils en profitent, des leçons qui leur sont
faites, et avant de comprendre les méthodes suivies. Que de
fois tous les efforts sont inutiles lorsque l'on veut réparer à
la hâte l'insuffisance d'une première instruction ! Et que de
découragements aussi chez certains élèves qui s'exagèrent les
difficultés à vaincre !

Comment remédier à un tel état de choses ?

En obtenant que l'école primaire devienne réellement l'introduction à l'école normale, ou plutôt que l'école normale soit
la continuation de l'école primaire, nous supposons, bien entendu, celle-ci organisée d'après des programmes et des méthodes bien déterminés. Le programme de l'école normale
suivra le programme de l'enseignement primaire, en l'étendant
et en le complétant dans toutes ses parties, et les études surtout seront faites au point de vue pédagogique.

Dès lors un maître ne se demandera plus comment il doit
préparer un candidat à l'école normale : la voie à suivre sera
toute tracée, et le professeur de l'école normale, fixé sur l'éten
due du cadre qu'il doit remplir, continuera le premier enseignement donné à l'élève-maître en employant la même méthode et les mêmes procédés, avec plus de moyens à sa disposition pour compléter et approfondir l'instruction déjà acquise.

Ce sera l'instituteur qui commencera à développer l'aptitude
pédagogique d'un enfant, et cela le jour même où cet enfant
recevra une première leçon. L'école normale ne modifiera pas
les méthodes d'abord suivies, et de plus des leçons théoriques
de pédagogie érigeront alors en une science raisonnée, en principes, tout ce que l'élève-maître a vu faire depuis qu'il est sur
les bancs de l'école.

Dans quelles conditions cette direction de l'enseignement
primaire est-elle possible ? Il me paraît facile de l'apercevoir.
Nous sommes d'accord sur la nécessité de bien déterminer
trois degrés dans l'enseignement primaire : qu'un programme
conçu largement, dans le même esprit que ceux de nos écoles
primaires, vienne compléter ceux-ci dans toutes leurs parties
pour répondre entièrement à tout ce qu'on doit exiger du maître,
et l'enseignement prendra nécessairement la voie que nous
avons indiquée. Les candidats à l'école normale devront posséder les matières du cours primaire supérieur, et le concours

qui précédera l'entrée à l'école nous garantira que, parmi ces
candidats, nous n'admettrons que ceux qui se seront fait le plus
remarquer par leur aptitude.

J'ai cru utile, Messieurs, d'insister sur la nécessité de conserver aux écoles normales tout le caractère des études primaires. Ce principe ne peut nuire en rien à l'instruction des
élèves-maîtres; il contribuera au développement de leur aptitude
à l'enseignement, il assurera une préparation uniforme et sérieuse des aspirants à l'école.

2º *Faut-il instituer des écoles préparatoires aux écoles normales ?*

Ce que nous venons de dire au sujet des études des élèves-
maîtres nous conduit à cette question : faut-il instituer des
écoles préparatoires pour les écoles normales?

Si la préparation est entendue comme nous l'avons indiqué, tout
instituteur consciencieux et dévoué ne peut-il conduire un élève
intelligent aux limites du programme des études primaires?

Ne sera-t-il pas même flatté de faire entrer un de ses élèves
à l'école normale? Qu'on ne dise pas qu'un candidat à l'école
normale demande des soins particuliers. Cela est vrai; mais
il rend aussi des services particuliers à l'instituteur. Au point
de vue de son éducation, nous pensons qu'un candidat n'a
qu'à gagner à une sorte d'intimité qui s'établit toujours entre
un maître et un jeune homme de 14 ou 15 ans qui se voue
à la même carrière. Le maître lui-même trouve son avantage
à ce contact, à ces soins qu'il donne. Objectera-t-on que, si un
élève a suivi les cours de l'école primaire jusqu'à l'âge de 13
ans, son instruction ne se développera guère jusqu'à l'âge de
16 ans? Sans doute, à 13 ans, un enfant peut avoir parcouru
successivement tous les cercles par lesquels nous figurons souvent les différents degrés de l'enseignement primaire; il peut
enfin avoir obtenu un certificat constatant qu'il a suivi avec
succès le cours supérieur, et c'est la première garantie que
nous devons exiger; mais trouvera-t-on un enfant qui, à cet
âge, possède parfaitement toutes les matières de l'examen qu'il
a subi? L'ensemble de ces matières constitue une instruction
déjà développée; on s'en convaincra en étudiant quelques-uns
des programmes suivis à présent. Certainement les élèves-
maîtres qui nous arrivent possèdent rarement ce dègré d'instruction, et pour être bien préparés au concours d'entrée à
l'école normale, les jeunes gens de 13 ou 14 ans sont loin
d'avoir du temps à perdre.

Nous pensons donc que la préparation isolée est infiniment préférable à toute autre.

Des écoles préparatoires où seraient réunis un grand nombre d'aspirants auraient nécessairement une organisation pédagogique peu en rapport avec celle de nos écoles primaires ; le but principal serait le succès dans le concours, et nous savons tous quels procédés amène cette préoccupation.

Je ne parle pas de l'influence fâcheuse que pourrait avoir sur les dispositions des élèves-maîtres une agglomération de jeunes gens, dont une grande partie ne seraient pas admis à suivre les cours de l'école normale.

Encourageons donc la préparation isolée faite par des instituteurs sérieux. Elle aura lieu dans les conditions les plus avantageuses, lorsqu'une direction pédagogique des écoles et des programmes d'études auront été arrêtés et imposés.

Ce serait peut-être le cas d'examiner, au point de vue qui nous occupe, les conditions qui seront offertes par les écoles primaires supérieures que l'on va créer.

Avant de formuler un jugement, il faudrait voir fonctionner ces écoles. Cependant, je n'hésite pas à exprimer l'avis qu'il ne conviendra d'y favoriser que les préparations isolées, comme dans les autres écoles primaires. Je crois que tout intermédiaire entre l'école primaire, l'école rurale, si l'on veut, et l'école normale doit être supprimé. L'éducation de nos élèves-maîtres sera meilleure, et assurément leur instruction n'y perdra rien. Sans doute, nous supposons l'enseignement primaire partout bien organisé : j'ai la conviction que cette organisation va exister.

3° Que peut-on faire pour diriger les vocations des jeunes gens vers l'enseignement primaire ?

Cette question est délicate et complexe.

A l'instituteur d'encourager un jeune homme dont il remarque l'aptitude et le goût pour l'enseignement ; nous lui en saurons gré, avons-nous dit. Constatons et guidons ses efforts en suivant de très près, dans les inspections, les élèves qui se destinent à l'école normale.

Cela se pratique ordinairement, cela se fera encore mieux si un article du Bulletin d'inspection est consacré spécialement aux élèves de 12 à 16 ans qui se destinent à l'école normale. Cette source d'informations sur l'aptitude intellectuelle et sur la moralité des futurs élèves-maîtres est la plus sûre, la seule possible peut-être, et elle aura pour résultat d'exciter le zèle des instituteurs.

Mais, allant au fond des choses, cherchons les motifs qui peuvent déterminer un jeune homme à embrasser la carrière de l'instruction primaire.

S'il faut avant tout la vocation, il faut aussi que la position sociale qu'offre la carrière puisse être acceptée ou même enviée.

Aujourd'hui, les préoccupations de la vie matérielle ne viendront plus assaillir les instituteurs : on a augmenté leurs traitements, et on les augmentera encore.

N'y a-t-il pas d'autres préoccupations qui peuvent arrêter un jeune homme et sa famille, quand il s'agit de se déterminer pour le choix d'une profession?

Il serait peut-être courageux à nous de dire que nous sommes loin de former un corps vivant, mû par une seule pensée, un même dessein, une seule direction.

N'est-il pas vrai que, dans nos modestes et importantes fonctions, nous sommes souvent obligés de tenir compte de circonstances étrangères à l'instruction primaire? Non seulement l'instituteur, mais ses chefs eux-mêmes sentent qu'ils ne vivent pas, et s'attachent seulement à ne pas mourir.

Un corps de fonctionnaires servira-t-il utilement une grande cause comme la nôtre, si chaque membre ne se sent protégé efficacement contre les influences que ne touchent peut-être pas assez les considérations d'ordre scolaire? Souvent j'ai entendu dire, et vous tous aussi, Messieurs : L'instituteur est le domestique de tout le monde, il faut qu'il plaise à toutes les autorités. Il serait bien temps qu'il fût seulement le directeur de son école, et qu'il n'eût à se laisser guider que par ses supérieurs, pouvant compter sur leur justice et sur une protection efficace de leur part.

Cette sécurité, n'en doutons pas, conduirait vers l'enseignement primaire beaucoup de jeunes gens qui s'en écartent. Aussi je vous propose de formuler un vœu : 1° pour que l'instituteur ne soit tenu à remplir que ses fonctions scolaires; 2° pour que le personnel de l'instruction primaire ne dépende absolument que de ses chefs universitaires.

4° Quelles mesures peut-on demander relativement à la situation des élèves-maîtres dans les écoles normales ?

L'école normale seule, on le reconnaît, donne une instruction solide et s'attache à former de bons instituteurs. Dès lors, ne conviendrait-il pas d'y recevoir un personnel d'élèves en rapport avec le nombre de postes du département où l'école est placée, et dans une proportion qui serait la même partout, soit 1/20e du nombre de postes, par exemple? Pour un recrutement de 20 ou 25 instituteurs par an, nous n'aurions plus des départements ne recevant que 10 ou 12 élèves-maîtres. On ne trouverait plus qu'il est inutile d'aller passer trois ans dans une école normale, quand, avec la facilité qui existe d'obtenir un brevet, on est pourvu immédiatement d'un poste, on supplante, pour ainsi dire, les élèves d'une école où souvent on n'a pu entrer.

D'autres causes favorisent la préparation au brevet, faite en dehors des écoles normales.

Un élève-maître commence sa carrière au plus tôt à 19 ans, un élève étranger peut la commencer à 18 ans.

Des jeunes gens qui échouent au concours pour l'entrée à l'école normale sont autorisés à subir aussitôt l'examen du brevet, ou plutôt ils se font inscrire à la fois pour l'école normale et pour le brevet.

Au point de vue du stage à faire dans une école publique, c'est-à-dire du temps passé dans les fonctions d'instituteur-adjoint, on traite à peu près également les élèves-maîtres et les élèves étrangers.

Sur ces différents points, Messieurs, il vous sera donc soumis quelques propositions pour des mesures propres à amener les jeunes gens à l'école normale.

Nous demanderions tous la gratuité pour tous les élèves-maîtres, si cette mesure ne faisait pas partie d'un projet de loi sur l'instruction, mesure qui certainement sera adoptée.

Lorsqu'un enfant appartenant à une famille nécessiteuse annonce, à l'école primaire, des dispositions à l'enseignement, n'y aurait-il pas lieu d'aider cet enfant à suivre sa vocation, en dispensant la famille non seulement des frais de pension, mais de tous les frais d'études, de trousseau et autres?

Peut-être pourrait-on solliciter les municipalités de venir en aide aux familles nécessiteuses qui se priveraient du produit du travail de leur enfant.

Je soumets ces considérations à votre examen.

5° Quelles obligations doit entraîner le service militaire pour les élèves-maîtres et pour les instituteurs?

Le service militaire étant obligatoire pour tous les citoyens, y a-t-il des raisons suffisantes pour que les membres de l'enseignement public en soient dispensés?

Je ne parlerai pas du sentiment patriotique qui nous anime tous pour repousser un privilège.

Si l'on invoquait une compensation due pour des services professionnels, nous trouverions la mesure injuste quand il s'agit d'une dette sacrée de tout citoyen vis-à-vis de sa patrie.

L'exemption du service militaire ne doit avoir lieu que si l'obligation apporte un empêchement à un autre service public très important.

Est-ce le cas qui se présente pour les fonctions universitaires? En un mot, aura-t-on moins d'aspirants aux fonctions d'instituteurs avec l'obligation du service militaire, et les fonctionnaires auront-ils moins de valeur?

Admettre que le privilège d'être dispensé du service militaire puisse seul déterminer un jeune homme à embrasser la carrière de l'enseignement, c'est reconnaître à ce jeune homme bien peu de caractère et de dignité. Nos instituteurs n'en sont pas là, qu'on en soit persuadé.

Bien rares sont les exceptions amenées par l'influence des parents. Et si d'ailleurs l'obligation du service militaire éloigne de l'école normale quelques jeunes gens qui y seraient venus sans elle, nous ne nous en plaindrons pas : ces jeunes gens n'avaient ni le dévouement ni l'énergie nécessaires à un bon maître.

Mais du moins, le service militaire n'arrêtera-t-il pas bien des vocations, parce qu'il prendra plusieurs années à de jeunes maîtres, et parce qu'il leur donnera des habitudes ou des dispositions peu en rapport avec les fonctions d'instituteur?

Si l'instituteur devait rester trois ou quatre années sous les drapeaux, nous convenons qu'il y aurait pour lui une grande perte de temps, préjudiciable aux intérêts des écoles. Mais le premier et le résultat essentiel à obtenir, c'est que nos instituteurs soient à même de commencer sérieusement l'éducation militaire des enfants, et ils auront tout ce qui est nécessaire à ce point de vue, si eux-mêmes, pendant un certain temps, ont vécu de la vie militaire, ont été instruits et dirigés par des chefs militaires.

Or, rien ne serait plus facile que de faire entrer dans les écoles normales, pour la part qui lui est due, l'instruction ou l'éducation militaire. Déjà les exercices y sont organisés.

Que l'on fasse apprécier les résultats obtenus par un chef qui passerait une revue tous les trois mois, et que l'on complète l'instruction donnée à l'école en retenant les élèves-maîtres sous les drapeaux pendant vingt jours, chaque année, au commencement des vacances. Ils seraient alors entièrement soumis au régime militaire. Faite dans ces conditions pendant trois ans, l'instruction des normaliens sera complète. Ils instruiraient à leur tour les jeunes gens, et eux-mêmes seraient soumis à la loi commune, faisant partie de l'armée de réserve.

C'est dans ce sens que je comprends l'obligation du service militaire pour l'instituteur.

Naturellement, les jeunes gens qui, en dehors des écoles normales, se prépareraient aux fonctions d'instituteur, seraient astreints à un service assez long pour acquérir une instruction suffisante, et ce service serait d'une année au moins.

Nous pensons que ce système, tout en favorisant le recrutement des écoles normales, aurait une heureuse influence sur l'éducation des élèves-maîtres, et par conséquent sur la direction de l'éducation dans les écoles primaires. L'esprit de discipline, de dévouement et de patriotisme serait mieux compris partout. Sans attacher de privilège à aucune profession, et sans rendre pénible ou difficile un service que tout citoyen doit à la patrie, nous assurerions dans de bonnes conditions le recrutement du personnel de l'instruction primaire.

C'est dans ces vues, Messieurs, qu'ont été formulées les propositions soumises à votre appréciation, relativement à l'obligation du service militaire pour les instituteurs.

6° Dans quelles conditions doit avoir lieu le concours pour l'entrée à l'école normale?

Après avoir parlé de la direction des premières études des élèves-maîtres, des moyens de suivre et d'encourager les vocations, étudions la question du concours pour l'entrée à l'école.

Les enquêtes faites par les soins de MM. les inspecteurs primaires sont la meilleure garantie possible sur la moralité des aspirants et aussi sur leur aptitude, lorsqu'il a été possible à MM. les inspecteurs de suivre les études des jeunes gens pendant plusieurs années.

Nous nous trouvons donc en face d'un certain nombre de postulants qu'il s'agit de classer.

Je crois être d'accord avec vous tous, en disant que les examens, tels qu'ils sont réglementés, constatent beaucoup plus l'instruction acquise que l'aptitude et l'intelligence. Nous recevons souvent des jeunes gens préparés par des maîtres habiles,

qui ont appris à la hâte ce qu'il faut pour passer l'examen, et
non pour suivre avec fruit les cours de l'école normale ; leur
instruction est faite ; elle n'est pas suffisante, et nos efforts
échouent pour la développer.

Une dictée, un problème, une page d'écriture, un devoir
de style et un examen oral de quelques minutes, voilà les
bases du jugement porté sur les aspirants.

Une préparation faite à coups de livres et d'exercices suffit
souvent pour ces épreuves. Il faut arriver à constater qu'un
jeune homme possédant parfaitement les connaissances indiquées par les programmes de l'enseignement primaire, a toute
l'aptitude désirable pour l'enseignement qui doit suivre. Pour
cela, ne conviendrait-il pas d'attacher moins d'importance à l'e-
xamen écrit, et d'en accorder beaucoup plus à l'examen oral ?

Je ne pense pas qu'une épreuve spéciale pour l'orthographe
soit nécessaire.

Que l'on accorde deux heures aux aspirants pour traiter une
question littéraire se rapportant aux matières du programme,
et l'on pourra apprécier leurs connaissances sur toutes les
parties de la langue française. Rien n'empêcherait d'ailleurs
d'ajouter à ce travail l'explication grammaticale et littéraire
d'un texte de quelques lignes.

Une deuxième épreuve écrite porterait sur l'arithmétique
et sur quelques notions de géométrie pratique. Deux heures
seraient aussi accordées pour cette composition. On jugerait
de l'écriture des candidats par leurs compositions écrites. .

Les deux épreuves que nous indiquons permettraient certainement d'éliminer tous les candidats incapables. Resterait
l'examen oral, le plus important à notre point de vue.

Disons tout de suite qu'il se présente une question de temps
devant laquelle il ne faut pas reculer.

Ce n'est pas en quelques minutes qu'on peut apprécier
l'instruction, l'aptitude et les dispositions d'un jeune homme.
Quelques questions faites un peu au hasard, suivies de réponses plus ou moins précises, ne prouvent absolument rien.

Nous croyons que, les études primaires étant divisées en
trois séries, c'est-à-dire la partie littéraire,

la partie scientifique,

le dessin,

chaque aspirant devrait être interrogé pendant une demi-
heure au moins sur les deux premières parties et pendant
1/4 d'heure sur la troisième. Cette troisième partie n'aurait pas
la même importance que les deux autres dans les notes servant à apprécier les candidats.

Il s'agirait de constater l'instruction acquise, mais surtout l'intelligence et l'aptitude, et nous croyons qu'on y réussirait avec deux entretiens de chacun une demi-heure.

Évidemment la commission d'examen devrait être assez nombreuse pour pouvoir former trois sous-commissions de chacune trois membres. La même sous-commission serait chargée de tout l'examen sur une des parties de l'enseignement.

Si nous ne parlons pas de faire subir aux aspirants une épreuve sur la musique, c'est que cet art n'est pas nécessaire pour une instruction complète.

Nous demandons que la musique soit enseignée partout, mais nous pensons qu'un très bon élève peut-être fort mal doué sous ce rapport. A l'école normale, il apprendra toujours ce qui est nécessaire.

Et si nous insistons sur le dessin, c'est que nous le croyons indispensable, quelles que soient les études auxquelles on se livre, quelle que soit la situation que l'on occupe.

Je termine, Messieurs, en vous soumettant, relativement au concours d'entrée à l'école normale, une opinion qui a été émise par un de nos collègues, directeur d'école normale :

Il pense que tous les candidats admissibles à l'examen oral pourraient être internés à l'école normale pour deux ou trois semaines, aussitôt l'examen écrit terminé. Ils seraient soumis à un régime commun, à des leçons communes, à des interrogations, à des devoirs communs et bien préparés. Après des compositions et des exercices où l'intelligence surtout serait étudiée, l'admission des élèves-maîtres serait prononcée. Le directeur de l'école normale et les maîtres-adjoints apprécieraient les caractères, les tendances, les dispositions naturelles de chaque aspirant.

Il va de soi que les élèves de l'école normale auraient quelques semaines de vacances de plus. Par suite d'un meilleur choix dans le recrutement, il n'y aurait pas à tenir compte de la perte de temps. Vous apprécierez cette combinaison, et vous examinerez si elle peut être appliquée.

Après cet exposé, dans lequel j'ai reproduit presque toujours les appréciations que j'ai entendu exprimer de vive voix, ou qui m'ont été communiquées par écrit, et pour lesquelles je vous prie d'agréer tous mes remerciements, je résume les conclusions sur lesquelles votre discussion portera principalement, sans préjuger aucunement, Messieurs, des questions que vous pourrez introduire directement.

§ 1er. — Des études des aspirants à l'école normale.

1° Les aspirants justifieront, en produisant un certificat d'études primaires supérieures, qu'ils ont étudié toutes les matières de l'enseignement primaire ; ils seront âgés de 16 ans au moins et de 19 ans au plus.

2° Le programme des écoles normales sera établi d'après le programme des écoles primaires, en le complétant et en le développant dans toutes ses parties.

3° La préparation aux écoles normales faite isolément par les instituteurs sera encouragée autant que possible.

4° Il n'y a pas lieu de créer des écoles préparatoires pour les aspirants à l'école normale.

§ 2. — Sur les moyens de diriger les vocations vers l'enseignement primaire.

1° Les instituteurs ne sont astreints à remplir que leurs fonctions scolaires.

2° Le personnel de l'instruction primaire ne relève que de l'administration universitaire.

§ 3. — De la situation des élèves-maîtres.

1° Le nombre des élèves-maîtres de chaque école normale sera fixé d'après le nombre de postes d'instituteurs de chaque département, dans la même proportion.

2° Un aspirant à l'école normale dont l'admission est refusée ne peut se présenter aux examens du brevet de capacité dans l'année qui suit le concours d'entrée à l'école.

3° Les élèves-maîtres sortant des écoles normales se trouvent au même rang, sur la liste d'avancement, que les instituteurs préparés en dehors de l'école qui ont deux ans d'exercice.

4° Des secours seront accordés, autant que possible, aux familles nécessiteuses qui se privent du produit du travail de leurs enfants pour les destiner à l'enseignement primaire.

§ 4. — De l'obligation du service militaire.

1° Les instituteurs sont soumis à l'obligation du service militaire.

2° Ils feront partie de l'armée de réserve, et devront

justifier qu'ils possèdent une instruction militaire suffisante.

3° Les élèves des écoles normales recevront cette instruction sous la surveillance de l'administration de l'armée, et, à la fin de l'année scolaire, ils seront incorporés, pendant vingt jours, dans la garnison la plus rapprochée.

4° Les jeunes gens qui se préparent à l'instruction primaire en dehors des écoles normales devront passer un an au moins sous les drapeaux, et justifier d'une instruction militaire suffisante.

§ 5. — *Du concours d'entrée à l'école normale.*

Le concours d'entrée à l'école normale comprendra :

1° Deux épreuves écrites, une épreuve littéraire et une épreuve sur les sciences mathématiques.

Deux heures seront accordées pour chacune des deux compositions.

2° Des épreuves orales qui auront pour objet toutes les matières du programme du cours supérieur des écoles primaires.

Elles seront divisées en trois parties :

1. Questions littéraires ;
2. Questions scientifiques ;
3. Questions ou exercices de dessin.

Tous les candidats seront interrogés pendant une demi-heure au moins sur chacune des deux premières parties, et pendant un quart d'heure au moins sur la troisième.

Le Rapporteur,

C. JADOT.

PROCÈS-VERBAL

Séance du jeudi matin, 1er Avril

I

DES ÉTUDES DES ASPIRANTS A L'ÉCOLE NORMALE

1° Les aspirants justifieront, en produisant le certificat d'études primaires supérieures, qu'ils ont étudié toutes les matières de l'enseignement primaire ; ils seront âgés de 16 ans au moins et de 19 ans au plus.

L'Assemblée est d'avis que trois années d'études sont insuffisantes pour la préparation sérieuse d'un instituteur et son initiation à la pratique de l'enseignement, d'autant plus que la première année est presque toujours consacrée à une revue des matières sur lesquelles doit être fondé l'enseignement de l'école ; elle décide en conséquence que la durée des études sera fixée à quatre années, que l'âge d'admission sera abaissé à quinze ans, et que, sauf pour des cas exceptionnels appréciés par l'Inspection académique, les candidats ne devront point dépasser l'âge de dix-huit ans.

En ce qui concerne l'examen du certificat d'études primaires exigé des aspirants, il est entendu que cet examen portera sur toutes les matières obligatoires et facultatives de l'enseignement primaire.

2° Le programme des écoles normales sera établi d'après le programme des écoles primaires, en le complétant et en le développant dans toutes ses parties.

Cette correspondance existant déjà, il n'y a point lieu d'établir le programme des écoles normales d'après celui des écoles primaires ; c'est, au contraire, celui des écoles primaires qui doit s'inspirer de celui des écoles normales.

L'Assemblée ne juge point nécessaire l'adoption de cet article.

3º La préparation aux écoles normales, faite isolément par les instituteurs sera encouragée autant que possible.

Admis sans discussion à l'unanimité.

4º Il n'y a pas lieu de créer des écoles préparatoires pour les aspirants à l'école normale.

D'une part les écoles primaires supérieures pourront enseigner aux aspirants les matières facultatives ; d'autre part, les départements seront libres d'ouvrir à leurs frais des écoles spéciales.

L'Assemblée décide, en conséquence, qu'il n'y a pas lieu d'adopter le principe de la création d'écoles préparatoires.

II

SUR LES MOYENS DE DIRIGER LA VOCATION VERS L'ENSEIGNEMENT PRIMAIRE

1º Les instituteurs ne seront astreints à remplir que leurs fonctions scolaires.

2º Le personnel de l'instruction primaire ne relèvera que de l'administration universitaire.

Ces deux articles sont votés par acclamation.

III

DE LA SITUATION DES ÉLÈVES-MAITRES

1º Le nombre des élèves-maîtres de chaque école normale sera fixé d'après le nombre des postes d'instituteur de chaque département.

La Commission émet le vœu que TOUS les instituteurs sortent des écoles normales.

2º Un aspirant à l'école normale dont l'admission est refusée ne peut se présenter aux examens du brevet de capacité dans l'année qui suit le concours d'entrée à l'école.

Un membre fait observer que cette disposition est une atteinte à la liberté individuelle ; que, du reste, cette interdiction nuirait au recrutement des instituteurs ; qu'enfin, il n'y a pas lieu de se préoccuper de cette question, en présence des dispositions de la future loi qui exigera de tout instituteur, en dehors de l'examen du brevet tel qu'il existe, un examen professionnel constatant ses aptitudes pédagogiques.

L'Assemblée conclut à la suppression de ce paragraphe.

3° Les élèves-maîtres sortant des écoles normales se trouvent au même rang, sur la liste d'avancement, que les instituteurs préparés en dehors de l'école qui ont deux ans d'exercice.

Après une courte discussion, l'Assemblée est d'avis que les quatre années passées à l'école normale compteront pour deux années de service en vue de l'avancement et de la retraite.

4° Des secours seront accordés, autant que possible, aux familles nécessiteuses qui se privent du produit du travail de leurs enfants pour les destiner à l'enseignement primaire.

L'Assemblée approuve la proposition du rapporteur et émet le vœu que les instituteurs et institutrices reçoivent aussi, mais avec toutes les garanties d'une juste appréciation, des encouragements sérieux, lorsqu'ils auront fait admettre des aspirants aux écoles normales.

IV

OBLIGATION DU SERVICE MILITAIRE

1° Les instituteurs sont soumis à l'obligation du service militaire.

Admis à l'unanimité, sauf une voix. — L'engagement décennal sera supprimé, sauf pour les boursiers.

2° Ils feront partie de l'armée de réserve, et devront justifier qu'ils possèdent une instruction militaire suffisante.

3° Les élèves des écoles normales recevront cette instruction sous la surveillance de l'administration de l'armée, et, à la fin de chaque année scolaire, ils seront incorporés pendant vingt jours dans la garnison la plus rapprochée.

4° Les jeunes gens qui se préparent à l'enseignement primaire, en dehors des écoles normales, devront passer un an sous les drapeaux, et justifier d'une instruction militaire suffisante.

Relativement à ces trois derniers articles, l'Assemblée, après une longue discussion, au cours de laquelle M. Mariotti a donné lecture de propositions spéciales de sa part sur la question, ne croit pas devoir adopter les conclusions du rapporteur, et s'en remet à la sagesse de l'administration compétente.

V

DU CONCOURS D'ENTRÉE A L'ÉCOLE NORMALE

Le concours d'entrée à l'école normale comprendra :

1° Deux épreuves écrites, une épreuve littéraire, et une épreuve sur les sciences mathématiques.

Deux heures seront accordées pour chacune de ces compositions.

Après discussion, l'Assemblée est d'avis que les épreuves écrites doivent comprendre :

1. Un sujet de rédaction qui ne sera pas emprunté à l'histoire. — Cette composition aura une valeur prépondérante.

2. Une dictée. — Cette épreuve cessera d'être éliminatoire, excepté pour le cas où un aspirant atteindrait le chiffre de 10 fautes.

3. Quelques lignes d'écriture à main posée. Toutefois la note d'écriture sera basée sur la composition spéciale et sur l'expédiée de l'épreuve de rédaction.

4. Une composition d'arithmétique et de notions élémentaires de géométrie, portant à la fois sur la théorie et la pratique.

5. L'exécution d'un dessin portant représentation d'un objet n'offrant pas de difficultés sérieuses.

2° Les épreuves orales qui auront pour objet toutes les matières du programme du cours supérieur des écoles primaires.

Elles seront divisées en trois parties :

1. Questions littéraires ;

2. Questions scientifiques ;

3. Questions ou exercices de dessin.

Tous les candidats seront interrogés pendant une demi-heure au moins sur chacune des deux premières, et pendant un quart d'heure au moins sur la troisième.

L'Assemblée, après discussion, adopte la division proposée par le rapport et précise de la manière suivante la nature des différentes épreuves, sur la durée desquelles elle ne juge pas à propos de se prononcer :

Les questions littéraires comprendront :

1. Une lecture appliquée, avec interrogation sur les étymo-

logies et le sens des mots, la construction de la phrase, la grammaire, etc.

2. L'histoire de France et la géographie générale, en particulier celle de la France.

Les questions scientifiques se composeront d'interrogations sur la théorie et les applications de l'arithmétique ainsi que sur les notions de géométrie élémentaire.

Deux questions élémentaires sur les sciences naturelles.

Les épreuves de dessin comporteront le tracé, au tableau noir, des principales figures de géométrie.

QUESTIONS DIVERSES SUR LESQUELLES L'ASSEMBLÉE A ÉMIS DES VOEUX

1° Écoles normales d'institutrices. — L'Assemblée demande que le temps passé à l'Ecole normale compte pour deux ans dans l'accomplissement de l'engagement décennal, et estime que le recrutement des écoles normales de filles ne pourra s'opérer dans de bonnes conditions, tant que la limite d'âge pour le brevet sera abaissée à 16 ans.

Elle demande que cette limite soit reportée à 18 ans.

La majorité de l'Assemblée est d'avis que les épreuves pour l'obtention du brevet supérieur ou de l'Ordre puissent être, comme celles pour le brevet complet, subies par séries.

Une maîtresse-couturière sera attachée à l'école normale, lorsque la directrice ou l'une des maîtresses-adjointes ne sera point en mesure de se charger de cet enseignement, en particulier pour la coupe des vêtements.

2° Écoles normales d'instituteurs. — Il est demandé que le chiffre des pensions réglant le budget des écoles normales soit égal non au nombre des élèves seuls, mais au nombre de toutes les personnes nourries par l'établissement.

Que les frais de blanchissage, d'éclairage, de loyer des maîtres-adjoints mariés ne soient point prélevés sur les crédits affectés aux pensions ;

Que des modifications sérieuses soient faites dans l'établissement des tarifs qui fixent les prix des denrées dans les diverses régions ;

Que le chiffre des pensions soit généralement élevé en vue d'améliorer le menu et des élèves et des maîtres-adjoints ;

Que la situation et les avantages de ces derniers soient uniformes dans toute la France ;.

Que le loyer des maîtres-adjoints mariés constitue une charge départementale.

3° Examens d'admission. — La commission sera composée du personnel de l'école normale et des inspecteurs primaires, sous la présidence de l'Inspecteur d'Académie.

Les élèves devront subir l'examen du brevet de capacité à la deuxième année d'études, les deux dernières années étant consacrées aux études professionnelles et à la préparation du brevet supérieur.

Les Secrétaires,
HANRIOT,
LAPORTE.

Le Président,
HÉMENT.

Les Vice-Présidents,
GARY,
LEBRUN.

QUATRIÈME SECTION

RAPPORT

Présenté par M. Mariotti, directeur de l'École normale de Versailles.

Mesdames, Messieurs et chers Collègues,

De longs services rendus à la cause de l'instruction primaire me valent, comme à plusieurs de nos collègues, l'honneur de vous adresser la parole en qualité de rapporteur dans ce premier Congrès pédagogique.

J'allais dire le mot d'usage : *le périlleux honneur ;* mais tout me le défend. Il ne s'agit pas ici, en effet, de payer de sa personne autrement qu'en vous fournissant des premiers matériaux utiles et le moins possible discutables : vous n'attendez pas autre chose de vos rapporteurs. Nous sommes un corps homogène par les sentiments, une Assemblée que l'expérience a disposée à un grand éclectisme en matière d'éducation ; nous nous livrerons donc sans passion ni parti pris à la recherche des meilleures solutions que comportent les questions soumises à notre examen.

Ces questions sont de celles auxquelles chacun de nous travaille sans cesse dans la tiède atmosphère de son école, ou à travers les campagnes non moins paisibles de sa circonscription scolaire. Appelés aujourd'hui à en poursuivre l'étude en commun, sous le ciel parisien, nous apporterons dans nos travaux, comme tribut de notre gratitude envers l'Administration supérieure qui nous y a conviés et de notre dévouement à la chose publique, le fruit de nos silencieuses méditations.

Afin de gagner du temps, j'ai dû, conformément à un mot d'ordre général, préparer cette étude en un rapport sur la deuxième question : celle relative aux écoles normales.

Voici ce rapport. Je l'ai fait avec tout le soin possible, quant au fond. Mais il n'a pas dépendu absolument de moi de donner à sa forme toute la correction et l'élégance (toujours utiles) qui sont dues à une notable Assemblée. Vous voudrez bien me pardonner mes négligences à cet égard : le temps est un des matériaux dont nous disposons le moins dans nos fonctions, et dont on a cependant le plus besoin pour une telle tâche.

DES MOYENS D'ASSURER LE MEILLEUR RECRUTEMENT DES ÉCOLES NORMALES PRIMAIRES. — CONDITIONS DE PRÉPARATION ET D'ADMISSION.

La grande loi du 28 juin 1833 organisa les écoles normales primaires, dont l'idée appartient à la première République, et elle assit leur organisation sur deux conditions, dont l'une, excellente en tout temps, était de rendre obligatoires pour les départements leur fondation et leur entretien, et l'autre, en rapport avec les possibilités de l'époque, fixait à 18 ans l'âge d'admissibilité des élèves-maîtres. Cette dernière condition fut modifiée quelques années plus tard, et la limite d'âge fut abaissée à 16 ans. (Décision du 7 octobre 1837.)

La loi du 15 mars 1850 détruisit l'obligation (article 35) et le décret du 24 mars 1851 rétablit la limite de 18 ans accomplis.

On put craindre que le changement apporté dans le mode d'existence des écoles normales, d'une part, et, de l'autre, ce retour à 18 ans pour l'admission des candidats, ne leur fussent funestes. C'est, en effet, une lourde charge pour les finances départementales que la fondation et l'entretien de tels établissements; c'en est une aussi, et non moins considérable, pour les familles, que l'entretien d'un enfant à l'école jusqu'à l'âge de 20 à 21 ans.

Il n'en fut rien cependant, et cela a finalement abouti à démontrer, durant une période longue déjà de trente années, la solidité de notre institution.

Il y a plus, les vives attaques dont elle a été longtemps l'objet ont eu pour effet d'en accroître l'importance, en augmentant encore le nombre de nos écoles normales, et c'est par acclamation que fut accueillie la loi du 9 août 1879, portant création obligatoire d'écoles normales d'institutrices.

Dans une société comme la France, où tous les hommes, sans distinction de fortune, sont appelés à prendre, par leur vote, une part active et directe au gouvernement du pays, il faut absolument placer à la base de toutes les institutions l'instruction primaire, et, autant que possible, confier la direction des études primaires à des intelligences et à des volontés formées dans les maisons de l'État. Là seulement, en effet, les futurs maîtres peuvent puiser les principes et les convictions propres à fortifier les institutions que le pays s'est données.

L'institution des écoles normales primaires est donc désormais entrée dans nos mœurs et fait corps avec elles ; et la question soumise à notre examen n'est point de rechercher les moyens de l'asseoir, de lui donner des racines, de la rendre absolument nationale, puisque rien n'est plus démontré par les faits que sa vitalité et sa popularité. La question soumise à notre examen, aux méditations de notre expérience, est tout simplement de rechercher et d'indiquer *les moyens d'assurer le meilleur recrutement de nos écoles.*

Selon que l'on se place au point de vue de l'état actuel des choses, ou bien à celui de la grande organisation désormais assurée, bien que non réalisée encore, de l'enseignement primaire obligatoire et des écoles primaires supérieures, la question est susceptible de deux solutions différentes : la première améliorerait ce qui est, la seconde le transformerait.

Dans la situation présente, nous proposons de demander :

1º Que les dispenses d'âge ne soient désormais accordées que dans les départements où le recrutement est difficile ;

2º Qu'en aucun cas, les examens d'admission n'aient jamais lieu avant ceux de la deuxième session des examens pour le brevet de capacité ;

3º Que la préparation des candidats par les instituteurs soit encouragée au moyen de primes accordées par les départements à tous les préparateurs dont les candidats seraient déclarés admissibles, partout où une école préparatoire n'est pas ou ne peut être annexée à l'école normale ;

4º Que les épreuves médicales soient réglementées et déclarées éliminatoires, et que les épreuves orales d'admission aient lieu à l'école normale de chaque département, aussitôt après le départ des élèves-maîtres pour les grandes vacances, les candidats étant internés, autant que possible, logés et nourris dans l'établissement, un temps absolument suffisant pour qu'on puisse juger de leur valeur et de leur vocation ;

5º Que les élèves-maîtres qui, pour un motif quelconque, sortiront de l'Ecole normale avant l'expiration de la période triennale de leurs études, ne puissent se présenter devant les Commissions d'examen pour le brevet de capacité, avant la complète expiration de cette période ;

6º Que les années de séjour à l'école normale soient comptées aux élèves-maîtres pour leur placement et leur avancement ;

7° *Que tout le personnel enseignant de l'École normale fasse, de droit, partie de la commission d'examen d'admission ;*

8° *Que des programmes très complets et détaillés d'enseignement soient donnés à suivre aux écoles normales et aux commissions d'examen pour le brevet de capacité ;*

9° *Que le nombre des bourses entretenues à l'École soit égal à celui des élèves-maîtres ;*

10° *Que l'article 19 du décret réglementaire du 2 juillet 1866, relatif aux sorties, soit radicalement abrogé ;*

11° *Que les examens pour le brevet élémentaire, concédés par la circulaire ministérielle du 16 octobre 1879, comprennent désormais, sans la moindre réserve, toutes les matières obligatoires ;*

12° *Nous proposons enfin de demander que, pour accroître les titres de nos élèves-maîtres à l'estime et à la considération publiques, la dispense absolue du service militaire cesse d'être pour eux un privilège.*

Il convient de développer et d'appuyer de raisons fort sérieuses chacune de ces propositions.

1re proposition. — Nous avons vu qu'à l'origine les candidats élèves-maîtres devaient être âgés de 18 ans révolus, au 1er octobre de l'année du concours.

Aujourd'hui, ils doivent avoir 16 ans, et des dispenses d'âge les font admettre beaucoup plus tôt encore, quand ils obtiennent un bon rang sur la liste d'admissibilité.

L'abaissement de la limite d'âge est le résultat d'un changement considérable survenu dans les conditions d'existence dans notre pays.

Les temps sont bien changés, en effet, et pour nous qui avons assisté à la création de nos écoles, l'état social est transformé : quand on rapproche les deux dates extrêmes de ce demi-siècle, on croit rêver. L'industrie se traînait dans l'ornière creusée par les siècles ; l'agriculture laissait le quart des terres en friche ; la vicinalité était à faire ; le commerce languissait et le moindre voyage comptait dans la vie d'un homme ; combien, semblables à des plantes, ne connaissaient du monde que le coin ignoré où ils étaient nés ! C'était la vie lente et douce dont la littérature de l'époque nous a conservé les onduleux reflets. Les bras étaient inoccupés ; l'ambition humaine n'avait devant elle que de rares carrières. — Mais aujourd'hui ! Quels temps occupés que les nôtres et depuis une trentaine d'années ! La vapeur et l'électricité ont métamorphosé, transformé le monde : en détruisant les distances et la durée, elles ont centuplé les transactions, et c'est ainsi que l'industrie et le commerce ont enlevé des milliers de bras à l'agriculture, qui a dû demander à la mécanique, pour les remplacer, ses semoirs, ses faucheuses, ses batteuses, capables de faire (on dirait avec une intelligence supérieure) cent fois plus d'ouvrage en un même laps de temps.

C'est ainsi que le commerce et l'industrie ouvrant à la jeunesse des horizons et des débouchés nouveaux, avec la liberté et l'or pour mirage, ont menacé longtemps et rendu pénible et insuffisant le recrutement de nos écoles normales; c'est ainsi qu'est devenu nécessaire, indispensable même, l'abaissement de la limite d'âge d'admissibilité, jusqu'au jour où, sans mirage aucun, des lois nouvelles ont offert à la jeunesse studieuse la sécurité dans le présent et dans l'avenir.

Mais ces lois sont promulguées aujourd'hui: nous les avons énumérées plus haut, et partout elles ont, sinon ramené l'abondance des sujets, du moins atténué la nécessité des dispenses.

Est-ce à dire que l'on pourrait revenir aux prescriptions légales de 1833 et de 1850?

Non, cela n'est pas possible: à 18 ans, aujourd'hui, un jeune homme doit avoir franchi le seuil de la vie active.

Nous ne saurions, toutefois, cacher nos regrets à cet égard: c'était là le bon temps pour l'éducation pédagogique des élèves-maîtres; car les études pédagogiques sont de celles qui réclament la maturité de l'âge: nous-mêmes nous y apprenons toujours, et aucun de nous ne se croit, quelle que soit son expérience, passé maître dans la science qui fit réfléchir toute leur vie Jean Coménius, Locke, J.-J. Rousseau, Pestalozzi, Girard, Mme Necker de Saussure et tant d'autres encore, avant et après eux.

Et quand nous nous remémorons les difficultés auxquelles se heurtent journellement nos leçons les mieux préparées sur cette matière trop sérieuse, trop aride, trop rigide pour être sympathique à nos élèves actuels, ne nous écrions-nous pas encore et toujours: *Ils sont trop jeunes! Ils sont trop jeunes!*

Et qu'on ne généralise pas, pour répondre à cela, la maxime que la leçon vaut ce que vaut le maître et que c'est à lui de la rendre attrayante. Non, la vérité est que chaque âge a ses ressorts, ses aptitudes, et l'âge des aptitudes pédagogiques (j'oserai le dire, parce que nous sommes tous d'âge à l'entendre froidement) c'est celui où le cœur a besoin de s'épanouir et de s'épancher. Et ce besoin est providentiel. Sans lui, que peuvent être les études psychologiques, base indispensable de nos enseignements? Sans ces aspirations inconscientes encore, comment les futurs maîtres comprendraient-ils les enfants et leurs caprices? comment apprendraient-ils la loi d'amoureuse et ferme patience qu'on doit leur opposer? comment comprendraient-ils enfin la nécessité d'une étude si pleine de charmes quand elle est faite dans la plénitude du sentiment, si aride au contraire avant que le sentiment se soit ouvert à la chaleur de l'amour?

Dix-huit ans: voilà l'âge vrai. Mais l'état de notre société, les besoins de notre industrie, ses appâts ne permettent plus de l'attendre. Il est du moins très sage, il est désormais possible de s'en écarter peu, et le législateur s'est tenu dans des limites acceptables à tous égards, en n'en faisant pas fléchir le niveau au-dessous de seize ans: plus bas, on ne trouve plus que l'enfance, capable de mémoire et d'activité, mais non de jugement et de calme; apte, peut-être, à saisir vite les notions offertes à son avide curiosité, mais non à se complaire dans les méditations de la morale et de la philosophie.

Seize ans! voilà l'âge nécessaire. Les lois à l'ombre desquelles vivent depuis quatre et cinq ans les instituteurs et les institutrices en font aussi l'âge possible. Le mouvement favorable qu'elles ont déjà produit en est le témoignage, et ce mouvement très prononcé déjà, les lois en préparation l'accentueront encore, parce qu'elles viendront ajouter à la confiance des populations dans les intentions tutélaires, dans les promesses sérieuses du gouvernement et des pouvoirs législatifs.

Tout nous autorise donc à demander que la dispense d'âge devienne de plus en plus rare pour l'admission aux écoles normales, jusqu'à ce que nous puissions demander qu'il n'en soit jamais accordé.

2e Proposition. — Il arrive assez souvent, et chacun de nous pourrait en fournir les preuves, qu'un même sujet se fasse inscrire à la fois sur la liste des aspirants aux bourses de l'école normale et sur celle des aspirants au brevet de capacité. Il arrive aussi, moins souvent sans doute, mais encore assez pour que cela ait été remarqué, que le candidat échoue aux épreuves de l'école normale et réussisse à celles du brevet.

Cela se comprend: les premières constituent un concours à nombre limité d'admissions.

Eh bien! ce résultat est préjudiciable aux écoles normales; tout au moins il est de nature à faire taxer d'exagération les exigences des professeurs ou maîtres-adjoints chargés de l'enseignement dans ces écoles, à jeter sur leurs programmes, sur les programmes officiels même, si nous avions la satisfaction d'en posséder, un réel discrédit. Tout le monde ne se rend pas compte de ces sortes d'anomalies, et il importe à l'esprit scolaire comme au succès des études qu'une mesure soit prise pour en éviter le retour.

Qu'un candidat libre quelconque se présente d'emblée aux épreuves pour le brevet de capacité, nul n'a le droit d'y trouver à redire, parce que cela ne fait de mal à personne, cela ne blesse aucun intérêt général.

Mais qu'il tente la fortune par le point où elle lui semble le plus accessible, et que, en prévision d'un échec, il prenne ses dispositions pour la tenter ensuite par un point où les populations la croient beaucoup moins facile à séduire, c'est là un petit scandale à éviter, parce qu'il peut porter atteinte à la marche et à la considération d'un service public.

Sans rien ajouter à la législation actuelle, parce qu'alors cela aurait des apparences fâcheuses et donnerait lieu à des interprétations regrettables, on pourrait, par une très simple disposition réglementaire, atteindre le même résultat désirable.

Je propose à cet effet de demander que les examens pour l'admission à l'école normale n'aient jamais lieu qu'après ceux de la deuxième session des examens du brevet de capacité.

3ᵉ Proposition. — *Où est-il préférable que se fasse la préparation des aspirants élèves-maîtres ?*

Deux opinions sont en présence sur cette question, et toutes deux sont encore à l'épreuve. La plus simple et la plus facilement applicable consiste, sans contredit, à laisser la préparation aux soins des instituteurs communaux; l'autre, à la confier au directeur de l'école primaire annexée à l'école normale.

La première nous a donné jusqu'ici des sujets plus ou moins prêts à recevoir une éducation professionnelle, que la seconde nous garantirait mieux par la destination spéciale de la section que les aspirants constitueraient dans l'école annexe, sous le nom d'école préparatoire.

Nous n'hésiterions point à faire l'aveu de nos préférences pour ce dernier mode de préparation, s'il n'entraînait les familles et les départements dans des dépenses considérables, les départements pour l'appropriation ou même la construction des locaux *ad hoc*, pour le mobilier, pour le personnel peut-être; les familles, pour les frais de pension et autres de leurs enfants. Mais telles seraient les exigences des *écoles préparatoires;* elles ne sont guère possibles que dans les départements assez riches pour prendre à leur compte la totalité des dépenses. C'est très regrettable.

Partout ailleurs il faut nécessairement s'en tenir à la préparation par les instituteurs communaux, préparation qui, du fait même de la situation de ces fonctionnaires, est cependant en général insuffisante et défectueuse.

L'instituteur est avant tout, en effet, le fonctionnaire de la commune et, à ce titre, obligé de considérer son école comme sa charge essentielle, à laquelle vient s'ajouter impérieusement aussi la charge du secrétariat de la mairie. C'est assez pour émousser, sinon le courage, du moins les forces des plus robustes, et pour priver les leçons particulières, indispensables aux candidats, de ce sel, de cette solidité morale, de ces aperçus variés qui burinent nos enseignements. De sorte que la plupart des élèves-maîtres préparés par l'instituteur communal, préférables assurément à ceux qui nous viennent de certaines pensions libres du plus beau lustre, laissent néanmoins beaucoup à désirer par leur culture intellectuelle proprement dite : ils ont la lettre, mais le sens, la philosophie des notions acquises (comme on le dit de l'histoire) leur fait défaut ; à tel point que les premières leçons de l'école normale les étourdissent, et que le premier semestre se passe à reconstituer leur instruction sur de nouvelles bases.

Quel remède à une telle situation ? Nous n'en connaissons pas dans l'état actuel des choses et n'avons qu'un vœu à formuler à cet égard : c'est que les départements soient invités à récompenser les efforts des préparateurs au moyen de primes annuellement accordées à ceux d'entre eux dont les candidats seront déclarés admissibles.

4e Proposition. — Et maintenant : *Où, quand et sous quelle forme devront avoir lieu les examens d'admission ?*

Attaquer la forme de nos examens, en général, et démontrer le bien fondé de l'attaque, ne serait peut-être pas une tâche ingrate, dût-elle n'avoir pour effet que d'appeler sur ce point esssentiel de nos règlements toute l'attention de l'administration supérieure. Le difficile serait d'édifier, à côté de cette utile critique, une réglementation nouvelle : « la critique est aisée... »

Ce qui se passe sur d'autres points de l'Europe et même, pour ne pas sortir de chez nous, ce qui s'est passé en France pendant les dix-sept premières années de la loi du 28 juin 1833, renfermerait peut-être des indications propres à simplifier beaucoup un tel travail.

Mais bornons-nous d'abord à l'objet qui nous occupe, c'està-dire aux seuls examens d'admission à l'école normale.

Et d'abord, la forme actuelle de ces examens est-elle réellement condamnable ? Il suffirait, je crois, de l'esquisser ici pour le prouver : Des compositions écrites, notées sans l'appoint distinctif de coefficients ou de maximums différents, sans égard à la différence des difficultés qu'elles présentent par leur nature ; — puis, des examens oraux rapides, dans lesquels des examinateurs, parfaitement autorisés sans doute, mais que des devoirs non moins impérieux que ces examens appellent ailleurs, ont à peine le temps de s'assurer du bon fonctionnement de la mémoire chez les sujets examinés ; — enfin, l'absence complète, radicale, d'épreuves d'aptitude morale : voilà en substance les conditions de discernement où est placée la commission chargée de dresser par ordre de mérite la liste des aspirants qu'elle juge dignes de devenir élèves-maîtres.

Tout cela, il est vrai, a été précédé d'une enquête faite par l'inspecteur de l'arrondissement. Mais à quoi se résume cette enquête ? . . . .

. . . . . Nous avons tous exercé les laborieuses fonctions d'inspecteur primaire, et nous savons bien qu'il nous a été très rarement possible de suivre dans leurs études ces enfants, chez le plus grand nombre desquels l'idée de *se faire institu-teurs* datait d'hier.

L'enquête n'a vraiment quelque utilité que pour établir le degré d'honorabilité de leur famille.

Donc, c'est aux examens seuls que nous sommes obligés de nous en rapporter pour constater le mérite des candidats. Nous venons d'en esquisser la forme ; révélons-en les inévi-tables et trop fréquentes conséquences.

La première, qui découle de la notation sans coefficients, est de jeter sur nos bancs des non-valeurs dont nous sommes fort embarrassés toute une année, jusqu'au jour où les examens de passage font prononcer leur élimination.

Les matières de l'examen peuvent, en effet, se classer en deux catégories : celles qui n'exigent qu'un faible concours de l'intelligence, parce qu'elles sont dans les attributions presque exclusives de l'œil, de la main et de la mémoire ; et celles qui mettent toujours à contribution les facultés plus essentiel-lement intellectuelles (le jugement, le raisonnement, l'imagi-nation). Il est rare que par des exercices persévérants on n'ac-quière pas, dans les premières, une capacité suffisante, et d'ailleurs l'inaptitude de quelques élèves n'entrave ni les progrès des autres, ni la marche des cours ; l'enseignement en est en quelque sorte individuel, on va plus ou moins bien, mais on va et l'on arrive quand même.

Il n'en est pas ainsi des autres matières : il faut là que toute une division d'élèves marche de front dans les cours de langue et de mathématiques, de sciences physiques et d'histoire: les traînards y sont des entraves préjudiciables. Le temps donné à ces cours, pour vaincre chaque série de difficultés, est mesuré, et tout y est compromis, si le professeur est obligé d'en dépasser la mesure. Il importe donc, dans nos écoles surtout, d'avoir des sujets équivalents en intelligence, et un des moyens indiqués pour les découvrir dans les examens d'admission, c'est la notation avec des maximums différents.

Si, par exemple, 5 était donné pour maximum à l'écriture, 6 ou 7 à l'orthographe et à l'instruction religieuse, 10 à la lecture et à la grammaire raisonnée, 12 au style et à l'arithmétique, on arrivait bientôt à exercer sur les préparateurs une heureuse et légitime impulsion vers un enseignement moins terre à terre, et à réaliser ainsi des promotions suffisamment homogènes au point de vue capital.

La seconde des inévitables conséquences de la rapidité de nos examens, c'est de laisser un champ trop libre au hasard, la porte ouverte à toutes les inaptitudes morales, créées ou développées par une mauvaise éducation première, et que corrige difficilement, à l'âge de nos jeunes gens, l'éducation publique.

Ces inaptitudes de plus d'un genre peuvent se résumer sous cette étiquette générale : *absence des qualités essentielles, nécessaires à la profession.*

Eh bien ! ce n'est pas un examen d'une heure ou de deux heures qui peut révéler une telle lacune : c'est l'existence en commun, durant quelques jours, des aspirants avec les examinateurs immédiatement intéressés à la découvrir; c'est l'examen avec toutes les lenteurs possibles, ce sont les entretiens familiers avant et après les interrogatoires classiques. Inutile d'en indiquer le lieu : c'est l'école normale même; et l'époque serait celle de la disponibilité absolue du personnel de l'école, la première semaine au moins des vacances.

Réunir sous le même toit tous les candidats connus des inspecteurs primaires et puis agréés par les médecins, et les y faire vivre avec leurs futurs maîtres du régime auquel ils aspirent: voilà le moyen particulièrement pratique qui s'offre au choix de l'administration supérieure; nous n'en connaissons pas d'autre, nous n'en connaissons pas de plus propre à conjurer ces surprises profondément regrettables auxquelles nous expose tous les ans la routinière et si peu rationnelle réglementation de 1850, rééditée en 1866.

A cette question se rattache très étroitement celle des conditions dans lesquelles doivent être les candidats, quant à leur constitution physique. Il importe que ce point de nos règlements soit bien fixé, et qu'ensuite aucune considération ne puisse infirmer la déclaration des médecins chargés préalablement par l'administration de procéder à l'examen physique des candidats.

Cet examen doit précéder les épreuves morales et intellectuelles et être résolument éliminatoire: il y va de l'intérêt immédiat des sujets et de l'école, aussi bien que de l'intérêt public plus tard : élève, un jeune homme mal constitué, ou d'une santé très délicate, entrave la marche des études ; instituteur, il est à tout instant obligé de fermer son école. Il est donc très nécessaire de n'admettre dans la carrière de l'enseignement primaire que des hommes doués d'une forte constitution.

Il ne l'est pas moins, pour assurer le progrès dans les connaissances graphiques d'une part, et de l'autre dans les écoles primaires le maintien de la discipline, base de tout succès, que l'organe de la vue ne laisse rien à désirer non plus que l'oreille ; — pour obtenir une diction correcte et facile, que l'organe de la parole soit libre ; — enfin, pour assurer l'autorité du maître, qu'aucune infirmité capable d'entraver la locomotion, ou de nuire à la bonne direction de ses enseignements, ne l'afflige.

La myopie, la surdité, le bégayement invétéré, l'épilepsie, certains tics communicatifs, la phthisie, les maladies organiques, les hernies, certains cas de claudication, l'absence du bras droit ou l'infirmité de la main droite : voilà des cas qui devraient entraîner le refus d'admission à l'école normale ; et il y en a bien d'autres assurément.

Pour couper court à toute réclamation comme à tout arbitraire, il serait nécessaire qu'un règlement bien étudié fût arrêté sur cette matière d'importance primordiale.

5e Proposition. — Les surprises que le mode actuel d'admissibilité nous ménage tous les ans, chacun de nous les connaît et je n'ai point à y revenir.

Mais il me semble très utile de parler des conséquences, si peu explicables pour d'autres que nous, des éliminations auxquelles les examens de passage donnent lieu, et du très mauvais effet qu'elles produisent sur l'esprit, d'une part, des élèves-maîtres, de ceux que leur intelligence, leur travail et leurs succès font maintenir à l'école ; et d'autre part sur l'esprit des populations qui en ont connaissance. Les premiers, qui voient très ordinairement arriver les éliminés une année au moins avant eux à la réalisation de leurs désirs, je veux dire à la possession du brevet élémentaire et d'un emploi, envient plus d'une fois leur sort, si peu enviable qu'il soit ; et les autres portent à la réputation de l'école (qui n'a pas su tirer parti des facultés *évidentes* de leurs protégés) des atteintes qui, pour être isolées, n'en laissent pas moins des traces compromettantes, tout au moins un mauvais souvenir. — Comment s'expliqueraient-elles, en effet, autrement que par la faiblesse de nos enseignements, l'exclusion de jeunes gens qu'une commission d'examen déclare parfaitement aptes· six mois après leur renvoi de l'école ?

Et nous ne saurions leur en vouloir de leur étonnement. Pour qu'il ne se produisît pas, il faudrait qu'elles connussent les exigences de nos programmes et de la réglementation de nos études, si peu faites pour des intelligences tardives.

Voilà pour la catégorie la plus intéressante des éliminés.

Si, comme on le dit (et je pourrais peut-être en trouver des exemples dans ma carrière), une deuxième catégorie vient s'y joindre, celle des désillusionnés, de ces jeunes gens qui, n'ayant pas trouvé dans le régime des écoles normales ce demi *farniente* nécessaire à leur tempérament indolent, font tout ce qu'il faut pour être, eux aussi, rendus sans frais à leurs familles et pour atteindre plus tôt, avec moins de fatigue et plus de liberté, le but unique de leur entreprise, — alors nous nous trouvons en présence de cas tout particulièrement dignes d'une sévère attention.

Il n'y a, messieurs, qu'une mesure à provoquer pour couper court à une telle situation, si capable de nuire à l'esprit de nos écoles : c'est qu'il soit décidé que les jeunes gens qui, pour un motif quelconque, sortiront des écoles normales avant l'expiration de la période triennale, *qu'ils ont pris l'engagement d'y passer,* ne pourront se présenter devant les commissions d'examen pour le brevet de capacité avant l'expiration complète de cette période.

6ᵉ Proposition. — En créant des maisons spéciales, pour l'armée, pour l'enseignement, etc., l'Etat a évidemment entendu attacher à chacune d'elles des privilèges spéciaux, en retour des services qu'il réclamerait des personnes qui consentiraient à y entrer.

C'est qu'en effet ces services ont ceci de particulier qu'ils font tout aboutir à la prospérité de l'Etat, en limitant l'initiative, en bridant la liberté individuelle, en détachant en quelque sorte les fonctionnaires de leurs intérêts propres, afin qu'ils consacrent toutes leurs facultés à l'intérêt général, aux affaires publiques.

Telles furent les écoles normales à leur origine : elles jouissaient d'avantages particuliers, en échange des engagements qu'elles contractaient vis-à-vis du pays.

Au titre d'élève-maître s'attachaient de réelles prérogatives ; les élèves-maîtres obtenaient d'emblée les meilleurs emplois vacants; leurs années d'école normale comptaient, non pour la retraite, puisque les caisses de retraites civiles sont de très récente création, mais pour leur engagement décennal.

Ces prérogatives, ces avantages, le temps les a supprimés. Le temps aussi, il est vrai, nous a donné la Caisse des retraites, et récemment (saisissons l'heureuse circonstance de notre réunion pour exalter un grand bienfait) l'assimilation des fonctionnaires de l'enseignement primaire à ceux des services actifs, la limitation à 25 années de services pour le droit à la retraite.

Une circulaire ministérielle dont j'oublie la date, et signée V. Duruy, a voulu faire revivre les droits des élèves-maîtres aux meilleurs emplois. Quant à la participation des trois années d'études dans la supputation des dix années de services souscrites par les élèves-maîtres dans l'engagement décennal, on n'en a plus parlé : c'est fini !

Je n'en parlerai pas non plus pour provoquer un retour à l'ancien état de choses, convaincu que ce qui reste enseveli, l'Administration supérieure, gardienne de l'intérêt général avant tout, a ses raisons pour ne pas le laisser revivre.

Mais je soumets à votre jugement la question de savoir si ces trois années d'école normale ne devraient pas être comptées aux élèves-maîtres pour leur inscription sur le tableau de placement.

Je parlais tout à l'heure des avantages qui résultent, pour les élèves mal équilibrés, de leur renvoi de l'école pour cause d'incapacité. A dessein, je ne vous découvrais pas cet autre (mais vous le deviniez), qui consiste à leur donner le pas sur les autres; aux pauvres d'esprit et quelquefois aux paresseux, le pas sur des jeunes gens intelligents, pleins d'ardeur et généreux.

Je livre cette intéressante question à votre examen, sans qu'il me semble nécessaire ni même utile de la développer ici davantage.

Notre **7ᵉ Proposition** a trait à la composition du jury d'examen, et nous demandons que tout le personnel enseignant de l'école normale y entre.

Cette proposition est tellement dans la logique des choses, qu'il y a lieu de s'étonner que l'auteur du décret réglementaire du 2 juillet 1866 nous ait laissé le soin de la faire ; car si quelqu'un connaît bien les besoins des écoles normales, c'est assurément l'homme qui y passe sa vie, qui, le plus souvent, en sort lui-même. Nos maîtres-adjoints y concentrent leurs pensées et leur ambition ; ils en font *leur chose* ; ils sont particulièrement intéressés à son succès. Si donc on nous demandait pourquoi ils feraient partie du jury d'admission, nous aurions le droit de nous borner à répondre par cette question contraire : Pourquoi n'en feraient-ils pas partie ?

Rien en eux n'est de nature à faire écarter leur collaboration, tandis que tout les recommande au choix de l'administration supérieure : la spécialité de leurs connaissances, leur intérêt professoral, leur situation exceptionnelle au point de vue de l'impartialité des jugements à prononcer.

Le 3ᵉ paragraphe de l'article 15 du décret du 2 juillet 1866, d'après lequel le directeur de chaque école normale fait nécessairement partie de la Commission, devrait donc être ainsi complété : *et avec lui les professeurs.*

8ᵉ Proposition. — Nous possédons tous, Messieurs, le travail monumental qui fut publié en 1878 sur toutes les questions de la statistique scolaire, et nous y avons remarqué, avec une surprise très grande, le chiffre relativement minime des brevets complets obtenus, enlevés du premier coup, en un seul examen.

A quoi tient cette excessive rareté des brevets complets? Elle tient avant tout à l'absence de programmes officiels d'enseignement pour les écoles normales, programmes qui, en vertu de l'article 13 du décret réglementaire du 3 juillet 1866, seraient, en même temps que notre règle, la règle inflexible, la loi des commissions d'examen des aspirants au brevet de capacité.

Ces commissions (sous les yeux desquelles, je le dis entre parenthèses, il me semble profondément regrettable que les notes scolaires obtenues par les élèves-maîtres ne puissent plus être placées, ainsi que cela s'est pratiqué en France sous l'empire de la grande loi du 28 juin 1833, ainsi que cela se pratique ailleurs, en Allemagne par exemple), ces commissions, dis-je, sont composées en général d'hommes d'un très grand mérite, d'une science profonde, d'une vaste érudition ; mais qui, à cause de cela même, sont trop éloignés de notre monde primaire pour en comprendre les besoins très modestes ; ou bien encore d'hommes restés étrangers aux questions d'enseignement depuis un temps infini. Inutile de vous dire, n'est-ce pas ? que je mets en dehors, au point de vue de l'aptitude, nos collègues de l'inspection, puisqu'ils vivent constamment de votre vie.

Eh bien ! comment voulez-vous d'une part que ces savants et ces érudits se bornent dans leurs interrogations aux choses de notre rudimentaire enseignement ?

L'article 13 précité est ainsi conçu : *L'examen ne peut porter que sur les matières qui sont l'objet de l'enseignement dans les écoles normales.* A défaut de programmes officiels, nous avons prié les commissions d'adopter provisoirement les nôtres, qui ont l'approbation au moins tacite de l'autorité académique, et que nous nous sommes d'ailleurs appliqués à mettre en harmonie avec leurs exigences. Mais peu d'entre nous ont réussi à les faire adopter : on les a repoussés, parce qu'ils n'étaient point officiels, et nous avons inutilement fait remarquer que l'arbitraire dans lequel elles se meuvent ne l'est pas davantage, ou plutôt l'est infiniment moins. Cet arbitraire est une des causes les plus sérieuses de la rareté des brevets complets.

Aussi, bien que nous soyons fondés à espérer que l'énergique et active administration supérieure à laquelle sont remises depuis quelque temps les destinées de l'enseignement primaire ne reste point indifférente à cet égard, vous proposé-je cependant d'émettre le vœu que l'année actuelle ne s'écoule pas sans que des programmes très complets, très détaillés d'enseignement nous soient octroyés. L'enseignement primaire supérieur, dont l'organisation est certainement imminente, réclame toute sa sollicitude la plus active sur ce point.

La **9ᵉ Proposition** est relative aux bourses, et nous demandons qu'il en soit créé dans chaque établissement un nombre égal à celui des élèves-maîtres. Il serait superflu d'ajouter le moindre mot à l'appui de cette proposition : les familles de nos élèves ne sont ni riches, ni aisées, et la cherté de la vie et les exigences sociales les atteignent comme les autres.

La **10ᵉ** a trait au *modus vivendi*, au genre de vie qui est fait aux élèves-maîtres, au seul mode de sanction dont nous ayons bien le droit d'user envers eux : *la sanction répressive.*

Sans doute pour un bon nombre de candidats, c'est là l'inconnu et l'inconnu riant comme tout rêve de la jeunesse dans l'avenir, et ceux-là abordent les épreuves d'admissibilité sans préoccupation, avec le sentiment naturel et louable d'une con fiante fierté ; mais, pour les autres (et il suffit d'un esprit mal disposé pour indisposer les autres), pour les initiés, c'est la réclusion dont ils mesurent la durée avec un certain effroi, parce qu'ils savent par tradition qu'à l'école l'une des occupations favorites de l'élève-maître consiste à noircir tous les soirs au fond de son pupitre, sur le calendrier caché, le jour qui finit pour eux avec la dernière prière. Qui de nous ignore cette innocente et courte félicité de chaque soir, et, si c'est folie que de s'y être livré, où donc sont les sages ?

Oui, si le système de l'internat est particulièrement triste quelque part, c'est assurément dans les écoles normales, tel qu'il est constitué : car il n'est pas autre chose que la répression des instincts naturels les plus dignes de nos respects, l'incarcération pendant des périodes réglementaires d'une durée moyenne de cinq mois chacune, le travail forcé sans la moindre rémunération à moins que ce ne soit celle que l'on savoure assurément à longs traits à l'âge viril, mais rarement plus tôt, et qui s'appelle la *satisfaction de la conscience.*

Aussi suis-je convaincu (et j'en ai maintes preuves) que les exagérations de notre régime arrêtent chaque année plus d'une vocation et nuisent ainsi à notre recrutement.

Ce n'est pas d'ailleurs dans de telles conditions qu'il convient de placer la jeunesse, pour l'élever selon les exigences sociales auxquelles chacun est tenu de répondre, et c'est sans aucun doute de cette réflexion fort naturelle que s'est inspirée la circulaire du 2 mars dernier, proposant à l'étude des Conseils généraux la transformation de l'internat en externat.

Comme toutes celles qui émanent de la même source, cette grave question reflète les plus généreuses et libérales intentions. Qu'en dirons-nous cependant ? Je ne pense pas que notre profond respect pour son origine nous fasse un devoir de la considérer comme un désir et nous empêche de l'examiner et de la discuter. Notre déférence, nul n'en fait l'ombre d'un doute, et c'est d'un autre sentiment que nous devons apporter ici le témoignage à cet égard : c'est de notre gratitude pour le présent et le passé, et ce sentiment, quand il est vrai, n'est pas toujours simplement laudatif.

La question a été soumise à nos méditations, donc l'autorité attend de nous que nous la discutions ici, en toute liberté, comme toutes celles qui se groupent avec elle autour de la question générale.

Pour moi, je n'hésite pas à dire qu'elle me semble porter en soi le plus redoutable ébranlement de notre chère institution.

Avec infiniment de raison, l'auteur pense que le système actuel est *un système réclusionnaire qui pourrait convenir aux écoles normales dirigées par des congrégations religieuses, mais qui ne répond pas aussi bien à l'idéal de l'éducation laïque ; que l'instituteur et l'institutrice, ainsi formés en dehors du monde et de la famille, sont placés dans des conditions artificielles toutes différentes de celles où ils devront exercer leurs fonctions; que, d'autre part, l'internat a des inconvénients aussi graves pour les maîtres que pour les élèves.*

Il est certain d'ailleurs *que l'externat est, en fait, le régime qui a prévalu chez la plupart des nations renommées par la prospérité de leur instruction publique.*

Oui, l'internat normalien, tel que le constitue l'article 19 du décret réglementaire du 2 juillet 1866, est de ceux que Montaigne, il y a plus de trois cents ans, nommait « *vraies geaules de jeunesse captive* », et dont Rabelais disait en son rude langage : « *Si j'étais roi de Paris, le diable m'emporte si je ne mettrais le feu dedans.* »

Oui, aussi cet internat *a des inconvénients aussi graves pour les maîtres que pour les élèves et leur rend la vie de famille à peu près impossible.*

Mais l'externat, tel qu'on pourrait le constituer pour nous, serait trop le contraire de la *geaule*, et les conséquences en seraient certainement trop graves pour les maîtres eux-mêmes; il détraquerait fatalement la discipline.

Pour ce qui concerne les maîtres, la création d'emplois de surveillants dans les dortoirs trancherait la difficulté.

C'est pourquoi cette proposition, si généreux et attrayant qu'en soit l'aspect, ne nous a pas un seul instant éblouis.

Quant aux élèves, on songerait à les loger, soit chez les instituteurs de la ville où l'école est établie, soit chez leurs professeurs, afin de les soustraire à l'influence souvent mauvaise du grand nombre et de les faire vivre davantage de la vie de famille, selon le système anglais ; et l'on pense que, de même que cela réussit ailleurs, cela pourrait, cela devrait réussir chez nous.

Eh bien! nous ne le pensons pas.

Et d'abord, sans qu'il soit bien certain que les jeunes gens

trouvassent beaucoup plus la vie de famille dans ces petits pensionnats épars qu'ils formeraient, leurs études y trouveraient-elles bien leur compte, ainsi que la discipline et les mœurs?
— Nous sommes de la race latine (je voudrais pouvoir dire *gauloise*), nourrie sous un ciel plein de feu et par un sol toujours fécond ; nos usages, nos besoins, notre tempérament, fruits de fécondité, sont tous différents des besoins tudesques, anglais ou scandinaves.

Nous ne pouvons entrer ici dans l'examen de certains us et coutumes des nations du nord ; non. C'est pastoral, c'est admirable, et il est au moins convenable de penser que le fond répond aux apparences. Mais ces us et coutumes sont si peu dans notre nature, que nous restons étonnés, quand ils se produisent sous nos yeux.

D'ailleurs, à côté de ces considérations d'ordre moral se place une considération d'ordre pratique, économique, d'intérêt pécuniaire. Où trouverait-on des logeurs qui se contentassent du prix de bourse actuellement alloué? La vie est d'autant plus coûteuse que, sous le rapport numérique, la famille se rapproche davantage du l'unité individuelle. Le prix moyen de la bourse est aujourd'hui de 500 francs, et il suffit assez généralement dans nos Ecoles normales pour la nourriture, le blanchissage, l'éclairage, le chauffage, les soins d'infirmerie, la domesticité, etc.

Qui consentirait aujourd'hui à donner tout cela et sa liberté pour 500 francs !...

Or, personne n'a songé un instant à réduire de la moindre parcelle le bien-être de nos élèves; donc les Conseils généraux, l'Etat et les familles, c'est-à-dire les sources de nos revenus, seraient obligés de grossir considérablement le chiffre annuel de leurs dépenses.

Eh bien! si d'une part la difficulté qui intéresse les professeurs se résout facilement, — si le petit pensionnat ne saurait offrir, beaucoup plus que les grands, cette vie de famille dont le père et la mère sont exclusivement l'âme et le palladium, — si les intérêts de l'Etat, des départements et des familles devaient se trouver sensiblement grevés, lésés par cette innovation ; — si enfin nos mœurs sont telles que la liberté sage ne soit pas toujours conciliable avec le tempérament impétueux de notre jeuesse, — il faut alors chercher dans d'autres combinaisons le remède à notre situation exceptionnellement mauvaise à cet égard : il faut trouver — et pas trop loin des idées reçues, non routinières, mais conformes à nos possibilités — le moyen de rendre supportable, éducateur

et constitutionnel, le régime des Écoles normales. *Supportable*
et non excellent, car jamais nous ne ferons que l'école soit
pour personne un lieu de délices ; — *éducateur,* parce que
nous élevons des hommes d'éducation et qu'il importe aux
générations futures que les générations présentes soient élevées
par des moyens de confiante autorité propres à les préparer
à l'usage de la liberté, mieux que nous ne l'avons été nous-
mêmes ; — *constitutionnel* enfin, parce que tout dans l'éducation doit être fait à l'image de la Constitution de l'Etat,
c'est-à-dire porter l'empreinte de sa volonté à la fois autori-
taire et libérale. Le propre de l'éducation publique doit être
d'envelopper l'Ecole dans cette atmosphère, encore trop re-
doutée en France, où chaque écolier se nourrit insensible-
ment de tous les principes qui devront un jour régler sa
conduite de citoyen ; où il apprend que la liberté se confond
avec le devoir, et que celui-là seul sert bien son pays qui comprend ainsi la liberté.

Mais je sens que je m'écarte de mon sujet. Pardonnez-le-moi :
c'est chose si facile dans le champ de la pédagogie, com-
parable, je crois, à ces parcs sans fin où, au milieu d'arbres
robustes et séculaires représentant nos principes immuables,
l'œil entrevoit, à travers les charmilles, des pépinières qui
s'élèvent, mille fleurs qui charment et partout des problèmes
qui passionnent.

Comme moi, vous y promenez vos pas depuis de longues
années et êtes animés de cette ardeur que j'appellerais juvénile,
si nos têtes blanchies n'étaient là pour réclamer au nom de la
froide raison ; et c'est de la similitude de nos travaux quoti-
diens et de nos âges que j'attends votre indulgence et mon
pardon.

Je rentre d'ailleurs, sans plus m'attarder, dans le vif du
sujet qui nous occupe.

L'internat normalien se distingue de tous les autres internats
par la privation absolue de toute sortie, en dehors du congé
de Pâques et des grandes vacances, d'une part ; — et de l'autre,
par la suppression de toute distribution de prix.

On peut comprendre cette suppression, jusqu'à un certain
point ; on la comprendrait à merveille et sans réserve, s'il
s'agissait de ces distributions à grand tapage, que nous voudrions voir retrancher de l'enseignement primaire, s'il est
impossible de les réglementer comme sont réglementées les
distributions des collèges et lycées.

Mais ce que nous n'avons jamais compris, c'est la privation
absolue de tout congé, de toute sortie particulière ; c'est la

rigueur extrême, ce sont les termes, c'est l'esprit de l'article 19 du décret du 2 juillet 1866.

Voilà un article sans précédent dans les règlements universitaires ; il est la répétition du décret du 24 mars 1831, visant l'esprit comme la lettre de l'article 35 de la loi préventive du 15 mars 1850.

La grande loi du 28 juin 1833, sous l'empire de laquelle l'institution des écoles normales fut si féconde, avait octroyé à cette institution le régime commun des sorties. Aujourd'hui et depuis trente ans bientôt, en dehors des six semaines de vacances et des huit jours du congé de Pâques, le règlement n'accorde pas un jour de répit aux élèves, pas un jour de délassement au sein de leurs familles.

Quels fruits a-t-on retirés de ce régime exceptionnellement sévère ? Nous oserons le dire ici : partout où il a été rigoureusement appliqué, il a répandu sur l'existence normalienne une vague tristesse, qui se traduit par de l'impatience et de l'irritabilité aux dernières semaines de chaque année scolaire, et s'exhale finalement plus qu'ailleurs en une joie délirante, au dernier jour de la réclusion.

Les liens du cœur sont momentanément faibles entre des maîtres tenus de se faire constamment obéir par la rigidité de leurs commandements, que rien n'adoucit dans les circonstances favorables, que la fatigue dépouille trop souvent de l'aménité nécessaire, et des jeunes gens que la crainte seule stimule.

Et je dis la crainte seule : car dans les agglomérations scolaires la raison joue rarement le rôle important qu'on la croit capable d'y remplir. Eh bien ! en matière d'éducation, la crainte est un triste mobile, quand elle agit seule : elle asservit le caractère, énerve la volonté, fausse le jugement, dessèche le cœur et fait détester l'autorité et le lieu où elle exerce son droit et son devoir.

Je voudrais que la jeunesse retrouvât dans tout internat le plus possible de la vie de famille. Moins poétique que l'auteur des *Essais*, je n'y ferais pas « *pourtraire la joie et Flore et les Grâces* » : il ne faut pas se bercer d'utopies. Je voudrais du moins que tout chef d'internat fût mis en possession des moyens les plus propres à en éloigner toute cause de tristesse et d'ennui. La coopération cordiale des élèves à leur propre éducation ne sera jamais acquise qu'à ce prix ; autrement, de quel œil voient-ils ceux qui s'en occupent par la contrainte ? de quelle oreille entendent-ils leurs conseils ? « *Les leçons qu'on fait entrer de force dans l'âme n'y demeurent pas* », a dit Platon, et c'est aussi là notre réponse.

Mais c'est surtout l'école normale qui devrait être ainsi constituée ; c'est à l'école normale surtout que la jeunesse studieuse devrait trouver autant que possible la vie de la famille sagement gouvernée, c'est-à-dire une direction ferme et douce tout à la fois ; la répression persuasive, le redressement des caractères par la raison, l'éducation de la volonté par la pratique d'une sage liberté, partout où cette liberté n'est pas une entrave à l'accomplissement du devoir.

Comprend-on, en effet, que des jeunes gens autrement préparés au rôle d'éducateurs puissent être réellement aptes à *élever* de nouvelles générations !

Habitués à la contrainte, ils useront de contrainte et prépareront inconsciemment · au pays des hommes sans initiative, sans volonté privée.

Si du moins cette règle sévère, dure, sans pitié, si cette éducation correctionnelle, détestable pour le cœur, profitait à l'esprit ! Mais point : l'esprit ne se nourrit guère mieux là où le cœur est triste, que le corps ne se nourrit d'un repas inquiet. Donc tout est en souffrance sous un tel régime, partout où il est régulièrement appliqué.

Or, qui de nous, maîtres, s'y est jamais soustrait sans crainte ? Qui s'est permis à cet égard une infraction quelque peu appréciable, sans s'être posé ces deux redoutables questions : Si le roi le savait ? Si jeunesse voulait ?

·Quelle responsabilité, en effet, nous assumons sur nous alors, et combien cela pourrait nous coûter cher, puisque nous ne sommes point couverts par la loi !

Quels motifs ont donc pu inspirer cet article ?

On en a allégué plus d'un : On a dit que *l'école normale étant éloignée de la résidence du plus grand nombre des familles, les sorties des élèves-maîtres leur imposeraient des déboursés relativement considérables.*

Or, les sorties, même les mieux méritées, ne seraient accordées que sur la demande expresse des familles ou de correspondants autorisés. Et d'ailleurs convient-il bien, en présence d'un intérêt majeur comme celui-là, de s'arrêter à une si mince considération d'argent, alors que les familles de nos élèves sont très généralement exonérées du prix de la pension ?

Est-il, absolument sage de les désintéresser d'une façon complète des dernières années de l'éducation de leur fils ? Et la philanthropie n'excède-t-elle pas son devoir quand elle va jusqu'à substituer la société à la famille ? Je ne le pense pas.

On a dit aussi que dans ces sorties *les jeunes gens pourraient*

être exposés à commettre des écarts préjudiciables à la considéra-
tion de l'établissement.

Mais c'est là une question de discipline, et partout où le régime scolaire est ferme, l'objection n'a pas de force. D'ailleurs,
ces écarts, pourquoi ne les a-t-on pas redoutés pour d'autres
établissements? pourquoi, par une conséquence logique, n'at-
t-on pas supprimé aussi notre congé de Pâques et nos vacances
de six semaines ?

La cause la plus commune des fautes contre lesquelles on
se prémunit d'une si étrange façon n'est pas là; il faut la
chercher ailleurs. Cette cause, c'est la méfiance, c'est la contrainte, c'est le frein que nos écoliers rongent en piétinant sur
place dans une impatience croissante. C'est la répression sys-
tématique de toute aspiration légitime à des heures de repos
dans la liberté, répression contre nature, puisqu'elle est le
fond même du code pénal de tous les peuples ; aspiration
innée qui commence au sortir du berceau pour ne finir qu'a-
vec l'existence.

On a allégué *la nécessité de tenir ces jeunes gens éloignés de*
leur milieu originaire, dans l'intérêt de leur plus prompte édu-
cation.

Voilà une intention impossible. Il ne peut pas être venu à
l'esprit d'un législateur, en effet, d'éloigner les enfants de
leur famille pour les rendre meilleurs, hors le cas où la famille est de celles que la société repousse de son sein !...
Ces familles-là ne songent guère à nous confier leurs fils.

Hélas! cet éloignement par l'internat, si commode à tant
d'égards, n'est-il pas une des causes de la détente constatée des
liens de famille; de ce déplorable et menaçant relâchement du
respect filial, jadis si profond ; de ces allures frondeuses de la
jeunesse actuelle vis à-vis de toute autorité; de ce je ne sais
quoi dont notre existence s'assombrit de plus en plus, parce
que cela respire la licence et l'oubli?

La licence et l'oubli sont le fruit ordinaire d'une émanci-
pation subite, inopinée, que l'éducation a eu le tort de ne pas
prévoir ; en pédadogie, c'est l'inévitable résultat du despotisme
de la famille et de l'école, comme en politique celui du despotisme du pouvoir suprême : l'éducation doit préparer l'élève
à l'usage de la liberté.

Oh! que les rigueurs de l'internat des écoles normales
soient donc adoucies ! En supposant que nous nous exagérions
les conséquences de l'état actuel des choses, on aura du moins
satisfait à une loi de l'hygiène, de morale sociale, à une loi
d'humanité.

On a allégué enfin *les pertes de temps*.

C'est là une raison d'apparence fort grave, mais qui n'a rien que de spécieux.

Si vous voulez trouver du temps perdu, cherchez-le plutôt dans la lassitude de l'esprit, dans les rêveries auxquelles se livre naturellement plus qu'il ne devrait celui dont l'imagination seule est libre de voyager, dans les maladies de l'âme que la séquestration engendre, dans la nostalgie que nos règlements font naître.

Voilà les causes indéniables et permanentes des pertes de temps. Elles ne sont pas dans la réalisation du vœu que je formule ici ; ou bien étendez votre sollicitude aux collèges et aux lycées, et demandez en leur faveur la suppression des sorties.

Cette interdiction formelle prononcée par l'article 19 du décret du 24 mars 1851, réédité le 2 juillet 1866, ne repose donc sur aucun motif plausible, tandis que des considérations supérieures de tout ordre en imposent l'abrogation.

Je ne suis pas de ceux qui, depuis nos désastres, toujours trop récents, ne voient plus en France que des imperfections partout, et ne trouvent rien de bien conçu que dans la victorieuse Allemagne ; non ! C'est là le sentiment des effarés, que devrait calmer le spectacle grandissant de notre nouvelle situation.

Mais la vérité est que nous ne devons pas nous endormir sur notre vieille réputation de nation intelligente, sans rivale dans la voie de la civilisation européenne ; non : nous avons des émules. Tous les peuples progressent, parce que tous travaillent à qui mieux mieux. Si nous nous endormions, ils nous dépasseraient : veillons sans trêve.

Ils viennent étudier chez nous ; n'ayons pas honte d'aller étudier chez eux : on n'est ennemi que sur le champ de bataille. Quand la paix est faite, la seule commune ambition doit être de hâter l'invasion du progrès.

Or j'ai demandé à quelques directeurs d'écoles d'outre-Rhin, du nord de l'Italie, communication de ce que j'appellerai le règlement de vie de leurs établissements, et la plupart ont bien voulu me répondre.

Il n'y a pas d'unité, pas une parfaite similitude sur tous les points, et leurs règlements diffèrent souvent les uns des autres, laissés qu'ils sont à l'initiative des directeurs.

Mais là où tous sont d'accord, c'est sur la question que je traite ici de la nécessité de désassombrir l'existence de l'école par la pratique d'une sage liberté. J'en prendrai les preuves en Allemagné, et citerai entre autres le règlement de l'école de Carlsruhe.

L'article 1ᵉʳ de ce règlement est ainsi conçu : « *Laisser* » *autant de liberté que possible aux jeunes gens, et n'apporter de* » *restrictions que celles qu'exigent la vie en commun de tant de* » *personnes et le but éducatif de l'établissement.* »

Il est dit à l'article 8 : « *A midi, la cloche sonne le dîner. Le* » *temps qui suit jusqu'à 2 heures, est consacré au repos et aux* » *sorties en ville.* »

Et à l'article 10, relatif à l'emploi des heures du dimanche : » *Après le service divin, ainsi que l'après-midi jusqu'à 6 heures,* » *sortie libre.* »

On trouve même à l'article 11 : « *La permission de donner* » *des leçons en ville est exceptionnellement accordée aux meilleurs* » *élèves de 3ᵉ année.* »

Je crois avoir assez dit plus haut que tout ne me semble pas également conciliable avec nos mœurs, avec notre tempérament, dans ces libertés réglementaires, et qu'en Allemagne l'âge se prête mieux et plus sûrement que chez nous à un tel système d'éducation publique : on n'entre en effet qu'à 16 ans accomplis dans les écoles normales allemandes.

Cependant si, cette concession faite, je repousse par nécessité l'idée des sorties quotidiennes habituelles, en me plaçant au point de vue de nos mœurs occidentales, de notre tempérament français, je me crois suffisamment autorisé par une longue expérience à demander instamment l'adoucissement de notre genre de vie par les sorties.

Tout y gagnerait certainement : l'aspect de l'école aux yeux de la jeunesse qu'on dirige vers elle, d'abord ; et puis les caractères, la santé, le travail, l'esprit scolaire et, pour les maîtres, une connaissance plus sûre des sentiments, des tendances et du degré de vocation de ces jeunes hommes, que nous avons mission d'initier (ne l'oublions pas) à la vie publique, non à la vie claustrale.

Moins affolés par la liberté, dont ils ignorent les pentes périlleuses, les entraînements, ils seraient alors beaucoup moins exposés à commettre des folies, très coupables au point de vue strict du moraliste, mais assurément trop explicables quand on en connaît la cause, qui est notre système répressif d'éducation.

Aucun de nous ne trouvera exagérée la place qu'occupent dans ce rapport ces réflexions sur la question soulevée par la circulaire du 2 mars, visant notre système disciplinaire, et celles qui en découlent sur les moyens possibles de rendre plus paternel notre mode de sanction. Tous, en effet, nous considérons le régime disciplinaire comme le pivot sur lequel tout se meut, dans l'école aussi bien que dans la famille; que la jeunesse y puise ses inspirations; qu'il fait l'homme tel ou tel; qu'en un mot il est l'âme de l'éducation.

S'il importe d'établir partout ce régime disciplinaire sur les bases d'une sagesse qui a son point de départ dans la forme constitutionnelle du pays, c'est encore plus nécessaire dans nos écoles professionnelles d'enseignement, centres du mouvement régénérateur qui nous entraîne, et qui doivent être les foyers, actifs sans emportement, et calmes sans hésitation de l'éducation nationale. — Aucun de nous donc ne trouvera exagérée la place que cet article occupe ici.

11ᵐᵉ Proposition. — Il me faut parler maintenant de l'influence considérable que la règlementation de nos études, telle que l'a faite le décret du 2 juillet 1866, exerce et doit nécessairement exercer sur la détermination des familles et des jeunes gens, mis en présence de cette double voie qui leur ouvre la carrière : l'avenir en passant, ou l'avenir sans passer par l'école normale.

Le règlement nous a fait à cet égard une situation absolument défavorable, comparée à celle qu'il a faite aux candidats étrangers. Eux peuvent se préparer d'abord exclusivement aux seules épreuves obligatoires, aux épreuves du brevet élémentaire ; tandis que nous, nous sommes obligés de faire marcher de front toutes les études élémentaires et supérieures ou facultatives.

Après une seule année d'un travail d'où ils n'ambitionnent de retirer pour tout fruit que le gagne-pain, les candidats étrangers à nos écoles peuvent commencer à gagner leur vie; tandis qu'il faut trois ans à nos élèves pour atteindre ce même résultat, bien plus péniblement et avec moins de certitude, puisque leur temps et leurs forces doivent suffire à des études décuples et raisonnées.

Sans doute les candidats étrangers font là une fort mauvaise spéculation, s'ils ne recherchent que le résultat matériel. Mais c'est l'essentiel pour eux et leurs familles, et nous nous ferions grandement illusion si nous les jugions déjà capables de préoccupations d'un ordre supérieur, telles que leur propre instruction sérieuse et substantielle, ou bien leur véritable éducation pédagogique.

Il est dès lors facile à comprendre que, n'ayant rien de plus à espérer de leur passage par l'école normale, ils optent souvent (et ce ne sont pas les moins intelligents) pour la voie

la plus courte, la plus expéditive. Nos meilleurs amis eux-
mêmes, les instituteurs, sont tous les ans coupables de favoriser cette optation, et nous ne pouvons leur en vouloir : c'est
pour eux une affaire de considération, une question d'amour-
propre ; les populations attachent à la possession du brevet
une importance et un prestige beaucoup plus grands.

Ils ont d'ailleurs plus de chances de succès à présenter leurs
sujets aux épreuves du brevet, qui sont de simples examens où
tous peuvent être reçus, qu'à les envoyer aux épreuves d'admissibilité, qui constituent un concours limité. Quelquefois, il
leur est arrivé de leur faire poursuivre les deux buts et de les
voir réussir là où ils l'avaient le moins espéré, après les avoir
vus échouer au concours pour l'école.

Cette inégalité est donc une cause appréciable de déchet
pour notre recrutement, et notre devoir serait de la signaler
énergiquement ici à l'autorité supérieure, si déjà elle n'avait
fait droit à des instances isolées. La circulaire du 16 octobre 1879 tend, en effet, à la détruire et elle nous dispense
de nous en entretenir longuement. Une première application
en a été faite et elle a, je crois, produit d'excellents résultats.
Nous ne nous y arrêterons qu'un instant pour demander que
la mesure qu'elle vient de réaliser, si impatiemment attendue
et si chaleureusement accueillie dans nos établissements, soit
moins hésitante et plus complète.

Ce n'est pas que, quelle qu'elle soit, elle doive jamais
conférer à nos jeunes gens le droit d'enseigner, aussitôt qu'ils
auraient pu le faire, s'ils n'étaient pas venus s'asseoir sur
nos bancs ; mais elle établit deux buts très distincts et, en
rapprochant beaucoup le premier du point de départ, elle
permet d'établir le second avec tous ses privilèges et invite
ainsi à en tenter la poursuite.

Avant d'examiner ce en quoi la circulaire du 16 octobre
dernier laisse encore à désirer, et de démontrer la justesse de
notre respectueuse critique, nous rendons tous hommages aux
intentions qui l'ont dictée : en séparant les épreuves obligatoires des épreuves facultatives par un intervalle d'une année, et
même de dix-huit mois, l'autorité supérieure a rendu possible
la conquête d'emblée du brevet complet, assuré l'élévation du
niveau général de l'enseignement primaire en France et le
recrutement des maîtres des futures écoles primaires
supérieures.

Mais l'a-t-elle fait autant qu'il était désirable qu'elle le fît ?
Nous ne le pensons pas.

Retenue par un sentiment de légitime prudence, elle n'a

pris qu'une demi-mesure, en réservant pour la fin du cours d'études l'examen d'histoire et de géographie.

Sans rechercher ici les conséquences possibles de cette réserve (et il y en a de fort graves), nous nous attacherons à prouver : 1° que rien dans la loi n'en faisait une nécessité ; 2° que le motif sur lequel elle s'appuie n'est pas sérieux, et qu'elle est, dès lors, absolument inutile et regrettable.

Et d'abord, *la loi n'en faisait pas une nécessité :* le décret du 24 mars 1851 dit seulement que la durée du cours d'études est de trois ans ; il ne dit rien, absolument rien, touchant l'époque des examens ; donc il n'en défend pas la séparation.

Pour ce qui est du *motif*, à savoir que des élèves-maîtres nantis du brevet élémentaire pourraient bien être un embarras dans l'école, en opposant aux conseils, à l'autorité, aux objurgations de leurs maîtres, la force d'inertie, non seulement nous ne croyons pas à une telle éventualité, parce qu'elle est absolument improbable, mais même nous pensons le contraire. Nous croyons que la possession du brevet élémentaire serait pour la majorité des élèves-maîtres un puissant stimulant aux études facultatives ; nous croyons que cette majorité, à laquelle je consens à borner mes espérances, travaillerait durant la dernière année avec d'autant plus d'ardeur qu'elle aurait vu récompenser complètement ses premiers efforts.

Quant aux autres, nous trouveraient-ils désarmés ? Assurément non. D'abord rien n'empêcherait l'administration de ne donner au premier examen et à son résultat heureux qu'un caractère conditionnel ; ensuite, l'attitude des mauvais élèves ne serait autre chose qu'un fait grave contre lequel se dresseraient aussitôt toutes les graves conséquences de l'exclusion : le remboursement du prix de pension, la perte du droit à la sollicitude de l'administration. Que faut-il de plus?

Nous sommes donc autorisés par toutes ces considérations à demander instamment à M. le Directeur de l'enseignement primaire de vouloir bien provoquer une décision, un arrêté plus complet, touchant les épreuves du brevet élémentaire, auxquelles les directeurs d'écoles normales sont autorisés à assister par la circulaire précitée du 16 octobre 1879.

Peut-être serait-il nécessaire de l'accompagner d'instructions très fermes pour une application inflexible de la législation, en matière d'engagement rompu, parce que, en effet, par-ci par-là, les influences la font trop fléchir. Mais c'est tout, et cela fait, l'épée de Damoclès reproduirait son effet salutaire.

12ᵐᵉ Proposition. — Nous touchons, Messieurs, au terme de l'exposé que j'ai été chargé de vous faire. Ce qui me reste à dire n'est pas, de sa nature, absolument nouveau pour aucun de nous ; il s'agit du service militaire : chaque école normale possède un ratelier d'armes, et nos élèves sont tenus d'apprendre les exercices militaires pendant toute la durée de leur séjour à l'école.

Cet usage, qui date d'une cinquantaine d'années pour Versailles, ne remonte qu'à 1866, je crois, pour la plupart des autres établissements.

Je me souviens que l'innovation provoqua des sourires : on s'étonnait de voir mettre le fusil au nombre des instruments de travail des futurs instituteurs; le fusil, instrument de guerre et de mort, aux mains de ceux qui ont pour mission de fournir au pays des éléments de paix et de prospérité. Et l'on se demandait ce qu'ils pourraient en faire.

Je ne remuerai pas ici de cruels souvenirs, et je me bornerai à dire que, dans la cour de plus d'une école normale des départements de l'Est, on voit de modestes et non moins glorieux monuments commémoratifs de la mort d'élèves-maîtres tombés sur le champ de bataille de 1870, en défendant la patrie. Gloire à eux! Voilà l'usage qu'ils ont fait de leur instruction militaire : habitués au maniement des armes, ils marchèrent bravement au feu. — Ce qu'ils firent alors, leurs successeurs le feraient tous demain ; qui pourrait en douter ?

Cependant on s'est préoccupé depuis quelques années déjà de serrer la question, de savoir si, en présence de notre nouvelle organisation militaire, il était bien juste de tenir les membres de l'enseignement absolument en dehors de la loi qui assujettit tous les citoyens français à servir aux armées.

Il paraît difficile d'admettre, en effet, que ceux qui ont charge d'élever la jeunesse, de développer chez elle les idées de patriotisme, de devoir, de sacrifice, soient précisément exempts de la plus grande et de la plus noble des charges que nous ayons envers le pays : celle de le servir avec un dévouement qui peut aller jusqu'au sacrifice de la vie.

Mais, d'un autre côté, comment pourrait-on concilier les devoirs de l'instituteur avec les exigences du service militaire? comment pourrait-on militariser une partie de l'enseignement sans lui faire contracter des habitudes, un genre de vie peu en rapport avec sa mission propre?

C'est ce que nous allons examiner ici, en ne nous occupant du reste que des élèves-maîtres des écoles normales primaires.

Tout d'abord, il semble qu'il n'y aurait aucun avantage pour l'Etat, et qu'il y aurait, au contraire, de nombreux inconvénients pour le personnel enseignant et pour les écoles, à décider que les élèves-maîtres seront tenus à un temps quelconque de service actif *dans un régiment*.

Ce temps de service actif qui, s'il était admis, devrait être aussi court que possible, ne leur permettrait pas en effet de se rendre compte du service militaire.

Ne voyant de l'armée que son côté rudimentaire, et de l'instruction du soldat que la partie la plus aride, ils pourraient tout au plus faire des soldats de 1re classe, à la fin de leur année de séjour, mais ne seraient pas encore assez dégrossis pour faire des instructeurs.

Les volontaires d'un an, qui sont l'objet, dans les corps, d'un programme d'instruction tout particulier, programme qui s'applique au détriment de l'instruction générale, sont, paraît-il, un témoignage peu favorable à cette thèse du service annuel : à part quelques exceptions fort rares, ils quittent en hâte le régiment à la fin de leur année de service, n'emportant que des connaissances superficielles qui se dissipent promptement. Aussi, se préoccupe-t-on de modifier, de supprimer peut-être cette inutile institution. Il ne serait pas opportun de chercher à la faire revivre d'une autre manière, sous une autre forme.

Du reste, il importe de remarquer que tous les hommes appelés en temps de guerre à la défense de la patrie ne passent pas nécessairement par le régiment : les officiers de chasseurs forestiers, entre autres, qui, au moment de la mobilisation, seront exposés au feu les premiers, n'ont d'autre instruction militaire que celle qu'ils reçoivent à l'école forestière.

Un grand nombre de services divers, nécessaires au fonctionnement des rouages de l'État, sont exempts en temps de paix, comme non-disponibles, de toute convocation; nous en trouvons la longue énumération dans l'instruction du ministre de la guerre du 28 décembre 1879.

La position de non-disponibilité, dont il est question dans cette instruction, est celle de l'homme qui, par suite de son emploi, se trouve dispensé de rejoindre immédiatement l'armée. C'est l'application généralisée de l'article 9 de la loi du 18 novembre 1875.

Les limites dans lesquelles il y avait lieu de se renfermer pour la détermination des diverses catégories de non-disponibles ont été étudiées par le ministre de la guerre, de concert avec les autres ministres, et cette étude, faite surtout au point de vue de la mobilisation, a permis de diviser ces hommes en deux catégories :

1° Ceux qui seront désignés pour concourir à la formation des sections techniques d'ouvriers de chemins de fer de campagne et des sections télégraphiques, ainsi qu'au service de la Trésorerie et des postes aux armées, et ceux *reconnus indispensables* à des administrations, etc., etc.

2° Ceux que les services publics conserveront temporairement *dans l'intérêt général* après l'ordre de mobilisation, afin de n'être pas désorganisés par un défaut subit et de pouvoir opérer des remaniements de personnel.

Nous demanderions que l'on fît entrer les membres de l'enseignement dans une catégorie spéciale et nouvelle de non-disponibles.

Sans être astreints à passer par le régiment, comme les hommes des première et deuxième portions du contingent, ils n'en seraient pas moins obligés à rejoindre l'armée en temps de guerre, *pour être placés dans les services ou établissements pour lesquels leurs connaissances professionnelles sembleraient spécialement les désigner*, tels que les sections de secrétaires d'état-major et du recrutement, sections de commis aux écritures, services des ambulances, etc., etc.

Sans nous préoccuper davantage ici, je le répète, d'envisager la question d'une façon générale, embrassant tous les membres de l'Université, et ne considérant que les seuls élèves-maîtres sortis des écoles normales primaires, nous disons que pour ceux-là qui ne peuvent avoir leur instruction militaire dirigée spécialement vers un but unique à atteindre, il conviendrait, au lieu de songer à les faire passer une année dans les casernes, d'examiner : *1° à quel service de l'armée ils pourraient être attachés de la façon la plus utile ; 2° comment leur instruction pourrait être dirigée dans ce sens.*

La loi du 13 mars 1876 a créé vingt-deux sections de secrétaires d'état-major et de recrutement. Le personnel des sections de secrétaires d'état-major, complet au point de vue du nombre en temps de paix, sera formé en temps de guerre par des hommes pris à droite et à gauche, généralement sans instruction militaire, et sur lesquels on n'aura que les données les plus superficielles, au point de vue de la moralité et de la discrétion.

Ces deux qualités sont cependant essentielles pour un secrétaire d'état-major. La nature de ses fonctions nécessite chez lui la discrétion la plus absolue, et pour que l'homme soit sûr, il faut que sa moralité soit des mieux établies. Le recrutement du temps de guerre laissera donc beaucoup à désirer sous ce double rapport.

Dans un autre ordre d'idées, il est indispensable que le secrétaire d'état-major, pour rendre des services, soit, dans une certaine limite, au courant des affaires qu'il est appelé à copier.

Ces affaires ont trait principalement *à l'organisation de l'armée, à la géographie militaire, à la topographie, langues étrangères, termes techniques, écriture très lisible, très nette, des notions du droit des gens en temps de guerre, un aperçu des lois sur le recrutement et du Code de justice militaire.*

Rien n'empêcherait que ces dernières connaissances toujours précieuses ne leur fussent succinctement enseignées, et ainsi les élèves-maîtres des écoles normales constitueraient, et au delà des besoins, une pépinière d'excellents secrétaires d'état-major, sûrs et instruits, de précieux auxiliaires pour les officiers de service, qu'ils déchargeraient d'une foule de travaux de détail encombrants.

Les sections de commis aux écritures de l'intendance recevraient le complément.

Ainsi, il serait répondu, sans préjudice d'aucune sorte, aux exigences de notre nouvelle et malheureusement indispensable organisation militaire.

Une commission a été organisée pour l'élucidation de la question générale du rôle qui pourrait y être assigné aux instituteurs.

Sans rien préjudicier du résultat de ses travaux, n'y aurait-il pas dès à présent utilité de mettre entre les mains de nos élèves un livre très élémentaire où ils trouveraient réunies des notions sur les *lois militaires qui nous régissent, — l'organisation générale de l'armée, — la géographie militaire de la France, — les principes généraux de la mobilisation, — le droit des gens en temps de guerre ; — les éléments de l'école du soldat et de l'école de compagnie, dans l'arme de l'infanterie.*

Joint à l'instruction pratique qu'ils reçoivent déjà à l'Ecole normale, un tel programme permettrait en même temps de faire peu à peu de nos instituteurs les instructeurs militaires des jeunes gens de la campagne, et les conscrits, dégrossis par leurs soins, pourraient consacrer plus de temps à l'instruction militaire technique.

Je ne puis pas ne pas aller au-devant de l'objection que soulève immédiatement dans vos esprits cette proposition, tendant à ajouter encore une matière au programme déjà bien chargé de notre enseignement normalien, et je réponds, avant qu'elle se soit produite : 1° qu'entre toutes les connaissances qu'il importe de vulgariser davantage, celles qui intéressent

la défense de la patrie sont les premières ; 2º que la simpli-
fication de nos programmes pourrait se faire sans grand dom-
mage au profit de ces connaissances ; 3º que, dans tous les
cas, l'organisation de l'enseignement primaire supérieur et
ses désirables conséquences, prévues plus haut pour les Ecoles
normales, auraient pour effet certain de les réduire sensiblement, non en quantité, mais en intensité de difficultés à vaincre.

Voilà, Messieurs, sur cette question vivement agitée aujour-
d'hui chez nous, les idées auxquelles je pense que nous pourrions nous rallier tous.

Je vous dis au commencement de cet article l'opinion qui
prend racine dans les classes dirigeantes : *Pourquoi laisserait-
on étrangers au service militaire les hommes chargés d'élever la
jeunesse et de l'élever principalement dans les idées de dévouement
absolu au pays ?*

Les autres classes, et plus que toute autre encore celle des
cultivateurs, accentuent la leur d'une façon plus fortement
imagée, souvent bien triste, et il n'est pas rare d'y entendre
qualifier d'iniquité la situation faite à tous ceux que la loi dispense du service sous les drapeaux. .

Tout cela se comprend : la raison n'a pas grand'chose à
voir dans ces critiques dont l'impôt du sang est le sujet ; et
d'ailleurs elles ne sont pas absolument dépourvues de force.

Je n'avais donc pas le droit de reculer devant la difficulté
que présente la solution de cette très délicate et intéressante
question, et j'y ai apporté tous mes soins.

Inutile de vous dire que je ne l'ai point étudiée seul, sans
secours étranger : j'ai fait appel aux lumières de personnes
fort compétentes en cette matière.

La solution me semble donc se résumer en ceci : *Demander
aux pouvoirs législatifs la création dans la loi d'une catégorie
spéciale et nouvelle de non-disponibles, visant les élèves-maîtres
des écoles normales primaires, et les astreignant jusqu'à l'âge
de vingt-cinq ans, soit en temps de guerre, soit pendant les grandes
manœuvres annuelles, à rejoindre l'armée, pour être placés, sans
passer par le régiment, dans les divers services pour lesquels leurs
connaissances professionnelles sembleraient spécialement les désigner.*

Si, cette loi votée, l'administration universitaire décidait que
pendant la durée d'une guerre les élèves des écoles communales dépossédées de leurs maîtres seraient admis dans les écoles
les plus voisines, ou bien que ces maîtres seraient provisoirement remplacés par des adjoints et au besoin par des élèves-
maîtres déjà brevetés, les différents intérêts en jeu se trouveraient alors satisfaits : 1º l'armée, dont l'effectif se trouverait

ainsi augmenté de 8 à 10,000 hommes intelligents, pour ses services administratifs ; — 2° l'enseignement communal, dont le personnel dirigeant ne ferait défaut que dans une proportion très peu sensible.

———

Là s'arrête pour moi l'étude de l'importante question soumise à notre examen. En me résumant, les moyens d'assurer le meilleur recrutement des écoles normales, dans l'état actuel des choses, sont au nombre de douze, savoir :

1° *Suppression, en principe, de la dispense d'âge ;*

2° *Fixation des examens d'admissibilité à une date postérieure à celle des examens du brevet de capacité ;*

3° *Préparation des candidats par les instituteurs publics, des primes étant décernées aux meilleurs préparateurs, dans les départements où il ne peut y avoir d'écoles préparatoires annexées aux écoles normales ;*

4° *Réglementation des épreuves médicales rendues éliminatoires et des épreuves intellectuelles, qui auraient lieu dans les écoles normales, les candidats y étant internés un temps suffisant, pour les épreuves orales surtout ;*

5° *L'expiration de la période triennale des études rendue obligatoire pour les élèves-maîtres quittant l'école pour un motif quelconque, avant qu'ils puissent se présenter aux épreuves voulues par le brevet de capacité ;*

6° *Les années de séjour à l'école normale comptées aux élèves-maîtres pour leur placement et leur avancement ;*

7° *Tout le personnel enseignant de l'école normale faisant partie de la commission d'examen d'admissibilité, avec les inspecteurs primaires, sous la présidence de l'inspecteur d'académie ;*

8° *Octroi le plus prochain possible de programmes d'enseignement aux écoles normales ;*

9° *Fondation dans chaque école normale d'un nombre de bourses égal au nombre des élèves-maîtres reconnu nécessaire pour la marche du service communal ;*

10° *Abrogation de l'article 19 du décret réglementaire du 2 juillet 1866 ;*

11° *Examen obligatoire* COMPLET *aux époques concédées par la circulaire ministérielle du 16 octobre 1879 ;*

12° *Service militaire d'une durée de cinq années, dans une catégorie à créer de* NON-DISPONIBLES, *pour les élèves-maîtres devenus instituteurs.*

Mais deux grandes lois sont à l'étude ; elles seront bientôt discutées et promulguées ; nous devons à la liberté de la presse d'en connaître l'économie.

L'une rendra l'enseignement primaire *obligatoire* jusqu'à l'âge de 12 à 13 ans ; l'autre rétablira l'enseignement primaire supérieur.

Elles sont appelées l'une et l'autre à beaucoup modifier en peu de temps toutes nos idées sur l'organisation actuelle des écoles normales.

Ne craignez pas que, soulevant le voile qui dissimule encore à nos yeux cet avenir, j'essaye de vous entraîner avec moi dans son champ inexploré : qu'y ferions-nous autre chose que d'y rêver, que d'y *bâtir des châteaux en Espagne?*

Qu'il me soit permis toutefois d'en saluer les abords, les espérances, et de dire à ceux d'entre nous qui auront la fortune de voir tomber la barrière qui nous en sépare : Vous êtes des heureux du siècle !

Si, passionnés pour la double cause de l'enseignement primaire obligatoire et de l'enseignement primaire supérieur, dont nous n'avons pu être que les précurseurs dévoués, vous voulez que l'un et l'autre grandissent et se perpétuent, commencez par faire profiter des fruits de cette heureuse réforme l'œuvre capitale des écoles normales.

Vous demanderez, pour cela, l'institution de certificats d'études primaires des deux degrés, décernés sérieusement, comme les brevets de capacité, par des comités agissant en vertu de programmes bien déterminés.

Vous émettrez le vœu que le premier de ces certificats soit la condition *sine qua non* de l'admission à l'école supérieure, et que nul ne soit admissible aux épreuves voulues pour entrer à l'école normale, non plus qu'aux épreuves du brevet de capacité, s'il n'est pourvu du second, qui deviendrait dès lors, par la force même des choses, le passe-port obligatoire pour toutes les écoles professionnelles, pour certaines administrations.

Et alors vous aurez la joie de voir s'élever à vue d'œil le niveau de l'enseignement communal, dont les progrès ont été si lents depuis la loi néfaste de 1850; alors les deux brevets primaires acquerront un lustre nouveau et une réelle valeur, en harmonie avec les nécessités du siècle, parce qu'ils seront l'un et l'autre le produit d'un sol profondément préparé.

Ces vœux, me dira-t-on, anticipent sur l'action du pouvoir législatif. Sans doute, et je n'y puis contredire. Mais au train où vont aujourd'hui les choses de l'enseignement primaire, nous avons tout lieu d'espérer que l'anticipation est à courte échéance. Et l'on aura mille fois raison, car tout est là : la paix, la prospérité publique et toutes les grandes institutions

que notre époque a vues se fonder : le jury, le suffrage uni-
versel, la liberté de la presse.

Les grandes institutions humaines, puissances pondératrices
de l'ordre et de la liberté, doivent se traiter comme les
grandes œuvres architecturales : il leur faut de solides assises,
et ces assises, sans lesquelles elles s'écroulent fatalement, en
ne laissant pour tout souvenir que d'embarrassantes ruines,
parce que rien ne vit de ce qui est livré au caprice des passions
et aux erreurs de l'ignorance, —: ces assises sont l'éducation
populaire et l'instruction primaire supérieure.

Contribuons donc fortement aujourd'hui par nos vœux à de
promptes et larges réformes de la réglementation où se traîne
encore trop notre enseignement primaire.

Ces réformes, les questions que nous venons de traiter ici
les comportent toutes. Ces vœux, l'Administration supérieure
les attend de notre Congrès ; et nous n'avons qu'une manière
de répondre dignement à la confiance qu'elle veut bien nous
témoigner ainsi : c'est de les formuler sans timidité ni précipitation, après de suffisants débats.

L. MARIOTTI.

1ᵉʳ avril 1880.

PROCÈS-VERBAL

Le jeudi 1er avril 1880, à huit heures du matin, les inspecteurs primaires, les directeurs et les directrices d'écoles normales composant la quatrième section des délégués aux conférences pédagogiques, se sont réunis à Paris dans une salle du lycée Saint-Louis, sous la présidence de M. Pineaux, inspecteur primaire de la Seine. L'ordre du jour appelle la discussion de la question relative au recrutement des écoles normales. M. Mariotti, directeur de l'école normale de Versailles, a la parole pour la lecture du rapport.

Pendant cette lecture, M. Maillé, vice-président, remplace au fauteuil M. Pineaux, obligé de s'absenter. M. Mariotti termine son rapport en soumettant à l'assemblée douze propositions, dont voici le résumé :

1° Suppression, en principe, des dispenses d'âge ;

2° Demander que les examens pour l'admission à l'école normale n'aient lieu qu'après la deuxième session des examens du brevet ;

3° Préparation des candidats, soit dans les écoles préparatoires annexées aux écoles normales, soit chez les instituteurs publics, des primes d'encouragement étant décernées, dans ce dernier cas, aux préparateurs les plus méritants ;

4° Les examens d'admission auront lieu à l'école normale, où les candidats seraient internés, pendant 8 ou 10 jours, aussitôt après le départ des élèves-maîtres pour les grandes vacances ;

5° L'élimination d'un élève-maître entraînera pour lui l'impossibilité de se présenter aux épreuves du brevet avant l'expiration des trois années qu'auraient duré ses études normaliennes ;

6° Les trois années d'école normale compteront aux élèves-maîtres pour leur classement sur la liste d'avancement et pour l'engagement décennal ;

7° Le personnel enseignant de l'école fera partie de droit de la Commission d'examen d'admissibilité ;

8° Le nombre de bourses sera égal au nombre des élèves-maîtres;

9° Nécessité d'avoir des programmes bien précis pour les études normaliennes;

10° Suppression de l'article 19 du décret du 2 juillet 1866, relatif aux sorties;

11° Examens complets et non scindés, pour le brevet élémentaire, aux dates indiquées dans la circulaire du 11 octobre 1879;

12° Service militaire, dans une 3° catégorie de non-disponibles, à demander aux pouvoirs législatifs.

La lecture du rapport a été écoutée avec l'attention la plus soutenue. M. le vice-président Maillé se fait l'interprète des sentiments de ses collègues en adressant des félicitations chaleureuses à l'honorable M. Mariotti. Les paroles de M. Maillé sont ratifiées par les applaudissements unanimes de l'assemblée.

1ʳᵉ Proposition. — La discussion est ouverte sur la première question, relative à la suppression, en principe, de toute dispense d'âge pour les candidats à l'école normale.

M. Lequint appuie énergiquement la proposition du rapporteur, et signale les inconvénients que présente l'admission de candidats trop jeunes: les élèves-maîtres sont soumis à une discipline et à des exercices qui ne conviennent nullement à des enfants. Il estime qu'on ne devrait admettre à l'école normale aucun aspirant ayant moins de seize ans, et qu'il importe d'opposer une barrière aux demandes de dispense d'âge par une disposition réglementaire et précise. — Un membre fait observer que l'âge d'admission peut être abaissé à quinze ans pour les aspirantes; cette opinion est partagée par mesdames les directrices. — M. Messin est d'avis qu'il convient de formuler ainsi la proposition : *Les aspirants à l'école normale devront être âgés de seize ans au moins et de vingt ans au plus ; les aspirantes, de quinze ans au moins et de vingt ans au plus le 1ᵉʳ octobre de l'année du concours. Les dispenses d'âge seront supprimées d'une manière absolue.* Cette résolution est adoptée.

2ᵐᵉ Proposition. — M. le président donne lecture de la deuxième proposition, tendant à ce *que les examens pour l'admission à l'école normale n'aient lieu qu'après la seconde session des examens du brevet.* — M. Marlier dit que l'examen d'admission ne peut guère être retardé, parce que le Conseil général s'occupe de la répartition des bourses départementales dans la session s'ouvrant le lundi qui suit le 15 août. Après les épreuves du concours, le directeur de l'école normale est obligé de recueillir des renseignements sur la situation des familles intéressées, puis la Commission de surveillance fait des proposttions, qui doivent être soumises au Conseil général en temps utile. — M. Lequint fait observer que la Commission départementale peut répartir les bourses par délégation du Conseil général. — Selon M. Naudy, les renseignements nécessaires sur les candidats et sur leurs familles doivent être recueillis avant l'examen par les inspecteurs primaires, dont le concours est indispensable pour assurer le bon recrutement des écoles normales.

En effet, ces fonctionnaires ont à procéder à l'enquête prescrite par l'article 15 du décret du 2 juillet 1866. — Après ces observations, la proposition du rapporteur est adoptée à l'unanimité.

3ᵐᵉ Proposition. — La troisième proposition, concernant la préparation des candidats, est mise en discussion. — M. Piboen est l'adversaire résolu des cours préparatoires annexés aux écoles normales. Il n'est pas bon que les candidats soient soumis au régime de l'internat avant d'entrer dans ces établissements ; il faut que ces jeunes gens vivent le plus longtemps possible de la vie de famille. Mais il y a lieu de distribuer chaque année des primes d'encouragement, et de décerner des récompenses honorifiques, après dix années d'efforts soutenus et efficaces, aux instituteurs *publics* qui ont préparé les candidats déclarés admissibles. — M. Lequint se déclare partisan convaincu des cours préparatoires. Il signale les services rendus par cette institution dans la Loire-Inférieure. — MM. Marlier, Mothe et Michaut combattent les cours préparatoires annexés à l'école normale ; ces cours ont eu souvent pour effet de décourager les instituteurs qui présentaient des candidats et de tarir ainsi la source principale du recrutement. — M. Naudy pense que les cours préparatoires ont tantôt des avantages et tantôt des inconvénients, suivant les régions ; par conséquent, il n'y a lieu ni de les recommander ni de les condamner d'une manière absolue.

Quelques membres seraient d'avis qu'une prime d'encouragement fût accordée à tous les instituteurs publics ou libres qui auraient préparé des aspirants reconnus admissibles. — M. Messin combat cette manière de voir : l'instituteur public donne des soins gratuits à l'élève qu'il prépare pour l'école normale, mais l'instituteur libre n'est pas dans le même cas. La proposition est ensuite adoptée dans les termes suivants : *Les candidats seront préparés, soit dans des écoles préparatoires publiques ou libres, annexées ou non aux écoles normales, soit chez les instituteurs publics ; en ce qui concerne ces derniers, des primes d'encouragement et des récompenses seront décernées aux plus méritants.* — L'assemblée adopte également un vœu présenté par M. Naudy et demandant *que les instituteurs ou professeurs qui ont préparé ou donné des leçons à des candidats à l'école normale, ne fassent partie ni des commissions d'examen ni des commissions de surveillance.*

La séance est suspendue à onze heures et reprise à deux heures du soir.

4ᵉ Proposition. — La discussion s'ouvre sur la proposition tendant à ce que les examens d'admission aient lieu à l'école normale, où les candidats seraient internés pendant huit ou dix jours.

Quelques membres font remarquer qu'il est difficile de limiter le temps nécessaire à cet examen, et sont d'avis qu'il ne devra résulter pour les aspirants aucuns frais de leur séjour à l'école normale.

En conséquence l'assemblée adopte à l'unanimité la proposition ainsi formulée :

Les examens d'admission auront lieu à l'école normale, où les candidats seront internés, aux frais du département, pendant une semaine au moins, aussitôt après le départ des élèves-maîtres pour les grandes vacances.

L'assemblée vote ensuite un vœu présenté par M. Petit et plusieurs de ses collègues, d'après lequel *on recevrait chaque année à l'école normale un nombre d'élèves-maîtres supérieur d'un tiers au chiffre réglementaire; mais on n'admettrait aux cours de seconde année que le nombre reconnu nécessaire aux besoins du service. Les derniers cesseraient de faire partie de l'école; ils pourraient prendre part de nouveau au concours d'admission.*

5ᵉ Proposition. — L'assemblée vote, sans discussion et à l'unanimité, la cinquième proposition du rapporteur ainsi conçue : *L'élimination ou le renvoi d'un élève-maître entraînera pour lui l'impossibilité de se présenter aux épreuves du brevet avant l'expiration des trois années qu'auraient duré ses études normales.*

6ᵉ Proposition. — M. le président donne lecture de la sixième proposition du rapporteur, demandant que les trois années d'école normale comptent aux élèves-maîtres pour leur avancement.

Les membres qui prennent la parole sur cette question sont unanimes pour reconnaître que la situation actuellement faite aux élèves-maîtres est inférieure à celle des jeunes gens qui entrent dans l'enseignement sans passer par l'école normale ; mais ils estiment que la proposition ne peut être adoptée telle qu'elle est présentée. MM. Naudy, Pauliet et Montané font remarquer que les trois années d'école normale ne peuvent être admises pour le classement, puisque, d'après la loi de 1875, on ne compte que les services rendus comme instituteur titulaire. D'autre part, la liste de mérite ne peut comprendre que les instituteurs titulaires les plus méritants. — L'accord s'établit sur la proposition de M. Mesnier ainsi conçue : *Les trois années passées dans une école normale en qualité d'élève-maître seront assimilées à trois années passées dans une école communale en qualité d'instituteur-adjoint.*

L'assemblée vote, en outre, la proposition complémentaire suivante présentée par M. Naudy : *Tout instituteur qui n'est pas sorti d'une école normale devra, avant d'être nommé titulaire, faire un stage de trois années au moins comme instituteur-adjoint.*

7e Proposition. — La septième proposition, tendant à ce que *tout le personnel enseignant de l'école normale fasse partie de la Commission d'examen d'admissibilité,* est mise en discussion. M. le rapporteur dit que, dans sa pensée, les inspecteurs primaires doivent aussi, dans tous les cas, faire partie de cette Commission, à laquelle leur concours est nécessaire. La proposition est ensuite adoptée à l'unanimité, sous la réserve qu'aucun membre de la Commission n'aura donné des leçons aux candidats.

8e, 9e, 10e Propositions. — Les trois propositions suivantes sont votées sans discussion et à l'unanimité :

Le nombre des bourses sera égal à celui des élèves-maîtres. — Il est nécessaire d'avoir un programme bien précis pour les études normales. — Il convient de supprimer l'article 19 du décret du 2 juillet 1866, relatif aux sorties des élèves-maîtres.

11e Proposition. — M. le Président met en discussion la question relative à l'examen du brevet élémentaire avant la fin du cours normal. M. Naudy voudrait que l'examen du brevet élémentaire fût obligatoire à la fin de la première année. Les élèves-maîtres auraient ainsi deux ans pour se préparer au brevet supérieur ; en outre, ils pourraient prendre une part plus active aux exercices de l'école annexe, et développer davantage leur aptitude professionnelle. — M. le rapporteur est d'avis que cette mesure ne pourra être adoptée que le jour où le niveau de l'examen d'admission sera plus élevé.

— M. Montané estime qu'il est désirable que l'examen du brevet élémentaire ait lieu à la fin de la première année d'études, mais qu'il ne convient pas d'en faire une obligation.

— Après ces observations, l'assemblée adopte la proposition ainsi formulée : *Les élèves des écoles normales seront autorisés, sur l'avis conforme du directeur, à subir l'examen du brevet élémentaire total à la fin de leur première année d'études.*

M. Marlier et plusieurs de ses collègues. demandent *que le directeur de l'école normale fasse partie de droit de la Commission d'examen pour le brevet de capacité, avec voix consultative.* Après diverses observations, l'assemblée rejette ce vœu : par 16 voix contre 14.

Elle adopte ensuite un autre vœu ainsi conçu, également présenté par M. Marlier et plusieurs de ses collègues: *Le règlement du 3 juillet 1866 sur les examens du brevet de capacité sera modifié dans le sens qui suit : 1° En ce qui concerne la dictée, il ne sera plus compté de faute dans les cas où plusieurs interprétations sont admissibles; les accents omis ou employés à tort, à moins qu'ils ne dénaturent le sens du mot, compteront seulement pour 1/4 de faute; le système de notation actuellement en vigueur pour l'orthographe sera modifié, afin qu'un candidat ne puisse être éliminé qu'autant que sa composition présentera plus de quatre fautes; 2° Les brevets de capacité seront de deux ordres : le brevet élémentaire et le brevet supérieur; ces brevets comprendront les mêmes matières, et ne différeront que par le degré de développement des diverses parties du programme.*

L'assemblée vote en outre un vœu présenté par M. Naudy et demandant : *1° Que les Commissions d'examen pour le brevet, siégeant au chef-lieu de chaque département, soient supprimées et remplacées par une Commission unique, qui siégerait au chef-lieu de chaque académie et se transporterait dans les chefs-lieux de département pour les épreuves orales ; — 2° Que des droits d'examen soient exigés des candidats au brevet de capacité.* — Dans le cas où il ne serait pas donné suite au vœu de M. Naudy tendant à la suppression des commissions départementales d'examen, l'assemblée, sur la proposition de M. Mesnier, émet le vœu *que cette Commission soit composée de l'inspecteur d'académie et de tous les inspecteurs primaires.*

Sur la proposition de M. Perrier, l'assemblée émet également le vœu *que l'indemnité attachée à la possession du brevet complet par la loi de 1875 soit accordée à tout instituteur public, adjoint ou titulaire, quel que soit son traitement.*

Elle adopte ensuite le vœu suivant présenté par MM. Maupin, Mougin, Pauliet, etc. : *Nul ne sera nommé instituteur titulaire qu'à la suite d'un examen professionnel portant sur la direction des écoles, sur les méthodes d'enseignement, sur les règlements et sur l'hygiène scolaires.*

12ᵐᵉ Proposition. — L'assemblée vote, à l'unanimité, la proposition suivante, développée et motivée dans le rapport de

M. Mariotti : *Il y a lieu de demander aux pouvoirs législatifs la création dans la loi d'une 3° catégorie de non disponibles visant les élèves-maîtres des écoles normales primaires, et les astreignant jusqu'à l'âge de 25 ans, soit en temps de guerre, soit pendant les grandes manœuvres annuelles, à rejoindre l'armée, pour être placés, sans passer par le régiment, dans les divers services pour lesquels leurs connaissances professionnelles sembleraient spécialement les désigner.*

MM. Perrier et Maupin proposent et la section adopte le vœu suivant :

Considérant qu'on ne peut attirer et retenir dans les fonctions publiques des hommes dignes de les remplir que par les avantages qu'on attache à ces fonctions, que, pour les instituteurs en particulier la sécurité, la stabilité et la considération doivent être placées au premier rang de ces avantages, *l'assemblée estime qu'il y a lieu de placer les instituteurs et les institutrices sous l'autorité exclusive de leurs chefs hiérarchiques.*

· La section vote aussi une proposition de M. Mesnier ainsi conçue : Considérant que les institutrices publiques en exercice dans les communes de moins de 500 habitants rendent les mêmes services que celles qui exercent dans les communes d'une population plus considérable; que les lois en vigueur ne fixent pas le minimum de leur traitement, et que la situation de la plupart de ces institutrices, au point de vue des avantages qui leur sont accordés, est inférieure à celle des institutrices-adjointes de hameau; *l'Assemblée émet le vœu que les institutrices exerçant dans les communes de moins de 500 âmes soient assimilées, pour le traitement et l'avancement, aux institutrices en exercice dans les communes de 500 habitants et au-dessus.*

L'ordre du jour étant épuisé, la séance est levée à cinq heures du soir.

Fait à Paris, les jour, mois et an susdits.

<table>
<tr><td>Les Secrétaires,</td><td>Le Président.</td></tr>
<tr><td>A. LEFÈVRE et MESNIER.</td><td>CH. PINEAUX.</td></tr>
<tr><td style="text-align:center">Les Vice-Présidents,</td><td></td></tr>
<tr><td style="text-align:center">MAILLÉ et MARLIER.</td><td></td></tr>
</table>

CINQUIÈME SECTION

RAPPORT

Présenté par M. Ungerer, directeur de l'école normale de Quimper.

Mesdames, Messieurs,

Le Congrès pédagogique, dont nous avons l'honneur de faire partie, est né d'une pensée large, généreuse, libérale ; d'une pensée qui témoigne hautement, et une fois de plus, de toute l'importance que le Gouvernement de la République attache à l'enseignement populaire. Aussi ma première parole est-elle un cri de gratitude à l'adresse de l'éminent Ministre de l'Instruction publique qui entoure l'enseignement primaire d'une sollicitude si manifeste et qui tient si haut et si ferme le glorieux drapeau du progrès.

Nous voilà, nous les humbles pionniers de l'enseignement primaire, nous les déshérités d'autrefois, appelés à l'insigne honneur de devenir les collaborateurs du Ministre dans l'œuvre de la régénération des écoles, aujourd'hui, en préparant sous ses auspices la voie à d'utiles, à de fécondes réformes scolaires, demain, en siégeant — représentés par nos délégués — à ses côtés, dans le sein même du Conseil supérieur de l'Instruction publique.

Et cet honneur, qui étonne notre modestie, nous en sommes redevables au Ministre républicain qui veut nous élever aux yeux de tous, par des marques éclatantes de sa confiance en nous, à la hauteur même des services que l'enseignement primaire rend à la Patrie.

Cette confiance, Mesdames et Messieurs, nous en sommes heureux et fiers, nous la justifierons, et nous saurons prouver à tous, amis et adversaires, que M. le Ministre, en comptant sur nous, savait à l'avance qu'il ne se préparait point une déception.

Poursuivons donc avec calme, avec sérénité, l'étude des questions pédagogiques qui sont l'objet de nos conférences ; mettons fraternellement en commun les fruits de l'observation et de l'expérience ; apportons à l'édifice qui s'élève une solide pierre angulaire ; prouvons, en un mot, par des actes que nous voulons, que nous savons nous rendre réellement utiles.

Et maintenant, passons ensemble à l'examen du sujet que nous sommes appelés à approfondir aujourd'hui.

Le voici tel qu'il nous a été donné :

« Des moyens d'assurer le meilleur recrutement des écoles normales. Conditions de préparation et d'admission. »

Pour plus de clarté dans l'exposition, j'ai divisé la matière en quatre chapitres, et j'aurai par conséquent l'honneur de vous entretenir successivement :

1° Du mode de recrutement,

2° Des conditions premières d'un bon recrutement,

3° De la préparation des candidats,

4° De l'examen d'admission.

I

DU MODE DE RECRUTEMENT

Dès leur origine, les écoles normales se sont recrutées par voie de concours ; ce système est resté en vigueur jusqu'en 1850 et a toujours donné de bons résultats.

Mais à cette époque, néfaste entre toutes dans les annales de l'enseignement primaire, la méfiance planait sur les instituteurs laïques, le gouvernement lui-même les tenait en suspicion, et les écoles normales étaient tombées dans le discrédit.

S'il fallait des preuves à l'appui de ce que viens d'avancer, je les trouverais dans la loi du 15 mars 1850, dans le décret du 24 mars 1851, dans les circulaires ministérielles, signées entre autres, par MM. de Crouseilhes et Fortoul ; je les trouverais enfin dans mes souvenirs personnels, car j'étais instituteur primaire dans ces années de deuil, et je n'ai point oublié les indignes calomnies qu'alors l'esprit de parti, aidé — il faut en convenir — de regrettables écarts de quelques-uns des nôtres, a déversées sur nous. Vous dirai-je la poignante émotion qui nous saisit le jour où une des voix les plus éloquentes, les plus écoutées de l'Assemblée législative nous traita, en face de la France, de « maîtres d'école communistes » et où un grand poète, dont 1848 avait fait momentanément un homme d'Etat, nous dénonça à l'animadversion publique, en nous qualifiant de « race gangrenée » dans ses écrits périodiques.

Ces cruelles préventions ont produit leurs effets : les instituteurs laïques furent placés sous la férule que vous savez ; les écoles normales, où régnait — au sens de nos oppresseurs — trop de lumière, virent leurs programmes mutilés et réduits à la portion congrue ; jusqu'alors elles s'étaient recrutées librement, largement, parmi les élèves d'élite des écoles primaires ; les concours d'admission furent supprimés et remplacés par des enquêtes, à l'exclusion de toute épreuve d'instruction. C'est que non seulement on était décidé au ministère à n'ouvrir les portes des écoles normales qu'à des médiocrités, dans le but évident de favoriser nos compétiteurs, les frères, mais on agissait sous la pression de la raison politique qui réclamait un rigoureux épurement : des fils de républicains, à aucun prix on n'en voulait parmi les élèves-maîtres !

Alors commença le règne fatal des certificats, je veux dire des protections, des recommandations, des influences occultes, du favoritisme ; et, par contre-coup, celui des délations haineuses se mettant au service des vengeances politiques.

Ce que devint le recrutement pratiqué dans de pareilles conditions, ce que devinrent les écoles normales elles-mêmes, est facile à comprendre : c'était lamentable !

Il fallut aviser.

Alors M. Fortoul (circulaire du 2 février 1855) établit des *examens individuels*, dont voici le programme : savoir lire, écrire et compter, observer les *principales* règles de l'orthographe, répondre à des questions de catéchisme et d'histoire sainte.

Ah ! que les écoles normales devaient être tombées bas pour que de telles prescriptions fussent jugées nécessaires par un ministre inféodé aux congrégations !

Ce nouveau mode de procéder dura longtemps, car il ne fut condamné que onze ans plus tard (décret du 2 juillet 1866) par un ministre libéral, partisan convaincu et dévoué de l'en-

seignement primaire, M. Duruy, dont le souvenir est resté
vivant dans notre reconnaissance (applaudissements).

Aux examens individuels M. Duruy substitua résolûment les
anciens concours, qui furent remis en vigueur dès la même
année et qui sont encore aujourd'hui la base de notre système de recrutement.

Tel est, Mesdames et Messieurs, l'historique très sommaire des
vicissitudes du mode de recrutement des écoles normales. Vous
y voyez les concours, aussi anciens que les écoles elles-mêmes,
marchant dès le début parallèlement avec les enquétes pour le
plus grand bien des maisons à pourvoir d'élèves. Arrive le
règne des adversaires de l'enseignement laïque, et les voilà
attaqués, vilipendés, condamnés ; les enquêtes seules, et quelles
enquêtes ! subsistent ; les écoles normales glissent rapidement
sur la pente de la ruine ; mais en 1866 les concours renaissent
de leurs cendres, c'est un ami éclairé du progrès qui les res-
suscite ; et, depuis lors, ils n'ont cessé de rendre, d'incontestables services.

Faut-il des raisons plus concluantes pour nous déterminer
à nous prononcer pour le maintien des concours ?

Il n'est d'ailleurs question ici que du *principe* ; car, pour ce
qui est de l'organisation des concours, elle sera plus loin
l'objet d'une étude approfondie.

Si vous partagez, Mesdames et Messieurs, mon opinion sur
cette question, vous adopterez par un vote la proposition suivante : « La cinquième section se prononce pour le maintien
» des concours précédés d'une enquête ; elle est d'avis que
» celle-ci doit être sérieuse, mais conduite dans un esprit
» sagement libéral. »

II. DES CONDITIONS PREMIÈRES D'UN BON RECRUTEMENT.

Les écoles normales se recrutent principalement à la campagne. Sans m'arrêter ici aux causes multiples de ce fait, je
déclare sans détour que je l'accepte sans le moindre regret :
les jeunes gens de la campagne ont les goûts plus simples que
ceux de la ville, ils sont plus modestes, plus maniables, ils
se plient plus facilement à la discipline ; l'expérience d'ailleurs
m'a appris que si les jeunes citadins ont souvent l'esprit plus
ouvert, la conception plus prompte, une culture générale plus
complète, leur précocité présente plus d'un côté dangereux. Je
ne songe pas pour cela à les frapper d'ostracisme, mais je

pense que nos efforts doivent tendre à nous recruter surtout
dans les écoles rurales, parce que c'est de là que nous viennent nos meilleurs élèves.

Action de l'instituteur. — L'homme précieux, l'homme indispensable pour le recrutement, c'est l'instituteur, conseillé, stylé
par son inspecteur. C'est l'instituteur qui *fait naître* les vocations (je crois peu, je l'avoue, aux vocations spontanées); c'est
lui qui gagne les familles à notre cause; c'est à lui qu'incombe la tâche lourde, parfois ingrate, de la préparation des
candidats; en un mot, le sort des écoles normales, au point de
vue du recrutement, est entre ses mains.

Conclusion logique : il faut l'intéresser à cette œuvre, la lui
rendre de plus en plus chère, et lui tenir compte largement,
généreusement de ses efforts pour la conduire à bien. C'est ce
qu'on n'a pas fait jusqu'à ce jour, bien à tort, car de tels
services méritent d'être récompensés. Sans doute, le dévouement ne calcule point, il ne pose pas des conditions préala-
bles pour s'affirmer par des actes; mais c'est là une raison de
plus qui le recommande à l'estime et à la libéralité de l'Administration.

J'ai l'espoir, Mesdames et Messieurs, que vous voudrez bien,
avec moi, formuler le vœu que des encouragements soient
désormais accordés aux instituteurs et aux institutrices
qui auront travaillé avec succès au recrutement des écoles
normales.

Voici ma proposition :

La 5me section recommande à la générosité de l'administration les instituteurs et les institutrices qui ont ouvert les
portes des écoles normales à leurs élèves, et sollicite
pour eux des récompenses consistant en dons de livres ou
d'instruments de mathématiques, et en gratifications pécuniaires.

Un crédit spécial pourrait être ouvert pour cet objet au
budget du département.

Age des candidats. — La plupart des candidats appartiennent
à des familles peu aisées, pour lesquelles les années de préparation sont une cause de lourds sacrifices de temps et d'argent,
tandis qu'elles trouvent dans l'industrie et le commerce des
emplois convenablement rétribués pour leurs fils quelque peu
instruits. Plus d'un candidat heureusement doué nous échappe
pour ces motifs.

On a proposé d'obvier à cet inconvénient en abaissant à 15
ans l'âge d'admission.

Je ne repousse pas absolument cette proposition, puisqu'elle tend à favoriser le recrutement en allégeant la charge des familles, tout en ne nuisant pas trop aux études. Néanmoins je ne crois pas cette mesure indispensable, car je n'ai nullement la crainte de voir les aspirants nous manquer. Dans beaucoup de départements c'est le contraire qui a lieu, et le nombre des candidats y va en augmentant d'année en année. D'ailleurs il est de fait que la carrière de l'enseignement est, aujourd'hui, plus recherchée que jamais, car elle est honorée, elle offre des avantages incontestables ; de larges horizons s'ouvrent devant elle, les améliorations promises se réalisent : le présent est bon, l'avenir sera meilleur encore.

Non, Messieurs, nous n'avons pas à redouter une disette d'aspirants.

D'un autre côté, ne nous préoccupons pas exclusivement du recrutement, songeons aussi au but final à atteindre. Entrer à l'école normale à 15 ans, c'est en sortir à 18 ; or, à 18 ans on est bien jeune pour enseigner et surtout pour prêcher d'exemple... fût-on même pénétré de toute la gravité des fonctions de l'enseignement. Et, vous le savez, un bon nombre d'élèves-maîtres sont nommés instituteurs au sortir de l'école normale, faute d'emplois d'instituteur-adjoint à leur donner.

Je conclurais donc volontiers, et avec conviction, au maintien pur et simple des conditions d'âge actuelles, 16 ans au 1er octobre de l'année d'admission ; mais, si vous deviez demander l'abaissement à 15 ans, je proposerais de n'admettre que les candidats qui auront 15 ans révolus au 1er janvier de l'année de leur inscription, et cela à l'exclusion de toute dispense d'âge.

Ces dernières conditions seraient applicables aux aspirantes, à moins que Mesdames les directrices n'aient à faire des réserves ; nous serions très heureux de faire notre profit des observations dont elles voudraient bien nous honorer.

Je termine ce paragraphe par les propositions suivantes à ratifier par un vote :

Aspirants. — La 5me section est d'avis qu'il y a lieu de maintenir les conditions d'âge déterminées par l'art. 14 du décret du 2 juillet 1866, modifiées par la circulaire ministérielle du 19 mai 1868 (16 ans accomplis au 1er octobre de l'année de l'admission).

Aspirantes. — La 5me section est d'avis qu'il y a lieu de fixer l'âge d'admission des aspirantes à 15 ans accomplis au 1er janvier de l'année de leur rentrée à l'école.

Gratuité. — Une condition plus essentielle que l'âge, au

point de vue du recrutement, c'est la gratuité. Dans les départements où tous les élèves-maîtres sont boursiers, les candidats abondent, témoin la Mayenne : avant que le Conseil général eût établi généreusement la gratuité absolue à l'école normale de Laval, le nombre des aspirants était tombé à 16 pour 10 à 12 places à donner; aujourd'hui il dépasse 50.

La généralisation de cette mesure lèverait le plus grave des obstacles.

Je recommande donc en toute confiance à votre agrément la proposition suivante :

L'Assemblée exprime le vœu que la gratuité absolue soit établie dans toutes les écoles normales.

Service militaire. — Ici vient se placer une question qui a sa gravité :

« Faut-il continuer à dispenser les instituteurs, partant les élèves-maîtres, du service militaire ? »

Il y a de bons esprits, et on les dit nombreux, qui se prononcent pour la négative. A leur sens, le temps passé au régiment, quoique perdu pour l'instruction professionnelle, est excellemment employé sous d'autres rapports: le caractère devient plus décidé, plus ferme, plus mâle ; le respect de l'autorité plus profond, le patriotisme, déjà bien vivant chez l'élève-maître, s'affermit encore et éclate en actes; un puissant lien de plus attache le jeune citoyen à la patrie, l'honneur du drapeau est le sien, l'uniforme des braves l'ennoblit, le maniement des armes augmente son courage, son sang-froid, au premier appel il vole au danger, il *est plus français* en quittant le régiment qu'avant d'y entrer.

Voilà un idéal bien beau, bien touchant. Je n'en disconviens pas, certes ! malheureusement c'est un idéal... la réalité se présente sous des aspects moins séduisants.

J'avoue, pour ma part, que ce complément d'éducation à donner aux élèves-maîtres ne m'inspire pas une confiance illimitée. Je suis loin de nier quelques-uns des côtés avantageux de ce système, mais j'en redoute plus encore les inconvénients, pour ne pas dire les dangers. Pour qui connaît la vie de caserne, les détails ici sont superflus.

D'ailleurs, tranchons le mot : l'obligation du service militaire imposée aux instituteurs portera un coup mortel au recrutement des écoles normales. Ce n'est pas la « vocation » qui fait affluer les candidats, c'est le désir d'échapper au service militaire. Il m'en coûte de faire cet aveu, mais je ne vous apprends rien de nouveau, Messieurs; vous ne savez que trop que je suis dans le vrai.

Je conclus donc en vous proposant de demander le « maintien de la dispense du service militaire pour les instituteurs et les élèves-maîtres. »

III. *Des conditions de préparation.*

Ce sont les écoles primaires élémentaires qui nous fournissent la plupart de nos élèves-maîtres, et je ne crains pas de rencontrer beaucoup de contradicteurs quand je dirai que le plus grand nombre des instituteurs nous préparent de bonnes, de vaillantes recrues. Toutefois, plusieurs d'entre nous se plaignent de l'instruction fort insuffisante des aspirants formés dans les écoles primaires, et nous avons pu lire à ce sujet des critiques fort vives dans nos journaux pédagogiques. Je ne me permets pas de m'inscrire en faux contre cette allégation, quoique, à mon sens, elle exagère le mal ; mais je dois dire ici qu'elle a eu, dans certains milieux, un résultat fort inattendu : ces critiques sont retombées sur les écoles normales elles-mêmes.

« Les instituteurs, a-t-on dit, préparent mal les aspirants, parce qu'ils ont été eux-mêmes mal préparés. »

C'est brutal, mais c'est logique.

Formons de bons maîtres, à leur tour ils nous formeront de bonnes recrues.

Le mal est que l'instituteur d'une école élémentaire se trouve souvent hors d'état, faute de temps, de préparer sérieusement des aspirants ; et c'est principalement pour ce motif que l'on a songé à pourvoir ailleurs au recrutement des écoles normales.

Les écoles primaires supérieures rendraient d'utiles services, mais elles ne sont pas créées. Cette ressource, nous l'aurons : nous l'attendons avec confiance, car nous avons foi dans l'avenir ; nous l'attendons avec patience, car nous savons qu'il est des progrès qui ne s'improvisent point !

On a proposé d'ajouter aux écoles annexes un internat spécialement destiné aux aspirants ; ou bien de créer des écoles préparatoires, à l'instar de celles qui existent dans des pays voisins. Ces deux moyens présentent des avantages sérieux dignes d'être pris en considération, surtout dans les départements où les écoles normales se recrutent dans les pensionnats primaires et dans les collèges. Mais ils exigeraient des frais considérables de première installation, et en même temps la fondation de bourses par le département et l'Etat. Ce sont là des difficultés insurmontables, sans compter que ce serait porter à cinq années au minimum la quasi claustration des futurs instituteurs, nés à la campagne, destinés à vivre à la campagne : c'est positivement trop long !

On a manifesté aussi de la sympathie pour les jeunes aides-instituteurs, sortes de stagiaires, de moniteurs généraux attachés à beaucoup d'écoles, qui secondent les instituteurs tout en préparant leur examen d'admission. J'ai toujours remarqué que ces jeunes gens offrent des garanties au point de vue de la vocation, de l'aptitude à l'enseignement, et aussi du caractère; mais qu'en même temps ils ont de médiocres succès dans les études. Je ne puis prendre sur moi de les repousser, car leur désir de devenir de bons instituteurs est sincère; mais je ne m'engagerais pas d'en faire des élèves-maîtres d'élite.

Il résulte de tout cela que, sans être le moins du monde l'adversaire des innovations, surtout quand elles sont utiles et pratiques, je reste cette fois fidèle à mes vieilles préférences pour la préparation des futurs élèves-maîtres dans les bonnes écoles rurales.

Que vous partagiez ce sentiment, Mesdames et Messieurs, et vous voudrez bien le constater par un vote.

Dans le cas contraire, vous auriez à désigner, après discussion, les établissements qui répondent le mieux à votre confiance; cela, en vous préoccupant des moyens de réaliser vos vœux sans demander des sacrifices trop considérables aux communes, au département et à l'Etat.

La première chose à faire serait de vous prononcer sur la proposition suivante de votre rapporteur :

« La cinquième section, sans rejeter d'une manière absolue
« la préparation dans les *écoles annexes* ou dans des *écoles*
« *préparatoires*, et sans écarter de parti pris les jeunes aides-
« instituteurs, se prononce de préférence pour le recrute-
« ment dans les bonnes écoles primaires rurales. Elle espère
« d'ailleurs que la création des écoles primaires supérieures
« favorisera dans l'avenir la bonne préparation des aspirants. »

IV. *De l'examen d'admission.*

Trois points principaux se recommandent ici à notre attention : le programme de l'examen, la durée des épreuves, la composition de la commission d'examen.

Programme de l'examen. — L'arrêté du 31 décembre 1876 me paraît satisfaire, à de légères modifications près, à toutes les exigences.

L'article 2 divise l'examen en épreuves écrites et en épreuves orales.

Les épreuves écrites comprennent :

1º Une page d'écriture cursive, en gros, en moyen et en fin;

2º Une dictée d'orthographe ;

2º Un récit d'histoire sainte ou d'histoire de France, ou bien une narration;

4º La solution raisonnée de problèmes d'arithmétique.

Je propose de modifier de la manière suivante l'indication du sujet de style: « une narration très simple ou une lettre sur un sujet donné. »

En fait de style, « un récit d'histoire » n'est pas une épreuve concluante : les candidats, le plus souvent, reproduisent de mémoire les textes qu'ils ont appris par cœur mot à mot.

Il y aurait lieu d'ajouter, en outre, aux épreuves écrites un exercice de dessin linéaire; et par conséquent de les porter à cinq.

D'après l'article 4 du même arrêté, les épreuves orales comprennent les matières suivantes :

1º Instruction morale et religieuse ;

2º Lecture ;

3º Eléments de la langue française;

4º Arithmétique.

5º Histoire et géographie de la France.

Le décret précité accompagne l'énoncé de ces matières de développements qui précisent nettement la portée de chacune de ces cinq épreuves orales.

Comme pour les épreuves écrites, il y aurait lieu de compléter cette liste par des interrogations sur le dessin linéaire: c'est, à mon sens, la seule modification à y apporter.

Proposition. — « La 5e section est d'avis qu'il y a lieu de
» maintenir le programme de l'examen d'admission, tel que le
» prescrit l'arrêté du 31 décembre 1867, art. de 1 à 7, et art. 9,
» sauf les réserves suivantes :

» 1º Le sujet de style consistera en une narration très simple ou une lettre sur un sujet donné;

» 2º Un exercice de dessin linéaire sera ajouté aux épreuves
» écrites, et des interrogations sur la même matière aux épreu-
» ves orales. »

Durée des épreuves. — Les concours sont d'excellents moyens de recrutement, mais l'expérience nous a démontré qu'ils ne sont pas infaillibles. Que de fois ne nous. est-il pas arrivé de refuser l'admission à des candidats, qui, quelques mois ou quelques jours après, ont obtenu le brevet, ou bien qui sont devenus des sujets distingués dans d'autres établissements! Que de fois aussi n'avons-nous pas constaté que tel élève-maître, excellemment noté à l'examen d'admission, est un sujet des plus médiocres, tandis que tel autre, reçu avec indulgence, s'est placé en peu de temps à la tête de sa division!

Cela tient à la précipitation apportée aux épreuves de l'examen. L'arrêté du 31 décembre 1867 attribue un quart d'heure *au plus* à chacune des épreuves orales : c'est absolument insuffisant.

J'aurais à présenter diverses considérations pour établir la nécessité d'un changement de système dans l'organisation des examens; mais on ne démontre pas l'évidence, et d'ailleurs le temps nous presse. Je me contente donc de soumettre à votre approbation un projet de réforme résumé en peu de mots; le voici :

1° Ne sont admis au concours que les jeunes gens, (les jeunes personnes), munis du certificat d'études;

2° Les épreuves s'ouvrent, à l'Ecole normale, immédiate-tement après l'entrée en vacances des élèves-maîtres ;

3° Les compositions écrites sont faites le premier jour; l'on commence par la dictée d'orthographe, qui continue à être une épreuve éliminatoire;

4° Après la correction, la Commission, présidée par l'Inspecteur d'Académie, prononce l'exclusion des candidats qui ont fait plus de quatre fautes dans la dictée, ou qui n'ont pas obtenu le minimum de points voulu pour l'ensemble des épreuves écrites;

5° Les candidats admissibles sont installés à l'école normale pour une semaine au moins, à l'effet d'y subir les épreuves orales; l'école pourvoit à leur entretien pendant ce temps.

6° Durant cette semaine, le directeur et ses adjoints s'appliquent avec un soin minutieux à se faire une opinion nette sur les dispositions naturelles, la culture intellectuelle, le fonds de savoir, et aussi sur le caractère et les inclinations de chaque candidat en particulier; des exercices divers, des conversations, en quelque sorte familières leur fourniront d'excellents moyens d'appréciation; chaque soir, ils mettront en commun les résultats de leurs observations, et les consigneront au moyen de notes chiffrées sur des tableaux ad hoc;

enfin, à l'expiration de ce temps d'épreuve, la Commission
dressera la liste, par ordre de mérite, des aspirants.

Résolution. — La 5ᵉ section est d'avis que les épreuves orales devront durer une semaine; à cet effet, les candidats
admissibles seront internés à l'Ecole normale au commencement des vacances. »

Commission d'examen. — Le directeur est membre de droit
de la Commission ; il devrait en être de même des maîtres-adjoints : ensemble ils ont intérêt à faire un bon choix; d'ailleurs le mode de procéder que nous recommandons exige
absolument l'active collaboration des maîtres.

Proposition. — La 5ᵉ section est d'avis qu'il y a lieu de
composer la commission d'examen de la manière suivante :

« l'Inspecteur d'Académie, président,

« un inspecteur primaire, secrétaire,

« le directeur ou la directrice de l'Ecole normale,

« les maîtres-adjoints ou les maîtresses adjointes de l'Ecole
normale. »

Je termine ici cet exposé, Mesdames et Messieurs, et vous
remercie de la bienveillante attention dont vous m'avez honoré.
J'ai voulu être à la fois sincère, vrai, logique : c'était pour
moi un devoir, et je l'ai rempli de mon mieux.

Peut-être trouvez-vous que j'eusse pu être plus complet en
faisant entrer dans mon sujet diverses questions qui s'y rattachent, entre autres celles du régime intérieur des écoles normales, des études des élèves-maîtres, du brevet de capacité,
du service des maîtres-adjoints et de l'amélioration de leur
sort, etc. Il est certain que si sous ces divers rapports nous
pouvions arriver à la perfection, les écoles normales répondraient plus complètement à la confiance des familles, et
partant nous nous recruterions avec une plus grande facilité.

J'ai cru bien faire néanmoins de me renfermer strictement
dans la question du « *Recrutement considéré en lui-même* », et
cela afin d'échapper au danger que signale le vieil adage :
« Qui trop embrasse, mal étreint. » A vous, Mesdames et
Messieurs, à apprécier ma manière de procéder ; si l'étude en
commun de ces dernières questions vous paraissait opportune,
il nous serait facile de la faire entrer dans la discussion qui va
suivre la lecture de mon rapport.

Eug. UNGERER.

PROCÈS-VERBAL

Le jeudi 1er avril 1880, les Inspecteurs de l'enseignement primaire et les Directeurs d'Ecole normale, composant la 5e section, réunis dans leur salle des séances se sont occupés de la deuxième question proposée aux membres du congrès pédagogique.

Le bureau reste composé comme il suit :

M. Jost, inspecteur primaire à Paris, Président ;

Mme de Friedberg, Vice-Présidente ;

M. September, Vice-Président ;

M. Royer, directeur de l'Ecole normale de Varzy, et M. Schuwer, inspecteur primaire à Corte, secrétaires.

La séance ouverte, M. le Président donne la parole à M. Ungerer, directeur de l'école normale de Quimper, rapporteur de la question qui reste à étudier, et dont voici la teneur :

Des moyens d'assurer le meilleur recrutement des Ecoles normales.— Conditions de préparation et d'admission

Plusieurs passages du mémoire, notamment la péroraison, ont été salués par des applaudissements unanimes.

Le travail de M. Ungerer se résume comme suit:

Chapitre I. — Du mode de recrutement ;

Chapitre II. — Des conditions premières d'un bon recrutement;

Chapitre III. — Conditions de la préparation ;

Chapitre IV. — Examen d'admission.

Le développement de chacune de ces divisions était suivi d'un projet de résolution à soumettre à la discussion de la réunion. — Le mémoire lu, les résolutions ont été reprises et discutées dans l'ordre suivant :

1re QUESTION

« Les membres de la 5e section se prononcent pour le maintien « du concours précédé d'une enquête sérieuse, mais conduite dans « un esprit sagement libéral. »

A l'unanimité, il a été décidé que le concours est indispensable pour assurer le recrutement de nos écoles normales primaires qui réclament évidemment des élèves ayant déjà une somme de connaissances acquises.

La majorité s'est prononcée pour que l'enquête, qui n'est pas moins nécessaire, soit faite par les Inspecteurs primaires qui seuls sont en état de bien juger les candidats, et de prendre sur place les renseignements voulus. Elle estime que le mot *sérieuse* doit être supprimé, un membre ayant fait observer que ce qualificatif pourrait être regardé comme impliquant une défiance pour le corps de l'inspection. Enfin, on décide, à la majorité, que la résolution doit conserver ce membre de phrase : « *Mais conduite dans un esprit sagement libéral.* »

2ᵉ QUESTION

« *La 5ᵉ section recommande à la générosité de l'administration*
« *les Instituteurs et Institutrices qui auront ouvert les portes de*
« *l'Ecole normale à leurs élèves, et sollicite pour eux des récom-*
« *penses consistant en dons de livres ou d'instruments de mathé-*
« *mathiques et en gratifications pécuniaires. Un crédit spécial*
« *pourrait être inscrit à cet effet au budget départemental.* »

Les membres de la 5ᵉ section admettent d'abord, à l'unanimité, le principe des encouragements à accorder aux maîtres qui consacrent leur temps et leurs veilles à se préparer des successeurs, et, sur l'observation d'un membre, ils verraient avec plaisir se généraliser les récompenses pécuniaires qui, dans certains départements, s'élèvent à 100 francs par élève admis à l'Ecole normale.

Puis, la discussion s'engage sur la résolution proposée, laquelle, avec le consentement du rapporteur, est modifiée de la manière suivante avant d'être mise aux voix :

« *La 5ᵉ section recommande à l'attention de l'Administration*
« *les instituteurs et les institutrices qui auront ouvert les portes*
« *de l'école normale à leurs élèves, et émet le vœu que des récom-*
« *penses, consistant en dons de livres ou d'instruments de mathé-*
« *matique et en allocations pécuniaires, leur soient accordées. Un*
« *crédit, etc, »*

Plusieurs amendements sont proposés et discutés, et le vœu suivant est adopté au lieu et place de ce qui précède :

« *La 5ᵉ section émet le vœu que des encouragements soient*

« *accordés aux instituteurs et aux institutrices qui prépareront*
« *avec succès des élèves à l'école normale.* »

La cinquième section pense que l'Administration doit rester
libre dans le choix des récompenses à accorder.

3ᵉ QUESTION

« *La 5ᵉ section est d'avis qu'il y a lieu de maintenir les condi-*
« *tions d'âge déterminées par l'article 14 du décret du 2 juillet*
« *1866, modifiées par la circulaire ministérielle du 19 mai 1868*
« *(16 ans au 1ᵉʳ octobre de l'année d'admission).* »

Un certain nombre de membres font valoir cette raison que
les meilleurs élèves sont les moins âgés et demandent que
l'âge actuel soit abaissé. D'autres manifestent, au point de vue
de la santé des enfants admis trop jeunes, des craintes qui
ne sont point partagées par la majorité. La résolution suivante
est alors adoptée :

« *La 5ᵉ section est d'avis qu'il y a lieu de fixer l'âge mini-*
« *mum d'admission des aspirants et des aspirantes à 15 ans*
« *accomplis au 1ᵉʳ juillet de l'année du concours, et de décider*
« *que les candidats devront être nécessairement munis du certificat*
« *d'études.* »

4ᵉ QUESTION

« *La 5ᵉ section exprime le vœu que la gratuité absolue soit*
« *établie dans toutes les écoles normales.* »

Au cours de la discussion, qui a porté sur cette expression
la *gratuité absolue*, plusieurs observations ont été présentées
et discutées. La réunion est unanime quant à la remise entière
de la pension pour tous les élèves. Elle estime que les livres
et les fournitures classiques doivent être acquis par les élèves
afin que ceux-ci en soient propriétaires et qu'ils aient ainsi,
un commencement de bibliothèque et la possibilité de revoir
et de compléter ce qui leur a été enseigné. Elle émet le vœu
que l'acquisition du trousseau soit laissée à la charge des familles. Ces diverses observations amènent une nouvelle rédaction modifiée par le rapporteur lui-même et votée à l'unanimité :

« *La 5ᵉ section est d'avis que la gratuité soit établie dans*
« *toutes les écoles normales. Une allocation pourra être accordée*
» *aux élèves dont les familles seraient hors d'état de pourvoir aux*
« *dépenses du trousseau et de l'acquisition des livres et autres*
« *fournitures classiques.* »

5e QUESTION

« *La 5e section émet le vœu que la dispense du service*
« *militaire soit maintenue pour les instituteurs et les élèves-*
« *maîtres.* »

Après un échange d'observations qui témoignent du patriotisme
de tous, plusieurs amendements sont mis en discussion et le
suivant est adopté :

« *La 5e section émet le vœu que le service militaire soit*
« *obligatoire pour les instituteurs comme pour les autres citoyens.*
« *Toutefois, l'application de cette disposition n'aura lieu qu'après*
« *que l'Administration se sera éclairée sur la durée du temps*
« *du service à demander aux instituteurs, et sur les moyens de*
« *remédier aux inconvénients que présenterait l'exécution immé-*
« *diate de la loi.* »

6e QUESTION

La majorité de la cinquième section pense, avec son rapporteur, que la meilleure préparation des futurs élèves-maîtres
est celle qu'ils reçoivent dans les écoles primaires chez leurs
instituteurs, et elle émet le vœu qu'on fasse appel au dévouement des maîtres et des institutrices afin qu'ils envoient dans
nos pépinières de l'enseignement primaire, des élèves intelligents et de mieux en mieux préparés.

7e QUESTION

« *La 5e section est d'avis qu'il y a lieu de maintenir le pro-*
« *gramme de l'examen d'admission tel que le prescrit l'arrêté*
« *du 31 décembre 1867, sauf les réserves suivantes :*
« *1° Le sujet de style consistera en une narration très simple,*
« *ou une lettre sur un sujet donné ;*
« *2° Un exercice de dessin linéaire sera ajouté aux épreuves écrites*
« *et des interrogations sur la même matière aux épreuves orales.* »

La rédaction qui précède est adoptée avec l'addition et les
observations que voici :

L'épreuve écrite d'orthographe ne sera plus éliminatoire.
Cette motion est votée dans l'intérêt de jeunes gens intelligents
que l'orthographe fait parfois écarter et qui auraient fait de
bons maîtres, ainsi que le prouvent de temps à autre l'examen
du brevet qu'ils subissent peu après, et les succès qu'ils
obtiennent ensuite dans l'enseignement.

La 5e section insiste pour que le sujet de style ne soit plus ce qu'il peut être aujourd'hui, un sujet d'histoire sainte ou d'histoire de France, qui ne prouve souvent qu'une mémoire heureuse et non le talent de penser et d'écrire.

Elle émet aussi le vœu unanime que les épreuves soient les mêmes pour tous, et, par suite, que les candidats ne soient plus autorisés à présenter facultativement telle ou telle matière.

Elle demande, en outre, que des programmes détaillés et limitatifs soient rédigés pour l'examen des aspirants et des aspirantes aux écoles normales, et que ces programmes portent sur les matières du brevet obligatoire, avec le dessin linéaire dont il a été question précédemment.

La 5e section est d'avis que sa résolution ou ses vœux concernant l'orthographe et les programmes d'examen s'étendent aux examens du brevet de capacité et à l'enseignement dans les écoles normales qui n'ont pas de programmes détaillés et séparés pour chaque année d'étude.

8e QUESTION

« *Les épreuves orales dureront une semaine. A cet effet, les* « *candidats admissibles seront internés à l'école normale, au* « *commencement des vacances.* »

Ce vœu est appuyé par la section, qui sollicite l'inscription au budget départemental du crédit nécessaire pour acquitter cette dépense.

9e QUESTION

« La 5e section émet le vœu que la Commission se composera des membres suivants :

« *1° L'Inspecteur d'Académie, président ;*

« *2° Un inspecteur primaire, secrétaire ;*

« *3° Le directeur ou la directrice de l'école normale ;*

« *4° Les maîtres-adjoints ou les maîtresses-adjointes ;*

L'assemblée adopte cette proposition, mais en demandant que *tous les inspecteurs primaires entrent dans la composition de la commission d'examen.*

RÉSOLUTION ADDITIONNELLE

La 5e section appuie le vœu suivant, formulé par Mesdames les Directrices d'école normale de ladite section :

« *A l'avenir, les aspirantes au brevet de capacité devront être* « *âgées de 18 ans.* »

Le présent procès-verbal, lu et adopté par le bureau, a été signé après lecture faite.

Le Président,
G. JOST.

Les Secrétaires,
ROYER.
SCHUWER.

Les Vice-Présidents,
DE FRIEDBERG.
SEPTEMBER.

DEUXIÈME SÉANCE PLÉNIÈRE

PRÉSIDENCE

De M. GRÉARD, vice-recteur de l'Académie de Paris (1).

Le 2 avril 1880, à une heure de l'après-midi, les membres des cinq sections se sont réunis à la salle Gerson.

Le Président ouvre la séance.

Il procédera comme dans la première réunion plénière, en soumettant au Congrès les résolutions adoptées et les vœux émis dans les différents bureaux.

1º La première question est relative *aux bourses à accorder aux élèves-maîtres et aux élèves-maîtresses pendant le cours de leur préparation.*

Les élèves des écoles normales, on le sait, appartiennent souvent à des familles peu aisées, qui s'imposent de réels sacrifices pour subvenir à l'éducation de leurs enfants. Il importe de réduire ces sacrifices dans une certaine mesure et de ne pas se priver d'un élève qui aurait une vocation prononcée pour l'enseignement.

Plusieurs membres prennent part à la discussion, et le Congrès, à l'unanimité, émet le vœu que des subsides ou bourses soient accordés aux aspirants élèves-maîtres et aux aspirantes élèves-maîtresses pendant la durée de leur préparation à l'école normale.

2º L'assemblée est ensuite consultée sur la question de savoir *quel est le meilleur des deux moyens de préparation aux*

---

(1) Cette assemblée plénière a été précédée d'une réunion des bureaux des cinq sections à l'effet de procéder au dépouillement des votes des sections, de donner une expression commune aux vœux identiques, et d'indiquer les vœux différents et propres à chaque section.

C'est ce travail qui a servi de base aux discussions de la réunion plénière.

écoles normales : de la préparation par les écoles primaires spéciales, annexées, ou non aux écoles normales, ou par les instituteurs.

Quelques membres pensent que le premier moyen, celui des écoles préparatoires, doit être préféré, par ces motifs que les élèves prennent à l'école préparatoire des habitudes d'ordre, de discipline, de travail ; qu'ils n'y sont point distraits de leurs études par la famille ou par leurs relations.

Ces jeunes gens seraient reçus, moyennant une rémunération modique, dans des familles honorables pour lesquelles la pension serait un appoint utile, et qui offriraient d'ailleurs à l'administration toutes les garanties désirables.

A l'appui de cette argumentation, on cite des départements dans lesquels des écoles préparatoires ont, pendant de longues années, rendu de grands services aux écoles normales en en facilitant le recrutement.

D'autres membres objectent les difficultés de rencontrer un assez grand nombre de familles suffisamment recommandables et le danger qu'il y a à enlever trop tôt les enfants à la tutelle des parents. Préoccupés de la pensée qu'il importe d'intéresser les instituteurs à cette préparation et que les aspirants font auprès d'eux un premier apprentissage de leurs futures fonctions, ils inclinent pour le second mode de préparation.

La discussion étant close, le Congrès, à la majorité des voix, donne la préférence au second mode de préparation.

3° Le Congrès est unanime pour demander que *l'âge d'admission aux écoles normales d'instituteurs soit maintenu à 16 ans accomplis au 1er octobre de l'année du concours.*

Quelques sections avaient proposé d'abaisser l'âge à 15 ans, afin de diminuer ainsi la période, toujours un peu longue pour les familles besoigneuses, qui sépare la sortie de l'école primaire de l'entrée à l'école normale. Ce vœu était subordonné, il est vrai, à un séjour de quatre années.

Le Congrès pense qu'on ne saurait exiger trop de maturité d'un maître de l'enfance, et que l'âge de 19 ans est un minimum au-dessous duquel il ne faut pas descendre.

Quant aux élèves-maîtresses, il n'a pas paru que les inconvénients fussent les mêmes et, en conséquence, il admet la possibilité de leur entrée à l'école dès l'âge de 15 ans.

L'attention du Congrès a été appelée ensuite sur l'âge maximum d'admission par le vœu émis dans l'une des sections ; et l'assemblée conclut que cette limite doit être fixée à 18 ans.

4° La quatrième question concerne *l'enquête préparatoire destinée à faire connaître les aptitudes et la valeur morale des candidats.*

Quelques membres font observer qu'il est difficile d'obtenir, par le mode d'enqnête actuel, une appréciation complète du mérite des candidats, et qu'il importe cependant d'être parfaitement éclairé sur la valeur morale, l'aptitude, la vocation de ces jeunes gens.

Le Congrès estime que les examens pour l'admissibilité et l'examen médical doivent avoir lieu à l'école même.

La tenue des aspirants pendant ce court séjour à l'école fournirait à la Commission de précieuses indications sur leur caractère et leur vocation.

5° *Matières de l'enseignement.* — Le Congrès est d'avis qu'il est nécessaire de relever le niveau des études des écoles normales et vote à l'unanimité la résolution proposée. (*Voir le texte de cette résolution pages 248-9.*)

6° La discussion porte ensuite sur la *composition de la Commission d'examen.* Le Congrès considère que l'adoption de la quatrième résolution entraîne la nécessité de modifier la composition de la Commission d'examen, et d'y faire entrer, avec les inspecteurs de l'enseignement primaire du département le directeur et le personnel enseignant de l'école.

Les inspecteurs dans leurs tournées ont eu occasion de connaître les candidats; ils possèdent sur eux et sur leurs familles des indications utiles.

Quant au personnel enseignant de l'école, il est particulièrement intéressé à ce que le recrutement se fasse dans les meilleures conditions possibles et il est mieux à même que personne de savoir sur quels points précis doivent porter les appréciations.

En conséquence, le Congrès demande que les examens aient lieu à l'école normale, et que la Commission se compose : de l'inspecteur d'académie, président; des inspecteurs de l'enseignement primaire du département; du directeur ou de la directrice, et des maîtres-adjoints ou des maîtresses-adjointes de l'école normale.

7° Septième résolution : *Nombre des bourses.* — Le Congrès émet le vœu que le nombre de bourses soit égal au nombre des élèves-maîtres.

En ce qui concerne la *fourniture du trousseau et des livres classiques,* deux opinions se trouvent en présence :

Un grand nombre de membres sont d'avis qu'il est de l'intérêt des élèves-maîtres de se constituer peu à peu, à leurs frais, par des achats faits avant leur entrée et pendant leur séjour à l'école, un fonds de bibliothèque classique. .

D'autres pensent que le régime de la fourniture gratuite est plus conforme aux principes adoptés par le Congrès. Toutefois, ils reconnaissent l'utilité pour l'instituteur d'avoir une bibliothèque à sa disposition dès son entrée en fonction.

Après discussion, le Congrès, à la majorité, émet le vœu 1° que le trousseau soit accordé aux élèves les plus nécessiteux ; 2° que la fourniture des livres, d'étuis de mathématiques, etc., soit gratuite pour tous ; 3° qu'ils puissent les emporter en quittant l'école.

8° *Engagement décennal.* Les élèves-maîtres, en entrant à l'école normale, contractent un engagement décennal qui les lie envers le département. L'effet de cet engagement part du jour même de leur admission à l'école. Cependant, en vertu de la loi du 15 mars 1850, les dix années de service dues ne commencent qu'à partir du jour de l'entrée en fonction en qualité d'instituteur-adjoint ou d'instituteur titulaire.

Le Congrès estime que les avantages doivent courir du même jour que les charges, et que les élèves-maîtres ont droit à demander que leur séjour à l'école soit compris dans le calcul des dix années sur lesquelles porte leur engagement décennal.

Dans le même ordre d'idées, le Congrès se rallie unanimement à la proposition faite dans quelques sections de considérer les années de séjour à l'école normale comme des années de stage, en assimilant les élèves-maîtres aux instituteurs adjoints et en leur permettant ainsi d'obtenir dès leur sortie de l'école des emplois de titulaires.

Il en est de même pour les droits à la pension de retraite. D'après la jurisprudence en vigueur, les années passées à l'école normale après l'âge de 20 ans comptent pour l'admission à la retraite, mais non pour la liquidation de la pension.

Le Congrès émet le vœu qu'il soit fait compte des années de service passées à l'école normale pour la constitution du droit à la retraite et pour la liquidation de la pension.

9° Neuvième question : *Programmes d'études.*

Des programmes destinés à fixer d'une part la base de études dans les écoles normales et de l'autre les limites dans lesquelles doivent se renfermer les commissions d'examen pour le brevet de capacité sont en voie de préparation.

Sans programmes bien déterminés la marche des études est indécise. Le même inconvénient se reproduit, plus grave encore, dans les commissions d'examen qui n'ont pas de direction pour leurs interrogations.

Le Congrès, à l'unanimité, émet le vœu que les programmes d'études en préparation soient publiés.

10° *Examen du brevet de capacité pour les élèves sortis prématurément de l'école.* — Les élèves-maîtres des écoles normales ne peuvent se présenter aux examens pour l'obtention du brevet de capacité avant l'expiration de la période triennale de leurs études.

Or, il arrive souvent que des élèves quittent l'école pour une cause quelconque, et qu'alors libres de concentrer leurs efforts sur les seules matières du brevet simple (ce qu'ils n'avaient pu faire à l'école, où toutes les études sont obligatoires), ils se présentent avec succès aux examens du brevet six mois, un an et quelquefois dix-huit mois plus tôt qu'ils ne l'auraient fait en restant à l'école.

Ils acquièrent ainsi un avantage considérable sur leurs camarades, et cet exemple exerce un fâcheux effet sur la discipline et les études. .

Le Congrès pense qu'il serait équitable de n'admettre les élèves-maîtres prématurément sortis de l'école aux examens du brevet qu'à l'expiration de la période triennale qu'ils s'étaient engagés à passer à l'école.

11° *Internat dans les écoles normales.*

.L'article 19 du décret du 2 juillet 1866 interdit les sorties individuelles d'une façon absolue. Il a paru au Congrès que cette disposition est excessive, qu'une atténuation est nécessaire, et qu'il conviendrait de donner au directeur une plus grande latitude.

L'école normale doit être autant que possible l'image de la famille. Pendant leur séjour dans cet établissement, les élèves-maîtres doivent prendre des habitudes d'ordre, de discipline, de soumission à la règle ; mais ils doivent aussi apprendre l'usage de la liberté. Il est à craindre qu'en passant d'un régime d'internement sévère à l'indépendance absolue dont ils jouiront à leur sortie de l'établissement, ils ne soient exposés à commettre des écarts.

Les sorties individuelles ou générales seraient pour le directeur, en même temps qu'un moyen d'éducation, une récompense offerte au travail et à la conduite. Tout abus entraînerait le retrait temporaire ou définitif de la faveur concédée.

La question est plus délicate pour les écoles normales d'institutrices; mais là encore la directrice est le meilleur juge des limites dans lesquelles il convient de renfermer ces sorties.

Le Congrès émet donc le vœu que l'article 19 précité soit abrogé, et que l'usage des sorties soit adopté dans les écoles normales.

12° *Gestion économique des écoles normales.*

Les dispositions du décret du 26 décembre 1855 ne répondent plus aux exigences actuelles de la vie.

Ainsi, entre autres dispositions, ce règlement établit le budget d'après le nombre des élèves-maîtres. Mais le nombre des personnes nourries à l'école comprend, en même temps que les élèves, les maîtres-adjoints et les gens de service. Cette charge pouvait être supportée il y a 25 ans; il n'en est plus ainsi aujourd'hui.

Le Congrès est unanime à demander qu'il soit procédé à une révision du décret précité, que le budget des recettes soit établi non plus d'après le nombre des élèves-maîtres, mais d'après celui des personnes nourries dans l'établissement.

La situation faite aux maîtres-adjoints d'écoles normales par la législation actuellement en vigueur ne se rapporte qu'indirectement à la même question.

Mais comme ces fonctionnaires sont presque tous d'anciens élèves-maîtres, et qu'ils exercent une réelle influence sur l'esprit de l'école et sur la marche des études, le Congrès a pensé qu'il devait saisir cette occasion pour appeler l'attention de l'administration supérieure sur leur situation.

Ils sont en même temps surveillants, maîtres-d'étude et professeurs, et ces triples fonctions absorbent tout leur temps et toute leur activité.

On a conclu qu'il convenait de séparer ces fonctions, afin de laisser aux maîtres chargés de l'enseignement plus de temps et la liberté d'esprit nécessaires pour continuer leurs études, et préparer sérieusement leurs classes.

13° *Examen du brevet de capacité pour les élèves de deuxième année.*

Le Congrès est d'avis que les élèves-maîtres soient admis

à subir l'examen des brevets obligatoires avant l'expiration de la période triennale. De cette manière, ils seraient débarrassés de la préoccupation de l'examen sur les matières élémentaires et pourraient consacrer tous leurs efforts à la préparation du brevet complet.

L'examen du brevet obligatoire comporte des questions sur les méthodes d'enseignement. Il convient d'ajouter aux matières du brevet complet, une épreuve plus sérieuse de pédagogie. Elle pourrait consister en une épreuve écrite *et en une épreuve pratique*, comme cela a lieu pour les salles d'asile.

Le Congrès termine par l'examen des questions suivantes :

14° *Suppression de toutes les équivalences au brevet de capacité ;*

15° *Allocation de 100 francs acquise à tout instituteur titulaire ou adjoint, possesseur du brevet complet, quel que soit d'ailleurs son traitement ;*

16° *Interdiction pour l'instituteur de remplir des fonctions étrangères à ses fonctions scolaires ;*

17° *Vœu pour que les fonctionnaires de l'enseignement primaire ne relèvent que de leurs supérieurs hiérarchiques ;*

18° *Suppression de la dispense du service militaire.*

Ces quatre résolutions sont votées à l'unanimité.

La séance est levée.

TROISIÈME ASSEMBLÉE PLÉNIÈRE

PRÉSIDENCE

M. JULES FERRY, ministre de l'Instructrion publique
et des Beaux-Arts.

Cette séance a eu lieu le 2 avril 1880, à 4 heures du soir, à la salle Gerson.

M. Gréard, vice-recteur de l'Académie de Paris, qui avait présidé les réunions plénières, a rendu compte à M. le Ministre de l'ordre dans lequel ont eu lieu les travaux des sections ; il a rappelé les deux questions qui avaient été traitées, et a résumé les débats, en signalant les résultats dejà produits par ce premier Congrès.

Deux rapporteurs, MM. Clerc, inspecteur de l'enseignement primaire à Paris, et Mariotti, directeur de l'école normale de Versailles, ont donné lecture des résolutions adoptées sur chacune des deux questions.

Voici ces résolutions :

PREMIÈRE QUESTION

Organisation pédagogique des écoles à un seul maître.

1re Résolution :

Considérant qu'il importe de ménager les forces du maître ;

Qu'il est nécessaire de le mettre le plus possible en communication directe avec ses élèves, et de favoriser ainsi l'enseignement simultané ;

Qu'il faut tenir compte de la difficulté de rencontrer chez les aides toutes les qualités désirables au point de vue de l'éducation,

Le Congrès fixe à cinquante élèves le maximum de l'effectif d'une école à un seul maître. Toute école qui comptera un

chiffre d'élèves plus élevé devra être pourvue d'un adjoint.

Seront compris dans ce nombre tous les élèves de l'école âgés de cinq ans au moins.

Ce nombre sera déterminé en prenant pour base les six mois pendant lesquels l'école a été le plus fréquentée.

2ᵉ Résolution :

Considérant que la diversité des âges et des connaissances nécessite la création de plusieurs divisions ; que, d'autre part, il importe de ne pas multiplier ces divisions afin de ne pas disperser les forces du maître et de ne pas perdre les fruits de l'émulation ; qu'enfin il importe que l'enfant acquière dans chaque cours un ensemble de connaissances qui, d'une année à l'autre, ne diffèrent que par le degré ;

Le Congrès est d'avis de constituer trois cours dans l'école : cours élémentaire, cours moyen, cours supérieur.

3ᵉ Résolution :

Considérant qu'il est nécessaire de détailler les matières qui doivent faire l'objet de l'enseignement primaire dans chaque cours, afin de déterminer nettement la tâche du maître ;

Que la période scolaire est souvent réduite pour les enfants des campagnes, et qu'il est indispensable cependant de leur assurer, en chaque matière d'enseignement, un ensemble de connaissances à peu près complet ;

Le Congrès estime que chaque cours doit avoir son programme particulier. Ce programme sera annuel, avec faculté temporaire de le parcourir dans un temps moindre, mais qui ne pourra être inférieur à six mois.

4ᵉ Résolution :

Considérant que, dans toutes les écoles, le but est le même, et qu'il importe de l'atteindre par les moyens les plus efficaces ;

Considérant, d'autre part, la sagesse avec laquelle les programmes des écoles du département de la Seine ont été rédigés, et les excellents résultats dus à l'application de ces programmes ;

Le Congrès est d'avis que les programmes de l'enseignement primaire soient obligatoires dans toutes les écoles rurales, et qu'on s'inspire, dans leur rédaction, de ceux des écoles de la Seine.

5ᵉ **Résolution :**

Considérant qu'il y a lieu d'élever le niveau des études et de le mettre en harmonie avec les besoins d'une situation nouvelle ;

Le Congrès exprime le vœu que le programme des matières obligatoires soit augmenté.

Il demande, en conséquence, l'addition des matières suivantes :

1° Dessin ;

2° Chant ;

3° Principes d'éducation civique ;

4° Notions élémentaires d'hygiène, de sciences physiques et naturelles applicables aux usages de la vie ;

5° Notions d'économie politique et d'économie domestique.

Les matières comprises dans les paragraphes 4 et 5 seront enseignées sous la forme de leçons de choses.

6ᵉ **Résolution :**

Considérant qu'il importe d'assigner à chacune des matières du programme une place proportionnée à son importance ;

Qu'il est nécessaire de déterminer, non l'heure des leçons, mais la part qui doit être faite à chaque matière de l'enseignement ;

Le Congrès est d'avis qu'il y ait uniformité pour toutes les écoles dans la répartition du temps consacré à l'étude des diverses matières.

7ᵉ **Résolution :**

Considérant qu'il n'y a de véritablement profitable que l'enseignement donné par le maître ; que, dès lors, il importe de multiplier les moyens de mettre l'instituteur en communication directe avec ses élèves ;

Le Congrès émet l'avis que les leçons soient données sous la forme collective pour tous les élèves de l'école, dans la plus large mesure.

8ᵉ **Résolution :**

Considérant que la grande inégalité dans le savoir des enfants impose la subdivision du cours élémentaire, au moins pour quelques matières ; mais que, d'autre part, il importe de réduire au minimum le nombre des divisions,

14.

afin que les élèves reçoivent le plus souvent l'enseignement direct du maître,

*Le Congrès, en renouvelant l'avis qu'aucun cours ne doit
être divisé, estime qu'une subdivision pourra être tolérée
provisoirement, et pour certaines matières seulement, dans
le cours élémentaire.*

9ᵉ Résolution :

Considérant que dans toute école comprenant trois cours,
il est nécessaire d'aider le maître dans sa tâche, sans
qu'on puisse toutefois le décharger de l'enseignement
proprement dit, que seul il est apte à donner;

Considérant qu'une femme est particulièrement apte à
répéter les jeunes enfants; — que, dans le cas spécial des
écoles mixtes, la présence d'une femme est désirable ;

*Est d'avis : 1° Que l'instituteur soit autorisé à em-
ployer un aide à titre de répétiteur;*
*2° Que cet aide soit, autant que possible, la femme, la
sœur, la fille ou la mère de l'instituteur, et que les élèves
ne soient utilisés comme aides que par exception.*

DEUXIÈME QUESTION

*Moyens d'assurer un bon recrutement des écoles normales
primaires.*

1ʳᵉ Résolution :

Considérant que les Écoles normales primaires se recrutent généralement dans des familles de médiocre aisance;
Que, pour ces familles, la fréquentation de l'École, à l'âge
où les enfants pourraient contribuer par leur travail au
bien-être commun, équivaut à une privation de ressources ;

*Le Congrès émet le vœu que des subsides ou bourses
soient accordées aux aspirants élèves-maîtres et aux aspirantes élèves-maîtresses, pendant la durée de leur préparation.*

2ᵉ Résolution :

Considérant que la création d'écoles préparatoires, annexées aux Écoles normales, peut présenter des difficultés ;

Le Congrès émet l'avis : 1° que cette préparation soit confiée aux instituteurs et aux institutrices publics ; 2° que les préparateurs soient encouragés dans ce travail par tous les moyens possibles : primes, récompenses honorifiques.

3ᵉ **Résolution :**

Considérant que les études préparatoires aux fonctions de l'enseignement primaire réclament, par leur nature spéciale, un degré de jugement généralement subordonné à la maturité de l'âge,

Le Congrès demande, à l'unanimité, que nul ne soit admis dans les Écoles normales avant l'âge de 16 ans accomplis au 1ᵉʳ octobre de l'année du concours, pour les élèves-maîtres ; et de 15 ans accomplis, à la même date, pour les élèves-maîtresses.

Pour les uns comme pour les autres, il estime que l'âge de 18 ans doit être la limite maxima d'admission au concours.

4ᵉ **Résolution :**

Considérant qu'il est au moins difficile aux inspecteurs primaires, à cause de la multiplicité de leurs travaux, de fournir, sur la valeur intellectuelle des aspirants à l'École normale et, en particulier, sur leur aptitude morale, des données propres à éclairer suffisamment l'autorité supérieure ;

Que, dès lors, c'est à une plus longue épreuve qu'il faut demander les renseignements nécessaires pour assurer les bonnes conditions du recrutement ;

Le Congrès estime que les examens pour l'admissibilité à l'École normale, précédés de l'enquête réglementaire et de l'examen médical, doivent avoir lieu à l'École normale.

Les aspirants y seront internés et nourris aux frais du département, aussitôt après le départ des élèves-maîtres pour les vacances, pendant tout le temps nécessaire, — huit ou dix jours au moins, — pour que la Commission d'examen puisse les classer en connaissance de cause dans un ordre de mérite raisonné.

Le règlement actuel devra être revisé quant à la nature et à la durée des épreuves.

5ᵉ **Résolution :**

Considérant qu'il importe d'élever le niveau des études dans les Écoles normales,

Le Congrès émet le vœu : 1° que le certificat d'études primaires, obtenu conformément à un programme officiel bien déterminé, soit désormais exigé des aspirants et des aspirantes aux bourses des Ecoles normales ;

2° que le tarif des fautes à tolérer dans l'épreuve d'orthographe soit revisé, et que cette épreuve cesse d'être éliminatoire ;

3° que le sujet de style ne soit pas exclusivement emprunté à l'histoire ;

4° que des éléments de géométrie pratique soient ajoutés à l'épreuve d'arithmétique ;

5° que le dessin à main levée soit l'objet d'une épreuve écrite et d'une épreuve orale ;

6° que l'épreuve d'écriture consiste en partie en une épreuve d'écriture expédiée ;

7° que les notes décernées pour les diverses épreuves soient affectées de coefficients en rapport avec l'importance et le degré de difficulté des matières.

6ᵉ **Résolution :**

Considérant que le personnel enseignant des Ecoles normales est particulièrement intéressé à ce que le recrutement soit bien fait,

Le Congrès émet l'avis que le personnel enseignant de l'Ecole normale (directeur et professeurs) fasse partie de la Commission d'examen d'admissibilité avec les inspecteurs primaires, sous la présidence de l'inspecteur d'Académie.

Mᵐᵉˢ les directrices demandent que les directeurs fassent partie des Commissions des Ecoles normales d'institutrices.

Le Congrès demande, en outre, que le nombre des bourses entretenues dans chaque Ecole normale soit égal au nombre des élèves nécessaires pour le recrutement annuel des instituteurs ou des institutrices.

7ᵉ **Résolution :**

Considérant, d'une part, la position de fortune des familles ; d'autre part, l'intérêt qu'il y a pour les élèves-maîtres à posséder un fonds de bibliothèque classique à leur entrée en fonctions,

Le Congrès exprime le vœu que le trousseau soit accordé aux familles les plus nécessiteuses, et qu'un crédit suffisant soit inscrit au budget de l'Ecole normale pour la fourniture gratuite, aux élèves-maîtres, de livres classiques et d'étuis de mathématiques que chacun d'eux puisse emporter en quittant l'école.

8ᵉ Résolution :

Attendu que, par l'engagement qu'ils contractent, les élèves-maîtres et les élèves-maîtresses deviennent les débiteurs de leur département respectif, à partir du jour de leur admission à l'Ecole normale,

Le Congrès est d'avis que les effets de l'engagement décennal des élèves-maîtres et des élèves-maîtresses remontent au jour de leur admission à l'Ecole.

Il estime, en outre, que les années de séjour à l'Ecole normale doivent être comptées aux élèves-maîtres et aux élèves-maîtresses comme des années de stage pour déterminer les avantages relatifs de leur premier emploi et fixer leurs droits aux promotions de classe pendant la durée de leur carrière, ainsi qu'à la pension de retraite.

9ᵉ Résolution :

Considérant qu'il est nécessaire d'imprimer aux études une ferme impulsion,

Le Congrès demande que les programmes d'enseignement qui sont à l'étude depuis 1866 soient publiés.

10ᵉ Résolution :

Attendu qu'au moment de l'engagement décennal, les candidats ne s'obligent qu'en parfaite connaissance de la situation ;

Que l'un des effets de l'engagement est la perte du droit de se présenter aux examens avant l'expiration de la période triennale qui commence le jour de l'admission à l'Ecole ;

Qu'il est de notoriété publique que, s'il y a des jeunes gens peu doués parmi ceux dont l'élimination est prononcée à la suite des examens de passage, il en est aussi qui se font intentionnellement éliminer ;

Le Congrès demande qu'aucun élève-maître ayant quitté

l'école pour un motif quelconque ne puisse se présenter aux épreuves du brevet de capacité avant l'expiration de la période triennale des études.

11ᵉ Résolution :

Considérant qu'il importe, à tous les points de vue, que les futurs maîtres de l'enfance retrouvent dans le régime de l'Ecole la vie de famille, et y fassent, sous la vigilante autorité de leurs maîtres, l'apprentissage de la vie réelle ;
Que l'article 19 du décret du 2 juillet 1866, relatif aux sorties, leur impose un régime trop sévère,

Le Congrès demande l'abrogation de cet article et l'introduction, dans les Ecoles normales d'instituteurs, de l'usage des sorties tel qu'il est adopté dans les autres établissements universitaires ; quant aux Ecoles normales d'institutrices, il estime que cette question doit être laissée à l'appréciation des directrices.

12ᵉ Résolution :

Considérant que les conditions de la vie matérielle ont profondément changé depuis que le décret du 26 décembre 1855 a été rédigé,

Le Congrès demande que ce décret soit modifié en tout ce qui intéresse la gestion économique ; et que, par exemple, le chiffre de la pension soit fixé non plus par tête d'élève-maître, mais bien par tête de personne nourrie dans l'établissement.

Le Congrès estime de plus qu'il convient d'apporter de sérieuses améliorations à la situation qui est faite, par les lois et règlements en vigueur, aux maîtres-adjoints et aux maîtresses-adjointes des Ecoles normales.

13ᵉ Résolution :

Considérant que les jeunes gens qui se préparent aux examens du brevet de capacité sans passer par les Ecoles normales, peuvent se présenter devant les Commissions.

d'examen pour obtenir le brevet élémentaire sans aucune restriction ;

Que l'autorisation accordée aux directeurs et aux directrices, par la circulaire ministérielle du 16 octobre 1879, de présenter les élèves méritants aux examens du brevet simple avant l'expiration de leurs études, n'améliore pas sensiblement la situation défavorable des élèves-maîtres ;

Qu'aucun motif sérieux n'explique la réserve faite pour l'examen d'histoire et de géographie,

Le Congrès demande que l'autorisation du 16 octobre 1879 soit étendue à toutes les matières composant le brevet élémentaire.

Il demande, en outre, qu'une épreuve pédagogique pratique soit ajoutée au moins aux épreuves du brevet complet ou facultatif.

14e Résolution :

Sans insister sur les motifs qui déterminent son vœu,

Le Congrès demande la suppression radicale de toutes les équivalences au brevet de capacité.

15e Résolution :

Considérant que les avantages résultant, pour l'enseignement public, de la possession du brevet supérieur ou complet ne cessent que lorsque celui qui le possède renonce à ses fonctions, et qu'il importe d'encourager les jeunes gens à prendre ce brevet, élément essentiel du progrès de l'enseignement primaire,

Le Congrès demande que l'indemnité de cent francs qui est conditionnellement attachée à la possession du brevet supérieur ou complet, soit acquise aux titulaires, quel que soit leur traitement, tant qu'ils sont attachés, à un titre quelconque, à une école publique.

16e Résolution :

Considérant que tout cumul est préjudiciable à la fonction propre ;

Qu'en ce qui concerne l'enseignement public, les divers emplois qui viennent s'ajouter aux fonctions d'instituteur ne sont que des entraves,

Le Congrès demande que les instituteurs ne soient plus astreints à remplir d'autres fonctions que leurs fonctions scolaires.

17e Résolution :

Sans qu'il juge nécessaire de développer ses motifs,

Le Congrès demande que les fonctionnaires de tous ordres de l'enseignement primaire ne relèvent que de l'autorité universitaire.

18e Résolution :

Considérant qu'aucun citoyen ne saurait se soustraire au devoir de servir la patrie par les armes, lorsque les circonstances l'exigent ;

Qu'il importe, d'ailleurs, d'établir l'égalité entre tous les citoyens à ce point de vue particulier ;

Le Congrès estime que l'instituteur doit le service militaire.

Quand cette lecture fut terminée, le doyen d'âge des membres du Congrès, M. Chopinet, directeur de l'école normale de Clermont, lut aux applaudissements de l'Assemblée, une adresse à M. le Ministre, dans laquelle il exprimait les sentiments de reconnaissance et de dévouement dont le personnel de l'enseignement primaire est animé à son égard.

M. le Ministre y répondit en ces termes :

Messieurs,

Je suis profondément touché des sentiments qui viennent de m'être exprimés, et dont la chaleur dépasse peut-être la mesure de la récompense que vous entendez me décerner en ce moment... (Non ! non ! et applaudissements.) Je suis également très touché, très frappé du spectacle qui m'est offert ici. Cette assemblée a été réunie

sur la proposition de mes collaborateurs, de ceux qui, depuis
longues années, m'ont devancé dans cette œuvre du développement de l'enseignement populaire. Vous voyez
à ma droite un de ceux-là ! (Vifs applaudissements.) On peut
dire de M. le recteur, sans blesser la modestie de personne, qu'il est un des maîtres du bien dans notre
pays, et que tous les ministres qui ont passé depuis
nombre d'années par le ministère de l'instruction publique ont appris quelque chose, et que plusieurs ont dû
beaucoup à l'école de sa haute expérience, de son tact
exquis, de sa clairvoyance judicieuse et pénétrante. (Nouveaux applaudissements.)

Messieurs, qu'est-ce que vaut un ministre de l'instruction publique ? Ce que valent ses collaborateurs. Aussi,
sachant que, de votre côté, vous aviez beaucoup travaillé
et fort bien utilisé, dans ce premier essai, le temps d'é-
tudes et de liberté qui vous était donné, je suis venu ici
pour vous dire qu'au ministère aussi l'on travaille, et
que l'on y travaille beaucoup. Vous le saviez : vous lisez
le *Journal général*. Mais il ne vous déplaira peut-être
pas, et il sera certainement agréable à ceux qui m'aident
dans cette tâche et qui y apportent ces efforts de dévouement, de patriotisme et d'expérience que vous appréciez
si bien ; il me sera agréable à moi-même, et il sera fruc-
tueux pour tout le monde de vous faire voir, en un
coup d'œil, ce que l'on a fait au ministère depuis un an,
tant au point de vue législatif qu'au point de vue admi-
nistratif.

Il ne faudrait pas croire, en effet, et je ne voudrais pas
laisser dire qu'au ministère de l'instruction publique on
ne s'est occupé, depuis un an, que de politique, que
l'on n'y a travaillé qu'à l'article 7. (Rires et applaudissements.) On y a élaboré, d'abord, un certain nombre
de lois, dont les unes sont aujourd'hui promulguées, et

les autres encore à l'état de préparation. Nous avons fait voter par les deux Chambres la loi qui a créé les écoles normales de filles. Nous avons également obtenu du Parlement deux lois qui étendent, dans le sens des besoins nouveaux, le programme de l'enseignement primaire : je veux parler des dispositions qui ont rendu obligatoires, l'une l'enseignement de l'agriculture, l'autre l'enseignement de la gymnastique.

Nous avons aussi défendu et fait triompher devant les Chambres la loi qui reconstitue le conseil supérieur de l'instruction publique, aux termes de laquelle, vous le savez, Messieurs les membres de l'enseignement primaire, pour la première fois, vous est reconnu le droit de bourgeoisie dans cette grande Université de France à laquelle vous appartenez par votre origine, par votre éducation, ainsi que par votre esprit largement et sincèrement libéral ! (Applaudissements.)

Nous avons déposé un autre projet de loi, qui donne satisfaction à l'un des vœux que j'ai entendu exprimer tout à l'heure, puisqu'il tend à reviser la législation sur les brevets de capacité, à supprimer les équivalences, à supprimer les lettres d'obédience (vive approbation) ; et je le dis sans aucun embarras devant les honorables directrices d'écoles normales que je vois ici, revêtues d'un saint habit ; car je suis sûr qu'à cette suppression elles applaudissent, comme vous, de tout leur cœur.

Nous avons aussi proposé une loi sur la gratuité et une loi sur l'obligation. Nous nous en sommes tenus là, Messieurs, pour une raison que j'ai déjà dite, et que je tiens à répéter. Ce n'est pas que nous pensions qu'il n'y a rien à modifier dans les autres parties de la loi de 1850, rien, par exemple, à modifier dans les programmes ; ce n'est pas non plus que j'estime que la direction de l'enseignement primaire, au point de vue du personnel, le droit de nomination et de révocation puissent rester réglés par les lois, d'une nature essentiellement transitoire et politique, qui les régissent aujourd'hui. Je tiens, au contraire, qu'il y a beaucoup à faire; toute la législation est à reviser ; mais précisément parce que c'est là une œuvre longue, une œuvre difficile, une œuvre qui, à chaque pas, dans le trajet qu'elle devra faire à travers les deux Chambres, est exposée à rencontrer des obstacles sérieux, des difficultés, des contentions que tout le monde prévoit, que tout le monde entrevoit, nous avons pensé qu'il en fallait détacher ce qui est depuis longtemps dans ce pays, on peut le dire, l'aspiration et le cri de l'opinion publique, la question de l'obligation d'abord, et ensuite la question de la gratuité. (Applaudissements.)

. Et de la sorte nous pouvons espérer, Messieurs, que la législature actuelle, dont les pouvoirs vont expirer en . 1881, ne se séparera pas sans avoir consacré ces deux principes de l'obligation et de la gratuité, désormais inséparables dans toute législation vraiment progressive et populaire de l'enseignement primaire.

. A côté de l'œuvre législative, l'œuvre administrative est d'une grande importance. Des décisions ont été prises, des déterminations considérables vous ont été notifiées. Pour toutes les solutions qui n'avaient pas besoin de l'assentiment du conseil supérieur, nous avons marché dans la plénitude de notre liberté. Ainsi, répondant à une idée dont nous n'avons pas d'ailleurs à revendiquer la propriété, car elle date du premier ministère de M. Jules Simon, nous avons organisé le musée pédagogique. Nous avons pu voir se produire au jour, sous notre administration, un travail statistique des plus remarquables et des plus complets : la Statistique comparée de l'enseignement primaire, que la commission spéciale de statis-

tique, organiséé par M. Waddington, vient de livrer à
la publicité.

Nous avons touché, pour la réorganisation, à l'inspection des salles d'asile, en augmentant le nombre des déléguées générales et en encourageant la nomination d'ins-
pectrices départementales.

Quant aux inspecteurs de l'enseignement primaire, nous
avons tâché d'améliorer des situations dont nous comprenons mieux que personne l'insuffisance. Nous avons augmenté vos frais de tournée, afin de rendre vos inspections
plus fréquentes, Messieurs, et afin que vous puissiez remplir plus efficacement ce rôle de soutiens, de conseils, et
j'oserai presque dire d'amis... (vifs applaudissements),
que vous devez jouer auprès des instituteurs.

Dans le même ordre d'idées, nous avons tenu à ce
que les résultats des inspections générales ne demeuras-
sent plus à l'état de confidences faites au ministre et ren-
fermées dans le silence discret des bureaux ; nous avons
demandé à MM. les inspecteurs généraux de l'enseignement primaire de publier chaque année, pour nous, pour
le pays, pour vous aussi, Messieurs, les résultats de leurs
inspections, afin de rapprocher, dans une sorte de tableau
comparatif, les départements les uns à côté des autres,
établir entre eux une salutaire émulation, signaler les
points faibles, dire : là, l'œuvre est achevée ; là, elle est
à peine commencée. Nous avons voulu, en un mot, faire
passer dans ces inspections générales qui rendent de si
grands services, mais des services trop discrets, un souf-
fle de vie et de publicité qui ne peut que les grandir et
que les féconder. (Vive approbation.)

Vous savez aussi ce que nous avons fait pour les écoles
normales. J'ai tenu à grand honneur d'élever les traitements des directrices. Mesdames, c'est un devoir qu'on
avait tardé trop longtemps à remplir. J'aurais voulu

augmenter également tous les traitements des directeurs
d'écoles normales ; il n'est pas dans l'Université de fonctions plus hautes ni plus bienfaisantes. J'ai fait ce que j'ai
pu dans l'état actuel du budget : j'ai fait débuter de
droit dans la seconde classe, vous le savez, les directeurs
sortis de l'élite de l'inspection primaire.

Pendant ce temps, l'administration ne chômait pas;
elle créait, — car c'est une administration essentiellement
créatrice, — elle créait des écoles et des emplois de
maître-adjoint. Et savez-vous combien elle en a créé,
sous l'habile et énergique direction du collaborateur qui
est à ma gauche? (Vifs applaudissements.) Depuis le
1er février 1879 jusqu'au 1er avril 1880, nous avons créé
700 écoles et 800 emplois d'adjoints.

En cela nous avons répondu d'avance au premier des
vœux qui ont été émis tout à l'heure, et il ne tiendra pas à
nous, il ne tiendra pas non plus à l'ardeur des municipalités, à l'esprit de généreux sacrifice qui les anime, que
ce vœu, formulé par vous avec tant de raison, de ne pas
voir dépasser le chiffre de cinquante enfants sous la main
d'un seul maître, ne devienne enfin une réalité.

Je puis dire : J'en passe et des meilleurs! car je vous
retiendrais trop longtemps, Messieurs, si je voulais tout
dire. Laissez-moi seulement vous signaler une dernière innovation : les bourses de l'enseignement primaire supérieur.

Cette année, pour la première fois, nous avons eu la
satisfaction de faire entrer aux frais de l'État, dans les
écoles primaires supérieures de Paris et de la province,
cent vingt-cinq enfants sortis de l'école primaire et qui
ont gagné au concours le moyen de pousser plus loin
leurs études.

Mais j'ai hâte d'arriver — car ceci est tout à fait en
situation — aux travaux que nous avons préparés pour le
conseil supérieur de l'instruction publique.

Nous l'avons demandé, ce conseil, nous l'avons obtenu ; nous comptons beaucoup sur lui ; notre devoir est de fournir la matière de ses travaux. Voici donc les projets que nous allons lui soumettre, vous n'aurez pas de peine à en apprécier l'importance et à reconnaître que, sous divers rapports, ils rentrent entièrement dans l'esprit dont vos vœux s'inspirent.

Une grande enquête a été faite sur les brevets de capacité et sur les épreuves qui leur servent de sanction ; nous avons fait appel au témoignage des recteurs, des inspecteurs d'académie et des inspecteurs primaires, des directeurs et des maîtres-adjoints d'écoles normales : tous les hommes compétents, en un mot, ont été entendus. Les résultats, les déductions que nous en avons tirées seront soumis au conseil supérieur.

Vous savez que pour donner à ce travail préparatoire une sanction positive, un même sujet fut donné à toutes les commissions dans la session dernière. Pour la première fois, tous les aspirants au brevet de capacité ont, dans toute la France, fait la même composition. Le résultat a été, non pas inattendu, mais il donne à réfléchir. En effet, des inégalités profondes ont été constatées entre les différentes commissions. Peut-être ces différences de niveau ne tiennent-elles pas autant qu'on pourrait le croire à l'inégalité des candidats ; elles tiennent peut-être aussi à l'inégalité des commissions... (Applaudissements.)

Quand nous pourrons entrer dans la voie résolument pédagogique qui est la seule vraie, puisqu'elle consiste à faire juger les aspirants aux fonctions d'instituteurs par ceux qui sont réellement compétents pour en connaître, nous modifierons l'organisation de ces commissions si dévouées, et dont je ne veux dire que du bien, mais dont je ne puis dire cependant qu'elles se trouvent toujours dans les conditions de préparation spéciale suffisantes :

nous les remplacerons par de véritables commissions pédagogiques. (Approbation générale.)

Nous allons aussi communiquer au conseil supérieur, bien que ce travail n'ait pas besoin de sa sanction, et livrer à la publicité un règlement d'une très grande importance et qui fait le plus grand honneur à la commission d'administrateurs, de spécialistes et de savants qui l'a préparé : je veux parler de la commission des bâtiments scolaires. Ce qui est sorti des délibérations de cette commission honorera certainement notre pays : c'est une instruction complète, à la fois savante et précise, à l'usage de toutes les municipalités, de toutes les associations qui veulent construire des écoles. Désormais la règle est fixée, après avoir été soigneusement étudiée. Les considérations d'hygiène, les considérations relatives à l'enseignement, de tout il a été tenu compte, et tout a été ménagé : la question du mobilier, celle de la disposition des places, celle de l'éclairage, à propos de laquelle nous avons fait venir de Londres, pour recueillir son témoignage, le célèbre oculiste M. Liebreich, tout a été traité, tout est actuellement concilié; et, dans peu de jours, l'instruction sera publiée.

En même temps, je réunissais au ministère la commission à laquelle j'ai confié le soin délicat de reviser le règlement des salles d'asile. Plusieurs des dames qui sont ici présentes en font partie. Il ne s'agissait de rien moins que d'une refonte complète du règlement de 1857. C'est une œuvre considérable; la commission était présidée par M. Gréard, et ce qu'il m'a rapporté du labeur persistant, des lumières, de l'esprit judicieux et pratique qui n'a cessé d'y régner, n'a fait que confirmer la haute opinion que j'ai depuis longtemps conçue, avec tous ceux qui ont en ce point quelque expérience, de la capacité pédagogique des femmes. (Applaudissements.)

J'ai aussi prescrit une enquête, toujours à l'usage du conseil supérieur, sur l'état des études scientifiques et agricoles dans les écoles normales, et j'ai été heureux de la confier à M. Boutan. La commission, présidée par M. Boutan, a visité et examiné toutes les écoles normales avec un soin extrême, et elle en a fait un rapport dont je vous dirai deux mots tout à l'heure.

Si j'avais entrepris de passer en revue toutes les commissions établies avant mon arrivée au ministère, je devrais vous parler encore des travaux assidus de la commission des bibliothèques populaires et scolaires. Mais il en est une qui vous intéresse plus spécialement et qu'il est impossible d'oublier ici, car c'est elle qui a organisé cette conférence : je veux parler de la commission dirigée aussi par M. Gréard, et qui vient de publier le catalogue des bibliothèques pédagogiques. Ce catalogue, que vous connaissez déjà, est destiné à former le premier fonds de ces bibliothèques spéciales si précieuses pour maintenir et pour développer le goût des fortes lectures dans le personnel enseignant. Cette commission s'occupe aussi de la traduction d'ouvrages de pédagogie étrangers. La littérature pédagogique étrangère est en effet très riche et trop peu connue parmi nous. Nous serons prochainement en mesure de livrer à la publicité et de mettre à la disposition des bibliothèques en question, à un prix très réduit, plusieurs de ces traductions, et d'abord le beau livre de M. Spencer.

La commission de gymnastique, que préside M. Zévort, a arrêté un règlement complet de ce genre d'études ; il sera mis dans vos mains aussitôt que le conseil supérieur, désormais seul maître des programmes, lui aura donné son approbation.

Il en est de même pour la commission de l'enseignement du dessin : à la suite de délibérations très savantes, très approfondies, élle a édifié, par les soins des hommes les plus compétents, tout un programme qui donne véritablement satisfaction aux besoins actuels de cet enseignement, auquel est réservé un si grand avenir, qu'on a depuis longtemps rendu obligatoire dans les collèges et dans les lycées, et que, d'accord avec le vœu que vous venez d'émettre, nous voudrions faire pénétrer dans les plus humbles écoles primaires.

Le conseil supérieur sera enfin saisi, par le comité consultatif des inspecteurs généraux que préside M. Mourier, d'un certain nombre de projets de règlements et de programmes de très grande importance, et que MM. les inspecteurs généraux pouvaient seuls arrêter : entre autres, un règlement fixant les conditions du certificat d'aptitude à l'inspection primaire. L'esprit de ce règlement est de supprimer les dispenses et les équivalences comme pour le brevet de capacité.

On n'admettra plus l'équivalence ni du diplôme de licencié, si élevé qu'il soit, ni du titre de principal de collège ou de chef d'établissement d'instruction secondaire. Nous voulons imposer à tous les candidats les mêmes épreuves essentiellement pédagogiques. (Applaudissements.)

Chemin faisant, nous avons recherché, et je crois que nous avons trouvé le moyen d'obtenir pour l'enseignement dans les écoles normales le meilleur recrutement possible. Il fallait fournir aux nouvelles écoles normales de filles que la loi a instituées, tout un personnel de maîtresses-adjointes et de directrices ; il fallait aux écoles normales d'instituteurs une adjonction importante de maîtres-adjoints surveillants, due à une nouvelle libéralité du Parlement.

Dans ces deux circonstances, pour trouver un personnel de choix, nous avons inauguré le système du concours. C'est le germe d'une institution qui doit durer.

Il faut que l'enseignement primaire ait, comme l'enseignement secondaire, son agrégation. (Nouveaux applaudissements.) Il faut que, sortant victorieux de cette épreuve, on puisse emprunter à un autre ordre d'enseignement un titre correspondant à l'accroissement de dignité intellectuelle que l'on a conquis, le titre de professeur. (Applaudissements.)

La même commission a préparé un règlement pour le certificat d'études primaires, et enfin, — ceci vous touche de près, Messieurs, — un règlement pour les conférences pédagogiques. Nous voulons les rendre obligatoires. (Vive approbation.) Nous ne le pouvons pas sans le *visa* du conseil supérieur. Je vous dirai tout à l'heure quels résultats immédiats nous attendons de ces conférences pédagogiques.

Enfin, la commission des inspecteurs généraux étudie — et j'espère que ce travail sera achevé pour la prochaine session du conseil supérieur — la rédaction tant demandée d'un plan d'études pour les écoles normales... (applaudissements), servant de base aux programmes du brevet. Assurément, il y sera tenu compte des vœux si soigneusement délibérés, si énergiquement manifestés, dont vous m'avez tout à l'heure exposé le tableau.

Il y a de grosses questions, Messieurs, parmi celles que vous avez touchées; il en est que je considère comme résolues ; mais la plus grosse de toutes, permettez-moi de le dire, c'est celle du service militaire. Je tiens à dire d'abord que, quel que soit l'événement, — car la question n'est pas seulement du domaine de l'enseignement, elle est considérable à divers points de vue, — quelque parti qu'on prenne sur cette grave question, c'est véritablement un très grand honneur pour le congrès qui l'a examinée, d'avoir posé en principe, avec cette énergie et cette unanimité, la situation nouvelle que vous réclamez pour l'instituteur : vous voulez qu'il prenne sa part des périls de la patrie! (Vive adhésion.)

Vous voulez que les ennemis de l'Université, de cette grande institution, — car les grandes institutions ont toutes leurs ennemis, — ne puissent pas attribuer le choix de la profession d'instituteur au désir d'échapper au service militaire! (Nouvelle adhésion.) C'est là, Messieurs, un sentiment généreux, une pensée noble et patriotique ; mais la question doit être examinée à tête reposée, et je dois me garder d'improviser à cette heure ni une réponse ni une solution. (Marques d'approbation.)

Messieurs les directeurs d'écoles normales, et Mesdames les directrices,

Je voudrais vous dire, avant de vous quitter, ce qui est assurément dans vos esprits, ce qui est dans vos cœurs, ce que vous savez et sentez comme moi, et ce qui doit pourtant vous être dit par celui qui a le suprême honneur de diriger en ce moment l'enseignement national! Ce que nous attendons de vous, le point de vue dominant, le but élevé pour lequel nous faisons appel à tout votre zèle, à toute votre passion généreuse pour le progrès et la lumière, le voici : nous voulons que vous nous fassiez, non seulement des instituteurs, mais des éducateurs! (Applaudissements.)

Nous voulons que ce type d'instituteur que critiquait si finement, il y a peu d'années, M. Michel Bréal, dans un beau livre que vous avez tous lu, — cet instituteur qui, disait-il, ressemble bien moins à un maître qu'à un sous-officier instructeur, car, ainsi que le sous-officier a la théorie, il a, lui, le manuel; et au lieu de l'onction du maître, le ton du commandement et l'allure impérative, — nous voulons que, grâce à vous, Messieurs (et nous

sommes, il faut le dire, en grand progrès depuis dix ans
sous ce rapport), ce type disparaisse complètement. (Applaudissements.)

Nous voulons des éducateurs. Eh quoi! est-ce donc
être trop ambitieux? Est-ce un rêve que nous faisons-là?
Est-ce que l'on pourra dire éternellement que, pour être
un éducateur, il faut revêtir un certain caractère, porter
une certaine robe, et qu'il n'existe pas d'éducateurs laïques? Ah! messieurs, ce n'est pas possible! (Applaudissements prolongés.)

Et vous allez voir que ce n'est pas vrai. Je n'en veux
pour preuve que la direction actuelle de la pédagogie,
que les méthodes nouvelles qui ont pris tant de développement, qui tendent à se répandre et à triompher. Ces
méthodes qui consistent, non plus à dicter comme un
arrêt la règle à l'enfant, *mais à la lui faire trouver* ; qui
se proposent avant tout d'exciter et d'éveiller la sponta-
néité de l'enfant, pour en surveiller, en diriger le développement normal, au lieu de l'emprisonner dans des
règles toutes faites auxquelles il n'entend rien, au lieu de
l'enfermer dans des formules dont il ne retire que de
l'ennui, et qui n'aboutissent qu'à jeter dans ces petites
têtes des idées vagues et pesantes, et comme une sorte
de crépuscule intellectuel ; ces méthodes qui sont celles
de Frœbel et de Pestalozzi, celles que vous appliquez tous
les jours, Mesdames et Messieurs, ne sont praticables
qu'à une condition : à savoir que le maître, le professeur,
entrera en communication intime et constante avec
l'élève. Les leçons de choses, est-ce que l'on peut les
donner convenablement, si l'on n'a pas une sympathie
profonde et l'amour vrai de l'enfant? On pouvait se passer de ces sentiments, de ce perpétuel don de soi-même
avec les manuels et les vieilles méthodes. Mais pour appliquer ces méthodes nouvelles, ces méthodes excitatrices

de la pensée, pour donner de vraies leçons de choses,
intelligentes et fructueuses, il faut y dépenser son intelligence, y mettre tout son cœur, montrer l'homme enfin,
au lieu de la férule ; et quand l'homme apparaît, voilà
l'éducateur ! (Applaudissements.)

Aussi, Messieurs, ce que nous vous demandons à tous,
c'est de nous faire des hommes, avant de nous faire des
grammairiens ! (Nouveaux applaudissements.) Développez
donc de préférence chez vos élèves la culture générale ;
assurément, c'est là, dès aujourd'hui, la tendance dominante ; j'en ai vu la trace dans le deuxième vœu qui a
été lu tout à l'heure. Oui, vous avez compris qu'il faut
dans les programmes réduire la part des matières qui y
tiennent une place excessive ; vous avez compris qu'aux
anciens procédés, qui consument tant de temps en vain,
à la vieille méthode grammaticale, à la dictée, — à
l'abus de la dictée, — il faut substituer un enseignement plus libre, plus vivant et plus substantiel. (Adhésion.)

Je ne fais donc que devancer vos désirs, prévenir et
formuler ce qui est dans vos esprits à tous, en vous disant : C'est une bonne chose assurément et même une
chose essentielle, pour les maîtres-adjoints, que d'apprendre l'orthographe. Mais, il y a deux parts à faire dans ce
savoir éminemment français : qu'on soit mis au courant
des règles fondamentales ; mais épargnons ce temps si
précieux qu'on dépense trop souvent dans les vétilles de
l'orthographe, dans les pièges de la dictée qui font de
cet exercice une manière de tour de force et une espèce
de casse-tête chinois. (Vive approbation.)

L'enseignement en France, aussi bien dans l'ordre
primaire que dans l'ordre secondaire, a été longtemps,
on peut le dire, la proie des fausses méthodes, des fausses méthodes grammaticales et des fausses méthodes scientifiques. J'appelle fausses méthodes grammaticales, celles

qui ne tirent pas la règle de l'exemple... (très bien !) ; celles qui ne procèdent pas du concret à l'abstrait, et qui, au rebours du bon sens, de la raison, de l'expérience, au rebours de la contexture même du cerveau humain, commencent par l'abstrait pour arriver au concret et par la règle avant l'expérience. (Nouvelle approbation.)

Dans le rapport que M. Boutan a rédigé à la suite de sa visite aux écoles normales primaires, il donne un exemple curieux, Messieurs, de cet empire des fausses méthodes.

La question de l'enquête était celle-ci : Où en sont les études scientifiques dans les écoles normales? Et la commission nous répond : « Elles sont aussi mauvaises que possible! Nous avons trouvé l'enseignement de la physique, l'enseignement des sciences naturelles, établi tant bien que mal un peu partout, mais il est au rebours même de ce qu'il devrait être. » — Comment, en effet, sont généralement enseignées la physique et les sciences naturelles? Les collections manquent (les écoles sont trop pauvres ; c'est un peu notre faute, Messieurs ; nous tâcherons de la réparer). Et puis, au lieu de produire devant l'élève les faits dont l'explication mène aux principes, les principes n'étant pas autre chose que les lois recueillies et déduites d'un grand nombre de faits, on commence par les lois et non par les faits. Il en est de la physique comme de la grammaire : on procède par principes généraux, par règles *à priori*; on ne fait pas d'expériences. En un mot, le maître-adjoint chargé d'enseigner la physique ou les sciences naturelles se contente d'apprendre la veille, dans le manuel du baccalauréat ès sciences, la leçon qu'il fera le lendemain.

Messieurs, il faut changer ces habitudes d'esprit dans les écoles normales, si l'on veut les modifier dans l'école primaire.

En résumé, Messieurs les directeurs, votre devoir est

de rétablir les diverses connaissances dans leur véritable ordre d'importance. Veillez surtout à la culture générale, tenez-en plus de compte que des succès particuliers. Le premier service que vous puissiez rendre d'abord aux maîtres-adjoints et aux maîtresses-adjointes, et puis à vos élèves, — les uns et les autres vous en seront reconnaissants toute leur vie, — c'est de leur inspirer le goût de la lecture. Qu'ils aient des livres, et qu'ils les aiment, laissez-leur le temps de lire ; faites mieux, provoquez-les à lire ; et, quand ils auront contracté le goût et l'habitude de lire, ils pourront se défendre contre ce mal moral qui est le grand écueil de nos instituteurs : l'isolement ! (Adhésion.)

Messieurs, par les mêmes raisons, je désire que, dans vos écoles, vous accordiez un peu plus de liberté, un peu plus d'activité, non seulement aux esprits, mais aux corps. (Adhésion.) Vous êtes, je le vois, dans cette idée ; vous avez émis à cet égard un vœu formel ; je m'y associe de toutes mes forces, et j'espère que ce vœu, dont la réalisation dépend de vous, ce vœu, approuvé ici, solennellement, par le ministre et par ses collaborateurs, va bientôt devenir une réalité. Il y a un règlement à faire ; nous le proposerons aussi au conseil supérieur ; mais, en attendant que ce règlement soit publié, il y a façon d'entendre la conduite qu'un directeur d'école normale doit tenir avec ces grands jeunes gens qui vont devenir des maîtres dans quelques mois. Après trois ans d'études, ils sortiront de vos mains, ils se trouveront jetés seuls au milieu du monde, aux prises avec toutes les difficultés, tout l'inconnu et toutes les tentations de la vie ; et l'on pourrait penser que le meilleur moyen de les préparer à ces épreuves, c'est de les cloîtrer pendant trois ans? Mais ce serait le contre-pied du bon sens et de la raison ! Cloîtrons-les donc le moins possible, laissons les sorties se faire sous des garanties sérieuses, bien entendu, mais ne nous en effrayons pas. Laissons-leur voir, au moins par un coin, la vie réelle dans laquelle ils vont tomber, imprévoyants et aveugles !... Et puis, Messieurs, donnez-leur, laissez-leur prendre aussi la liberté de leur esprit. Laissez une place aux études personnelles, comme cela se fait à l'École normale supérieure ; un peu plus de liberté d'études, un peu plus de liberté de lectures ! Enfin, formez des hommes, et non pas de grands enfants élevés tout exprès pour leur en confier de plus petits ! (Applaudissements.) Surtout, vivez avec eux le plus que vous pourrez ; faites avec eux des promenades scientifiques, des explorations ; menez-les à la découverte !

Vous êtes tous en rapport avec ces laborieuses sociétés qui fouillent le sol de nos provinces ; souvenez-vous que, dans cet ordre d'idées, il n'y a pas de petits faits, de petites trouvailles ; le moindre caillou historique, le moindre objet sorti de terre est un événement pour la jeunesse née sur ce sol ; et c'est le seul moyen de la rattacher au passé, à ce passé de la France qu'il faut connaître et respecter, car il est la racine même et le fondement de la France moderne. (Applaudissements.)

Entrez dans cette voie, voie de mouvement, de vie et lumière ; il ne faut pas que vos écoles soient des cloîtres, Messieurs, car vous n'avez pas des moines à élever, mais des instituteurs à former. (Nouveaux applaudissements.)

Tout cela constitue une si grande œuvre, et si belle, qu'il me semble, permettez-moi de le dire, que, pour remplir ces hautes fonctions de directeur et de directrice d'école normale, il n'y aura jamais, dans une tête bien organisée, trop de savoir ; jamais, dans un caractère professionnel, trop de grandeur ; jamais surtout, dans un cœur bien né, trop d'amour, trop de dévouement, trop de passion pour le bien et pour le progrès. Vous pouvez

vous dire, avec justice, que vous remplissez une des plus
grandes et des plus saintes fonctions de la société. Vous
formez des éducateurs : c'est plus beau, j'oserai le dire,
plus beau encore que de former des médecins ou des officiers; vous formez des éducateurs! est-ce qu'il y a, est-
ce que vous pouvez concevoir un moyen plus noble et
plus sûr de contribuer au relèvement et à la grandeur de
la patrie! (Vifs applaudissements.)

Maintenant, Messieurs les inspecteurs, laissez-moi vous
parler aussi. Il est bon de vous avoir associés, dans ces
conférences, à MM. les directeurs d'écoles normales. Ce
que le directeur a formé, c'est à vous de le conserver, de
le développer; vous êtes des inspecteurs, mais je n'aime
pas beaucoup ce titre, car vous devez être quelque chose
de plus que des surveillants; vous devez être des appuis,
des collaborateurs, des supports bienveillants; vous devez
être — j'ai dit le mot et je le reprends — des amis vigi-
lants pour l'instituteur. (Applaudissements.) Quel est le
danger pour l'instituteur? Quelle est son épreuve? Je le
disais tout à l'heure : c'est l'isolement. Tombé dans un
petit village, très jeune, à l'âge où l'on n'est pas encore
chef de famille, il est bien seul, Messieurs! — beaucoup
d'entre vous le savent, ayant passé par là, — et la solitude, c'est bien vite la lassitude de l'esprit; c'est l'ennui
profond, couvrant de je ne sais quelle teinte grise et
sombre le métier qu'on vient d'adopter, et qui est pourtant un si noble et si grand métier. Quoi! pas d'échange
d'idées, pas de livres, pas de lien? Bien vite on se lasse
du travail solitaire; bien vite la pensée se fatigue, s'use,
s'atrophie, quand elle ne peut pas se communiquer et se
renouveler. Eh bien, c'est là que commence votre œuvre,
Messieurs les inspecteurs; c'est là qu'est votre office; c'est
là qu'est votre devoir! Vous devez être le lien entre les
instituteurs et le monde pensant, vous devez être la

lumière qui périodiquement leur arrive du côté de l'orient (Applaudissements); vous êtes là pour rappeler à la vie intellectuelle ceux qui commencent à s'engourdir. Trop souvent, chez l'instituteur primaire, on voit s'évanouir en fumée toutes les connaissances acquises à l'école normale, et même ce goût de la lecture qui seul pourrait combattre le vide de l'esprit. En insistant sur les côtés difficiles de la profession, je marque en même temps, Messieurs, ce qui en fait la noblesse; car, s'il n'était pas un peu méritoire d'être instituteur de campagne, ce ne serait ni si honorable, ni si honoré.

Cela est méritoire, précisément parce que c'est difficile, et que, parmi les hommes intelligents qui s'y adonnent. plusieurs ont dû entrevoir la vie sous un jour plus brillant, nourrir d'autres ambitions. Ah! je sais bien comment on triomphe dans cette épreuve : on triomphe par le cœur, par une certaine tendresse d'âme ; on triomphe parce qu'on aime son métier, parce qu'on aime l'enfant...

Ah! si l'on n'aime pas l'enfant, il ne faut pas se faire instituteur! (Applaudissements.) Mais enfin il faut dans la vie de ce monde d'autres soutiens que le sentiment : au meilleur d'entre nous il faut des appuis; ces appuis, vous les avez dans les mains, Messieurs les inspecteurs. C'est à vous de multiplier les bibliothèques pédagogiques: elles sont faites précisément pour les instituteurs. Nous vous donnerons des livres et vous n'en manquerez pas! Mais il faut que ces bibliothèques s'organisent partout, que vous en preniez partout l'initiative, et qu'elles deviennent des cabinets de lecture incessamment visités par les instituteurs. Voilà un lien puissant avec le monde extérieur, avec le monde des idées, dont ils peuvent trop souvent se croire exilés.

A côté des bibliothèques, organisez des conférences

pédagogiques. Je l'ai déjà dit : nous voulons rendre ces conférences obligatoires ; elles peuvent être d'ailleurs cantonales, ou d'arrondissement, mais il faut, Messieurs les inspecteurs, que vous présidiez les unes et les autres : vous seuls pouvez leur donner la première impulsion et la direction nécessaire. Dans la solitude où vit un instituteur de hameau, on ne trouve pas, à soi tout seul, les questions intéressantes. Ces questions, c'est à vous de les proposer ; à vous d'indiquer les livres à lire, les revues pédagogiques à consulter ; à vous d'assigner aux problèmes qui s'y trouvent exposés leur intérêt et leur portée véritables ; en un mot, vous devez être l'âme et la vie des conférences pédagogiques.

A l'heure qu'il est, ces conférences devront nous rendre un premier et très important service. Les conférences pédagogiques doivent, dans notre pensée, s'occuper avant tout, et dans le délai le plus court, du choix des livres de classe. (C'est vrai ! — Vive approbation.) Il n'est pas possible, en effet, de laisser le choix de ces livres à l'administration centrale ; elle est trop loin, elle est trop haut, et il y a trop de livres. Nous avons tenté, nos prédécesseurs ont tenté de constituer des comités d'examen, des listes de livres obligatoires ; tout cela a échoué. Donc, les livres de classe ne peuvent pas être choisis par l'autorité centrale. Faut-il en laisser la désignation aux conseils locaux ? Je réponds résolument : Non ! (Vifs applaudissements.) En cela, les conseils municipaux n'ont point de compétence. Ni les méthodes d'enseignement, ni les livres, qui sont les méthodes mêmes, les méthodes vivantes, ne relèvent des conseils municipaux. Le choix des livres comme le choix des méthodes ne peut relever que d'une autorité pédagogique ; il ne peut appartenir qu'aux agents compétents. Où en serions-nous, je vous le demande, si les différents conseils municipaux de France

se mettaient à choisir les livres de classe; à les expurger?
(Rires.) Dans un pays comme le nôtre, avec la division
des esprits, des croyances, des sectes philosophiques, des
systèmes de toute nature, ce serait l'anarchie même, et
l'unité de l'enseignement national y périrait! (Nouvelle
approbation.)

Aussi j'estime qu'il faut remettre ce choix aux instituteurs, aux maîtres, aux professeurs. Pourquoi? Par cette
première raison qu'ils les connaissent, et par cette seconde raison, qu'ils en sont responsables. Oui, Messieurs
les instituteurs, choisissez vos instruments de travail;
choisissez-les, bien entendu, avec la garantie. et sous le
contrôle de l'autorité supérieure, d'un conseil formé, par
exemple, de l'inspecteur d'Académie et des inspecteurs
primaires; choisissez vos instruments pour enseigner,
puisque vous êtes responsables des résultats de l'enseignement! Quant à moi, je compte beaucoup plus sur ce
sentiment de la responsabilité, qui est le véritable agent
de toutes les grandes choses et de toutes les bonnes
choses qui se font dans le monde, que sur tous les règlements imaginables.

Messieurs les inspecteurs primaires, j'arrive enfin à ce
qui est votre devoir principal vis-à-vis des instituteurs.
Vous n'êtes pas seulement pour eux un soutien, un
support, un lien: vous êtes les garants de leur indépendance. (Très bien! — Applaudissements.) Vous êtes les
organes immédiats, agissants, toujours présents de l'autorité qui assure à l'instituteur la sécurité. Et qu'est-ce
que la sécurité pour l'instituteur? C'est la confiance qu'il
ne sera apprécié et jugé que d'après son mérite et d'après
son travail. (Vives marques d'adhésion.)

D'autres idées, hélas! ont, à d'autres époques, qui ne
sont pas si loin de nous, inspiré les pouvoirs publics.
Nous portons encore, à l'heure qu'il est, l'amer fardeau

de ces temps malheureux. Il a été fait des choses détestables ! Les instituteurs sont devenus en quelque sorte des pions qu'on faisait mouvoir sur je ne sais quel échiquier électoral menteur et frelaté. On les a déplacés, on les a frappés, inquiétés ; on a voulu en faire ce qu'il y a de plus triste au monde : des agents d'élections. (Vifs applaudissements.) Eh'bien, Messieurs, sachez, et dites-leur bien que le Gouvernement de la République, au nom duquel je parle, veut rompre d'une manière absolue avec ces déplorables procédés (Approbation) ; dites-leur que nous voulons qu'ils ne relèvent désormais que d'un seul chef, et que ce chef doit être un universitaire ! (Bruyants applaudissements.)

Dites-leur qu'ils ne doivent être ni les serviteurs, ni les chefs d'un parti ; dites-leur que leur ambition doit viser plus haut qu'aux petites luttes des petits milieux dans lesquels ils sont jetés. Ils ne doivent pas faire de politique, non ! Ils doivent être en dehors des partis politiques ; pourquoi ? Parce qu'ils sont au-dessus ! (Applaudissements.) Parce qu'ils doivent être, parce que nous voulons qu'ils soient des éducateurs ; parce que pour nous, — et si Dieu nous prête vie, la parole que je dis sera réalisée, — pour nous, République libérale et démocratique de 1880, l'éducateur sera désormais chose sacrée ! (Applaudissements répétés.)

M. le ministre déclare close la session du premier congrès pédagogique, et se retire au milieu des applaudissements et des acclamations répétées : Vive le ministre de l'instruction publique ! — Vive la République !

TABLE DES MATIÈRES

IMPRIMERIE CENTRALE DES CHEMINS DE FER. — A. CHAIX ET Cⁱᵉ,
RUE BERGÈRE, 20, A PARIS — 9874-0.